U0133827

大 学 问

始 于 问 而 终 于 明

守望学术的视界

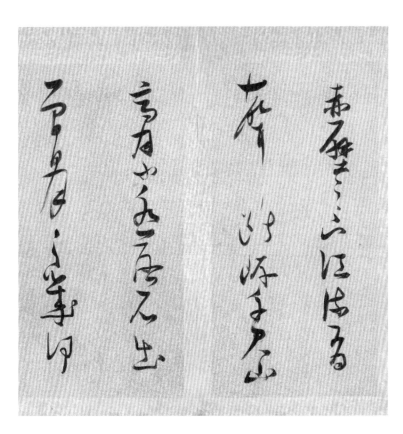

明－张瑞图－《后赤壁赋》（局部）－台北故宫博物院藏

水雲裏空庖煮寒菜

破灶燒濕葦那

知是寒食但見烏

銜紙　君門深

九重墳墓在萬里也擬

哭途窮死灰吹不

起

右黃州寒食二首

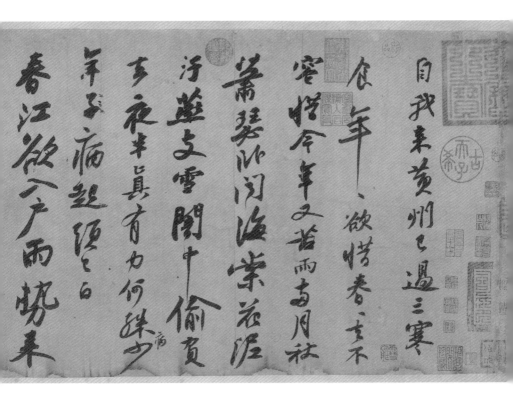

自我来黄州　已過三寒
食　年年欲惜春　春去不
容惜　今年又苦雨　两月秋
萧瑟　卧闻海棠花　泥污
燕支雪　闇中偷负
去　夜半真有力　何殊少
年子　病起须已白
春江欲入户　雨势来

宋－苏轼－《寒食帖》（局部）－台北故宫博物院藏

宋－佚名－《赤壁图》－台北故宫博物院藏

明－崔子宗－《苏轼留带图轴》（局部）－台北故宫博物院藏

宋 - 苏轼 -《雨竹图》- 台北故宫博物院藏

宋－苏轼－《宝月帖》《啜茶帖》－台北故宫博物院藏

宋 – 苏轼 –《潇湘竹石图》– 中国美术馆藏

晉卿為僕所累僕既謫齊安
晉卿亦貶武當飢寒窮困本書
生常分僕絛之不戚固宜獨怪
晉卿以貴公子罹此憂患而不失其
正詩詞益工超然有世外之樂此孔
子所謂可與久處約長處樂者耶
元祐元年九月八日蘇軾書

宋－苏轼－《题王诜诗帖》－台北故宫博物院藏

宋－李迪－《风雨牧归图》－台北故宫博物院藏

方志远 著

HE CHU
BU GUI HONG

何处不归鸿

苏轼传

广西师范大学出版社

·桂林·

图书在版编目（CIP）数据

何处不归鸿：苏轼传 / 方志远著. -- 桂林：广西
师范大学出版社，2023.11（2024.4 重印）
ISBN 978-7-5598-6384-3

Ⅰ．①何… Ⅱ．①方… Ⅲ．①苏轼（1036-1101）—
传记 Ⅳ．①K825.6

中国国家版本馆 CIP 数据核字（2023）第 179838 号

广西师范大学出版社出版发行

$\left(\begin{array}{l}\text{广西桂林市五里店路 9 号　邮政编码：541004}\\ \text{网址：http://www.bbtpress.com}\end{array}\right)$

出版人：黄轩庄
全国新华书店经销
广西广大印务有限责任公司印刷
（桂林市临桂区秧塘工业园西城大道北侧广西师范大学出版社
集团有限公司创意产业园内　邮政编码：541199）
开本：880 mm ×1 240 mm　1/32
印张：9　　插页：11　字数：210 千
2023 年 11 月第 1 版　　　2024 年 4 月第 2 次印刷
定价：78.00 元

如发现印装质量问题，影响阅读，请与出版社发行部门联系调换。

自　序

我和苏轼似乎有些缘分。

我读中学时喜欢苏轼的诗,中学毕业后"上山下乡"手上只有三本书。一本是《电波世界》,近三十年来我还没见过写得那么好的科普读物。第二本是刘大杰先生的《中国文学发展史》(三卷)。第三本则是龙榆生先生的《唐宋名家词选》。

当时我想,刘大杰、龙榆生对苏轼是有偏爱的。否则,《中国文学发展史》不会用那么大的篇幅、那么高的评价来说苏轼;《唐宋名家词选》也不会在苏轼的词下选那么多的评语。当反反复复读了《唐宋名家词选》之后,我对苏轼也有了偏爱。同时不明白为什么有人拼命抬高姜夔、周邦彦而指责苏轼。这些人早已作古,无法和他们辩论。后来明白了,看诗、看词、看文,都是见仁见智,各有所好,不能强求,也无辩论的必要。

后来读大学,修中国文学专业,写学年论文,我选了苏轼。但那篇论文并非研讨苏轼的诗词和散文,而是着重评论他在王安石当政时反对推行新法,在司马光当政时又反对不分青红皂白统统废除新法的实事求是、不畏权势的卓然独立精神。现在回想起来,是我被苏轼的精神所感染,还是苏轼的性格和自己的个性有相通之处,抑或兼而有之,说不太清楚了。

如果我的中文专业继续读下去,或许毕业论文仍会写苏轼。因提前结束学业,成了明清史研究生,主要研究明代政治制度史和社会经济史,所以将苏轼搁置下来,但对苏轼的感情没有变。

这次张秋林君问我有无兴趣重操旧业,替苏轼作传,写苏轼的故事,让更多的读者了解苏轼,学习苏轼。我不禁感叹,有缘分是拆不散的,遂慨然允诺,既不负朋友之托也了却一桩在心头萦绕已久的夙愿。

但一旦动手,发现事情并不简单。有关苏轼的文学作品和学术论著目不暇接,有关苏轼的传记也有许多种。光是林语堂老先生的一部《苏东坡传》,便足以使后人畏于动笔。另外,有关苏轼的轶闻趣事甚多,如何取舍也颇费心思,得在文学与史学之间寻找一个立足点。所幸自己在写人物传记与历史故事方面积累了一些经验,虽说难令读者十分满意,却也自信不致令读者过于失望。如果能做到这一点,东坡老人在天之灵或许不会责怪。

目　录

第一章　眉山出神童　1

老泉得子　*1*

取名苏轼　*4*

初闻新政　*6*

景仰范滂　*7*

为师改诗　*10*

第二章　文名动京师　13

张公荐贤　*13*

韩琦识才　*16*

欧公误会　*19*

仁宗得意　*23*

第三章　仕途初跋涉　28

签判凤翔　*28*

祭神祈雨　30

陈公短长　34

苏章石壁　38

韩琦伎俩　40

十年生死　44

家事国事　47

巧对辽使　53

苏王结怨　57

批评新法　61

第四章　苏公天下知　70

情深谊长　70

结交佛印　75

通判杭州　80

西湖畅游　86

题联莫干　95

初为太守　97

天灾人祸　99

词风千古　106

徐州抗洪　111

乌台诗案　117

被捕下狱　123

无可救药　126

第五章 江湖好自在 135

东坡居士 135

赤壁三唱 142

传闻病故 149

辞别黄州 152

题诗庐山 155

夜探石钟 157

金陵见王 160

第六章 庙堂难度日 163

太后苦心 163

争论新法 170

不合时宜 174

苏门学士 182

蜀党洛党 195

第七章 再请江南行 200

急民所急 200

治病救人 206

整治西湖 209

与民同乐 213

化朽为奇 215

扬州诗祸 223

颍州岁月 228

扬州花会　233

第八章　归期何迟迟　238

出知定州　238

连遭贬谪　244

惠州行程　250

朝云之死　256

远涉海南　260

儋州晚秋　263

浩气长存　267

附　录　苏轼年谱简编 271

再版后记 276

第一章　眉山出神童

老泉得子

人说四川有四大名胜——"夔门天下雄""剑门天下险""青城天下幽""峨眉天下秀"。

说到青城山，令人肃然动容。这里林茂山幽，有长者之风。传说当年黄帝封此山为"五岳丈人"。这身份之高，自不待言。而且，自东汉末年，张道陵来此设坛布道，从此此山成了道教圣地。

而峨眉山则是普贤菩萨的道场，气势磅礴，雄秀幽奇，与浙江普陀山、安徽九华山、山西五台山并称"佛教四大名山"，可见非同一般。

就在这一幽一秀、一道一佛两座名山之间，夹着一个默默无闻的眉山。

中国自古以来便是诸子百家争鸣，三教九流并存，儒道佛互争雄长又相互渗透的国度。既然有佛有道，便得有儒。或许是上苍的安排,硬是要眉山拔地而起,与青城、峨眉一比高低。否则,怎么在一夜之间便让千年灵气钟于一身,让眉山苏家生出一个日后名震九州、誉播海外的儿子?

就在眉山县城的纱縠行内,住着一户苏姓人家,世代以耕读为业,虽不甚富裕,却也丰衣足食。

北宋仁宗景祐年间(1034—1038 年),苏氏户主是位名叫苏洵的落第文人。

苏洵字明允,号老泉,娶妻程氏,曾生过一男三女,可惜一子一女早夭。有道是不孝有三,无后为大,苏老泉年近三十,已届而立,功不成名不就,又膝下无子,难免有些焦虑。所幸妻子程氏已怀第五胎了,老天有眼,该是个儿子吧?有道是精诚所至、金石为开,程氏果然替丈夫生了一个白白胖胖的儿子,这儿子便是苏轼。

苏老泉又得了儿子,这欢喜自然就不用提了。时值宋仁宗景祐三年十二月十九日,如按公历算,则是公元 1037 年 1 月 8 日了。

苏轼出生之时,并无任何异兆。既没有满屋香气,也不见祥云腾起。但由于这孩子日后给家族带来了荣誉,人们自然要寻找他的不同寻常。幸亏程氏记忆甚好,在家人的启发下,终于想起了一件事。

那是苏轼降生的头一天晚上,或者就是当天黎明之前,程氏做了一个奇怪的梦,梦见一个身材极高极瘦的独眼和尚穿过庭院,直朝卧室走来。程氏又惊又怕,想叫却叫不出来,想站也站不起来。眼看和尚已经跨过门槛,进了卧室,经过床前,程氏这一声终于喊了出来,睁眼一看,屋子黑洞洞的,哪有什么独眼和尚,原来是南柯一梦。接着就是一阵腹痛,到黎明时分,生下了苏轼。程氏这才知道,独眼和尚原来是送子罗汉。

苏轼日后不仅给家族带来了荣誉,也使得眉山名声大振,便是父亲苏洵、弟弟苏辙,仅就文名而言,或多或少也沾了苏轼的光。于是在眉山一带,又辗转流行着一句民谣:"眉山生三苏,草木尽皆枯。"说苏氏父子的出名,是得尽了眉山千年灵气,因此他们一出名,眉山的草木也就枯了。

还有一个传说更是离奇。

苏轼满月的那天,亲朋好友都来贺喜。众人落座后,正在叙话,却见门外走进一位老丈。这老丈满头白发,一部银髯飘洒胸前,脸上皱纹堆垒,深如刀刻,虽然说不上是仙风道骨,却也气度不凡。更引人注目的是老丈右手所拄的桃木拐杖,通体乌黑发亮,节上有弯,弯上有节,说不清有多少个节、多少个弯,不知道长了多少年,用了多少年。至于左手提着的竹筐,倒没有什么特别之处。竹筐上盖着一块红布,表示也是来贺喜的。

苏洵见有客人,赶忙迎了上去,将老丈请进厅堂。

老丈笑容可掬地贺过喜,将右手拐杖挂在竹筐上,伸手揭开筐上红布,从筐中提出一个红色包袱,递给苏洵:"苏相公,这是老汉的一点薄礼,万望笑纳。"

苏洵双手接过红包,连声称谢。

在客人的催促下,苏洵将包袱打开。红包布里包了一层蓝布。再将蓝包布打开,却是一层白布。苏洵疑惑地看了看老丈,老丈笑着点点头。苏洵又将白包布打开,只见白布中包着一捧黄土。

客人中有人起哄了:"老丈原来是送苏公子千顷良田啦!"

也有人想起了一个典故:"当年晋国公子重耳避难在外,困于途中，有人送来一撮黄土，说是晋国江山。老丈送苏公子一撮黄土，莫非……"

老丈连忙截住话头："老汉所赠，并非千顷良田。苏公子日后名扬四海，岂是田土困得住的？这普天之下，都是大宋江山，当今皇上仁慈宽厚，百姓乐业，天下太平，老汉又岂敢送苏公子别的什么江山。"

众人见老丈面色严峻，不敢再起哄。

苏洵试探着问道："那么老丈的意思是……"

老丈缓了缓口吻，笑道："我是送贵公子，也是送你苏家父子一座山——彭老山的灵气。"说罢，转身出门。

苏洵若有所悟，也跟着出了门。二人一前一后，来到彭老山。苏洵顿时便觉得有些异样，举目望去，好端端的一座林木茂密的彭老山变得寸草皆无。再看老丈，却早已无影无踪。苏洵明白了，这老丈原来就是此山土地神。

当然，传说归传说，彭老山的林木实际上是毁于一场山火，与苏家父子并无关系。

取名苏轼

古人对于给儿子取名是非常重视的，因为此事关系到儿子的一生，不能马虎从事。加上当时虽有户籍制度，却不像现今这样，上户口便得报名字，因此往往是先有小名，然后才正式命名。

鉴于长子夭亡，苏洵给这个新生儿取了个吉祥而随意的小名，叫"和仲"。古人以伯、仲、叔、季为序，仲为二，即老二。和者即和顺、谐和，《周易》有"保合大和"之说，《礼记》更是说："发而皆中节谓之和。"苏洵给儿子取的这个小名，就看重这个"和"字。

随着和仲的长大，以及第三个儿子的出生，苏洵对这两位爱子的脾性逐渐有了认识，于是正式命名，一名轼，一名辙。

为此，他还专门写了一篇短文：车轮、车辐、车盖、车轸，对于一辆车来说，各有用途，缺一不可。车轼则似乎是可有可无，作用不大。但一辆车如果缺了轼，即车前那根作为扶手的横木，也就不成其为完车了。但这根横木又确实有些过于张扬显露，因此，"吾惧汝之不外饰也"。

给儿子取这个名，倒是表现了苏洵的矛盾心理：既希望儿子的个性得到充分发挥，登高眺远，积极进取；又担心儿子不事检点，遭人嫉妒。于是，命名之后又取了一个字：子瞻。这是对"轼"的补充，强调登高眺远，淡化张扬显露。

至于另一个儿子，苏洵却很放心，取名"辙"字"子由"："天下之车，莫不由辙。而言车之功，辙不与焉。虽然，车仆马毙，而患不及辙。是辙者，祸福之间。辙乎，吾知免矣。"辙虽然不能像轼那样光彩照人，却也不会像轼那样遭人嫉妒，福虽不盛，祸也不烈。

仅仅从替儿子取名，就足以显示这位父亲的远见卓识。

一轼一辙两兄弟，一个豪放不羁、锋芒外露、光照千古，却屡招人忌，一生坎坷，而且差点身首异处；一个冲虚淡泊、随遇而安，但中有定见、沉稳执着，虽然不像其兄那样为天下所向往，却也不愧为鸟中凤、兽中麒、人中杰。

初闻新政

八岁那年,苏轼被送往乡塾读书。乡塾设在眉山县天庆观的北极院中,有一百多个学生。县学能有这样的规模,已经非常可观了。于此可见当时川中学风之盛。

进乡塾之前,苏轼已在父母的指导下读了不少书,人又绝顶聪明,虽然不能说是过目不忘,却也是一点就透,故而深得老师的宠爱。这老师便是天庆观的道士,名叫张易简,虽是出家,却并不"出世",对古今成败、国是盛衰极为关注,又卓具学识。他的这些品质,给苏轼留下了极深的印象。

就在苏轼入乡塾的那段时间,京师汴梁发生了一件大事。参知政事范仲淹提出了十条改革主张,在仁宗的支持下,与韩琦、富弼等人裁削幸滥、考核官吏,希望朝政有所振作。欧阳修、余靖等人为谏官,也激扬飙发。一时之间,尽人皆说新政。这股政治浪潮自然也波及四川。

一天,老师张易简处来了一位客人,据说是从京城来的。苏轼长了这么大,还没出过眉山,也很少见到"京里人"。出于好奇,他悄悄走进老师的客房,想听听老师和京里人说些什么。老师和客人都非常兴奋,见苏轼进来,也不在意,仍在继续议论。

苏轼听他们说范仲淹,说韩琦、富弼,说欧阳修,都是既没听说过,也没在书上见到过的人物。再看看桌上客人带来的一张手稿,上面抄着一首诗,诗名为"庆历圣德",也是称赞范仲淹等人的。

这范仲淹是什么人,他做了什么事,竟让老师如此振奋?苏轼忘了大人说话小孩不许插嘴的师训,张口便问:"先生,您说的是些什么人?"

老师正在兴头,被苏轼打断话题,不觉有些生气,将他顶了回去:"这是大人的事,小孩听不懂!"

没想到苏轼竟有理由:"难道他们都是天上的神仙吗?如果是天上神仙的事,我自然不懂。如果他们也是地上的凡人,那有什么不能问的呢?"

老师一听,不禁心头一惊,以前还只是认为这孩子聪明,没想到小小年纪,对国事也这样关心。客人也是肃然动容,在西南边陲竟有如此有胆识的孩童。二人不再把苏轼晾在一边,而是和他说起了朝中的种种变故,称赞范仲淹等人是人中俊杰,又说到辽人、党项人连年内犯,朝廷每年得输"岁币",以求和平,还说到时下官场冗员充斥,拖沓成风,墨守成规,不求进取,要使国家富强非得改弦易辙,革除积弊不可。

两人说得慷慨激昂,苏轼也听得热血沸腾,虽说有许多不明白处,却升腾起一股责任感。

景仰范滂

几乎与这件事同时,苏轼又在母亲的指导下,在《后汉书》中读了范滂的故事。

范滂字孟博,从小就有气节,长大后以天下万民为己任。

当时的东汉,皇帝昏庸,宦官专权,政治黑暗,民不聊生。有正义感的士大夫纷纷上疏,指斥时弊,却被诬为"朋党",下狱禁锢。

后人把这次事件称为"党锢之祸"。

范滂年纪既轻,又敢于仗义执言,被京师的太学生和各地读书人视为楷模,也成了当权宦官的眼中钉。就在桓帝延熹九年(166年)第一次党祸时,范滂便被捕下狱。

当他出狱被遣送回征羌县(今河南郾城)老家时,汝南、南阳一带的士大夫不约而同前来迎接,所乘车辆竟达几千辆。

人虽然放了,而朝政如故,名士领袖陈蕃等人竟被宦官矫旨而杀。

范滂愤怒了!但在当时的条件下,他只能一再上书,把希望寄托于皇帝的清醒。

但继位不久的灵帝比死去的桓帝更加昏庸,在宦官们的策划下,建宁二年(169年),对士大夫进行了更为残酷的打击,范滂也在缉捕名单中。

负责督察纠举的汝南郡督邮吴导接到逮捕范滂的诏书,闭门痛哭,不愿将诏书交给县衙执行。

范滂听说这件事后,知道诏书与自己有关,当即往县衙投案。

征羌县县令郭揖素来敬仰范滂,见他主动投案,大吃一惊。郭揖脱去官服,封好大印,要与范滂一起逃亡:"天下大得很,您何必去送死呢?君若不弃,我愿陪您一起走。"

当时天下大乱,出逃避祸是普遍现象。二十年后,董卓缉捕曹操,陈留县县令陈宫便和曹操一起逃亡。

但范滂有自己的做人原则,他认为事情是自己引起的,不能连累他人,也不愿因自己逃亡而祸及老母。

范滂说服了郭揖,然后与母亲辞行。

他跪在母亲膝前,声泪俱下:"儿子就要和母亲诀别了! 为正义和道德而死,是母亲的一贯教导,孩儿虽死犹荣。弟弟仲博孝敬,他会承担起赡养母亲的责任。令儿子痛心的是,从此以后不能再在您膝前尽孝了,而您又要忍受割舍骨肉的痛苦。希望母亲节哀珍重!"

范母是位深明大义的女性,在这生离死别之际,她将满腔苦楚和愤怒压在心中,鼓励儿子说:"你所做的事,上不负朝廷,下不负百姓,而且已和李膺、杜密这样的著名人物齐名,死也是光荣的,我为有你这样的儿子而高兴!"

范滂辞别母亲和妻儿,慷慨赴义,年仅三十三岁。

苏东坡的母亲教儿子读这段故事是有深意的。对于儿子的聪明及日后在事业上的成就,母亲已有预见,因而主要向儿子灌输为人处事的道理,希望他不仅才华出众,而且品格高尚。

苏轼虽然只有十岁,却被范滂的高尚人格所感动。他问母亲:"我长大后如果也做范滂这样的人,您会同意吗?"

母亲看看满脸稚气却又异常认真的儿子,心头一阵激动,她点点头:"你能做范滂,我难道就不能做范滂的母亲吗?"

如果说苏轼从范仲淹的事迹中产生了"奋励有当世志"的责任感,那么,从范滂的事迹中则进一步悟出了做人的道理。

古人讲究治国平天下须先从修身齐家的功夫做起,只有先做好人,才谈得上去报效国家。苏轼的母亲正是从这一点出发,对儿子进行教育。

不过,无论是苏轼还是苏母,都还不知道这位九百年前赴义的范滂,正是当时主持庆历新政的范仲淹的远祖。否则,母子俩不知会激动成什么样子。

为师改诗

庆历八年(1048 年),苏轼十三岁了,父亲苏洵将他和十一岁的弟弟苏辙送往寿昌书院读书。

当时,眉山县既隶属眉州,又是眉州州治所在地,寿昌书院是州里的学校,和原来天庆观中的县学自不一般。在寿昌书院执教的州学教授刘微之,是当地最有声望的学者和教育家,苏氏兄弟在他那里受到了严格的训练;而刘微之对苏氏兄弟,尤其是苏轼,也是青眼相加。

许多年后,苏轼还向人提起发生在寿昌书院的一个故事。

书院的后面有一片竹林,林边是一口大塘,塘的四周芦苇丛生。春夏之时,清风徐徐,翠竹青青,苇影水色,风景宜人。在这般环境中读书,实在令人陶醉。

不过,也有让人烦恼处。刘先生对学生要求极严,规定上午背的课文,不能拖到下午。而学生背书时,憩息在竹林芦丛中的鹭鸶也时时凑趣,"哇哇"直叫,弄得人心烦意乱。学生们对这群浑身雪白却误解人意的鹭鸶既喜欢又讨厌。

刘先生文章既好,酒量也大,时时请朋友喝酒论文,也时时受朋友之邀,出门对酒。这天,刘先生又去喝酒,但出门前留下话,等他回来时,要检查学生们背书的情况。

先生一出门,苏轼、苏辙两兄弟及同学便"咿咿呀呀"地读起书来。这边读书声刚起,那边鹭鸶也"哇哇"应和起来。眼看时间不早了,书还没背下来。

苏轼一赌气,带着几个胆子大的同学溜出后院,跑进竹林,捡起地上的废枝,将一群鹭鸶赶得乱飞乱叫。小伙伴们越闹越开心,早把背书的事忘得一干二净。

正在兴头上,先生喝酒回来了。

听到苏辙的呼喊,苏轼等人知道闯祸了。他们一个个垂着脑袋走进教室。

刘先生望着这帮又淘气又精灵的学生,怒气顿然消了一半。他不愧是教育家,用因势利导来代替责骂体罚。

苏轼等人小心翼翼地坐在位子上,连大气也不敢出,等着挨训,可等了半天,也没听到先生发火。大家慢慢抬起头,却发现先生一手捋须,正望着窗外出神。

顺着先生的眼光,学生们看到了那群惊惶不安的鹭鸶还在空中盘旋,有几只胆子稍大的则不声不响地落在远离书院的芦苇中。

苏轼心中一动:那几只鹭鸶不正像犯了过错的自己吗?

正在沉思间,却听先生慢条斯理地吟起诗来——

"渔人忽惊起,雪片逐风斜。"

苏轼回过神来,知道先生触景生情,用眼前的境况来批评他们这群惊起"雪片"般鹭鸶的"渔人"。

惭愧之中有了主见,苏轼站了起来,试探性地问:"先生,后一句能否改一改?"

刘先生看了看这个自己打心眼儿里喜欢的学生,不动声色地问:"怎么改?"

苏轼从先生假装严肃的语气中得到了鼓励,提高了声调:"先生的诗说了事情的发生，却没有说它的结果。"

先生脸上由阴转晴了："那你就说说它的结果吧！"

学生们听着这一老一少的对话，都迷惑不解。只有苏辙皱着眉头，若有所悟。

只听苏轼说："学生的意思，可将'雪片逐风斜'一句改为'雪片落蒹葭'。"

话音刚落，刘先生抚掌大笑，连声称好。

苏辙也明白过来了，哥哥和先生作诗改诗，原来都是一语双关！但他生性沉稳，不喜抛头露面，只是对哥哥笑了笑，竖起了拇指。

苏轼也冲着弟弟点了点头，做个鬼脸，表示感谢。

事后，刘先生向苏洵贺喜："贵公子思维敏捷，才华出众，日后定成大器。还望另请高明，我可不敢再主教席，误了他们的前程。"

刘先生在眉州是何等身份，他的话一传出，整个眉州都激动了：苏家出神童、眉山出神童啦！

第二章　文名动京师

张公荐贤

对于两个儿子的学业，做父亲的苏洵比谁都更加清楚。眼看儿子已经长大成人，他决定让他们出去闯闯，开阔眼界。但是，苏洵也有自己的难处：年近五十，却久困科场；尽管写得一手锦绣文章，却无人识拔。多年来的失败，使他产生了一种自卑感，而这自卑又以极度的自尊包裹起来。

当时读书人进入仕途有两条途径：一是通过科举，二是通过举荐。但二者往往又是相通的，即使参加科举，有人举荐与无人举荐也大不一样。这层利害，苏洵是知道的，但碍于脸面，他硬是不去拉关系、找门路。可为了儿子们的前途，又不能不去打通一些关节。

就在狐疑犹豫之际，有人带来了成都知府张方平的邀请。

张方平在北宋是一位响当当的人物。小时候他就颖悟绝伦。

他当时家里贫穷,读书靠向别人借阅,因而逼出了一套背书的诀窍,几乎达到过目成诵的地步,所以凡是读过的书便不再读。据说他曾在十来天内将《史记》《汉书》《三国志》通读一遍,就"已得其详"。后来他考中进士,做了著作郎,虽说是案录官,却有机会接触皇家藏书,学问见识又深了一层。

四川本是藏龙卧虎之地,仅在唐朝就出过陈子昂、李白这样的人物。到成都后,张方平便以访寻人才为己任,因而听到一些关于苏洵的事情。不少人替苏洵抱不平,说他"隐居以求其志,行义以达其道",但"蕴而未施、行而未成"。张方平对这位自号"老泉"的处士大感兴趣,便托人转致他的"思见之意"。

中国知识分子的性格被许多人说成是外方内圆,表面上清高孤傲,骨子里却是重名重利。这话虽不能"放之四海而皆准",却也反映了相当一部分读书人的心态。苏洵便是这样。虽说不愿主动钻营,但张方平既然递来一根竹竿,他还是会顺着竹竿上的。于是苏洵立即修书一封,对张大人的盛情表示感谢,并决定立即赶赴成都。当然,他这次去成都倒不仅仅是为了自己,更主要的是将两个儿子推出去。

仁宗至和二年(1055 年)对苏轼的一生来说是具有重要的意义的一年。这一年他正好十九岁,弟弟苏辙十七岁,兄弟俩随父亲来到西南第一大都会成都。

成都是苏轼早就向往的地方。在他的心目中,成都比当时的京都汴梁的分量要重得多。这里有他仰慕的蜀汉丞相诸葛亮的武侯祠,有唐代大诗人杜甫留下的草堂,还有道教祖师老子修道的青羊宫,以及汉代司马相如携卓文君私奔后居住的那间"家徒四壁"

的陋室,等等。这就是成都,既为英雄豪杰提供用武之地,又具才子佳人浪漫风流之情。以后的苏轼既有"大江东去,浪淘尽,千古风流人物"的豪气,又有"枝上柳绵吹又少,天涯何处无芳草"的柔肠,想必也与这次漫游成都有关。

苏轼兄弟漫游成都之时,苏洵则先去拜访张方平。这一见,二人竟然大为投机,都有相见恨晚之意。苏洵又将自己写的文章呈上,张方平读了之后更是赞叹不已,说是左丘明的记言、司马迁的叙事、贾谊的论道,苏洵兼而有之。

张方平又问起苏洵两个儿子的情况。当听说苏轼正在重读《汉书》时,张方平不禁有些不解:"文章还需要读两遍吗?"因为他自己一本书从不看两次。

苏洵回到客房后,将张方平的话告诉苏轼。苏轼也颇不理解:"不需看两遍? 我还打算看三遍呢!"

第二天,苏洵带着两个儿子再次拜访张方平。

张方平看看这两个年轻人,一个英气四溢,一个沉稳有度,不禁暗暗惊奇。待一交谈,张方平更是大吃一惊,儿子的学问和见识竟然丝毫不让其父。

张方平让苏轼谈谈读《汉书》的心得,自己则时而加以评说。两人不由互生敬慕之意。张方平觉得苏轼对《汉书》的理解确实比自己更深、更有新意,苏轼也赞叹此公读书果真不需第二遍。

经过几次接触,张方平深信苏氏父子不但是蜀中人龙,也是天下的奇才,不能让岁月将他们埋没。他一面上书朝廷,推荐苏洵为成都学官,一面修书给当时的文坛领袖欧阳修,介绍苏氏父子的文章及为人。

虽然朝廷对张方平的推荐并没有给予重视,雅州(今四川雅安)太守雷简夫却认为张方平太过谨慎。在雷简夫看来,苏洵既有良史之才,又有王佐之才,能得到重用则可为帝王师,做学官简直是大材小用。

但雷简夫对苏洵的认识其实不如张方平。后来苏洵曾拜会过当朝重臣韩琦、富弼,他们对苏洵有一个共同的认识,即书生议政。道理很充分,可就是行不通。因此,苏洵最合适的位置,还真只有学官。

修书给欧阳修更能显出张方平荐贤的热忱。张方平和欧阳修虽然都是众望所归的"君子",但两人的关系并不融洽。范仲淹推行新政时,欧阳修是新政的支持者,张方平则因一桩案子而站在对立面,双方从此交恶。但张方平并没有因此而绕过欧阳修,而是以国事为重,向他推荐苏氏父子。欧阳修也不以张方平所荐为嫌,看过随信附来的三苏文章,连声赞叹:"后来文章当在此。"

张、欧的这种气度,一直为人们所称道。

韩琦识才

有张方平、雷简夫这些名人的极力推崇,苏洵对儿子的信心更足了,期望也更为殷切了,而自己心中对科场的一片死灰似乎也重新点燃,来年便要考选举人。苏洵这时已是一顾蜀天低,他决定跳出蜀中,让儿子和天下的俊杰一较高低。

宋代的科举名目很多,有进士科、明经科、明法科、三史科、别科等,但日后可望飞黄腾达的还是进士科。考进士一般得通过三级考试,即州试、省试和殿试。州试本在各地举行,由各州通判主考,取中者称为"举子""贡生",赴京参加省试,后来为了革除地方宿弊,改在京师举行,称为"初试"。

仁宗至和三年(1056年)是初试年,时间是在八月。但苏洵有些坐不住,刚到三月,天气放暖,就带着儿子上路了。

从某种意义上说,当年的科举似乎比今日的高考更富有浪漫性,更侧重于考生的才识。因此,苏洵早早上路,并不是赶去京师逼儿子读书,而是一路游览,帮助儿子丰富阅历,增长见识。

父子三人没有像当年李白那样东出三峡,而是循着蜀道北行,越剑门险关,出褒斜峡谷,来到古都长安。长安屡遭兵火,已非昔日汉唐盛世的景象,但那雄视天下的气势,却非一隅成都可比。

父子三人游览了久享盛名的汉未央宫、唐大明宫遗址,瞻仰了雄踞渭原的茂陵、昭陵、乾陵,领略了关中百二河山的博大与尊严。然后他们东出潼关,进入中原腹地,六月,踏上了京都开封府界的土地。

头一次来到天子脚下,苏轼兄弟第一眼看到的便是高耸入云的铁塔。这用铁铸成的塔该有多重? 又如何矗得起来?

后来到铁塔脚下,兄弟二人不禁哑然失笑! 这座比苏轼小十三岁、比苏辙还年轻十一岁的"铁塔"原来并不是铁铸的,它外面镶着褐色琉璃砖,近似于铁色,所以才叫"铁塔"。

趁着父亲苏洵四处奔走,拜访名流,兄弟二人来到开封城内最繁荣的所在——大相国寺。

这座著名的佛寺本为战国时魏公子信陵君的故宅。在这里,信陵君接待了来自七国的英雄豪杰,策划了窃符救赵的著名计谋。

自北齐修建保国寺,后来唐睿宗赐名"大相国寺",这座寺庙遂名扬天下。

到了北宋,这里不仅为皇家寺院,而且寺前平添了鳞次栉比的店铺和戏耍娱乐的瓦肆,接待四方游客,热闹非凡。

这番繁荣景象,不是昔日古都长安和西南都会成都能比得上的。

但是,苏氏父子被京城激发的热情刚起,灾难便降临到了开封。连日大雨导致蔡河决口,京城内外顿成汪洋。大水冲塌官私房屋数万间,卷走人口不计其数。

大雨下了一个多月,直到七月才停。

大水退后,苏轼兄弟登上城北的龙津桥,望着劫后的帝都,心中不由得一阵惆怅和怜悯。在他们的生命历程中,还没有经历过这样的劫难,第一次看到这样多的灾民。灾民们来自河东、河北、京东、京西乃至陕西,那里几乎在同一时期也遭到大水的洗劫。一股从来没有过的责任感陡然充满了两个年轻人的胸腔。

因为这次大范围的水灾,原定在八月进行的进士科初试推迟到九月举行,仁宗皇帝的年号也因此由"至和"改为"嘉祐"以图吉祥。至和三年九月成了嘉祐元年九月。为了稳定京师治安,刚直无私的龙图阁直学士包拯受命出任开封府尹。

在九月举行的初试中,苏轼兄弟小试锋芒,双双中举,取得了来年省试的资格。

考试时间的推迟,本来是因为京师水灾。而在水灾过后,苏辙则因水土不服,病了一场,由此却演绎出一段有关韩琦识才的故事。

故事说苏辙病后,苏洵心急如焚,一面到处延医问药,给苏辙治病,一面再次去见重臣韩琦,请他多加关照。

韩琦早就见到了张方平、雷简夫的推荐信,也读过了苏轼兄弟的文章,很是欣赏。得知苏辙病了,韩琦很是焦急。他面见仁宗,说今年应举之士,只有苏轼、苏辙兄弟最有才华,苏辙得病,恐怕赶不上考期,建议将考试推后,等苏辙病愈后再进行考试。仁宗当即批准了韩琦的建议,将考试时间推迟二十天,即改为九月上旬进行。

苏辙不负韩琦的苦心,和哥哥苏轼顺利过关。

好事者还说,韩琦在考前放出了风声,说这次考试有苏轼、苏辙在,别人怎能和他们较量。这股风放出之后,大约有一半考生离京。

而实际上,因苏辙之病推迟进行的是嘉祐六年(1061年)的制科策试,并非嘉祐元年的初试。

欧公误会

苏轼、苏辙双双中举后,苏洵按当时的规矩带着他们继续住在京城,加紧准备,以待来年的复试。那轮考试才是真正见功夫的。

嘉祐二年(1057年)正月,皇帝的诏书公布了。主持这次全国贡举考试的是众望所归的文坛泰斗欧阳修。欧阳修当时是礼部侍郎兼翰林院侍读学士。副考官也都大名鼎鼎,韩绛、王珪、范镇、梅挚,梅尧臣等人则为参详官,操持具体事务。

考试那天,苏轼兄弟和其他考生一样,天刚亮就赶到考场。在侍卫禁军的监督下,每人一个斗室,完全与其他人隔绝,气氛非常紧张。一场下来,不少考生垂头丧气,苏轼兄弟则异常兴奋。省试也不过如此,他们的信心更足了。

三场考罢,便是阅卷。

当时阅卷很是严格。先将考卷上写有考生姓名、籍贯的地方折起用纸糊上,编上序号,这叫"糊名";然后由书丞誊抄,以避免主考官根据笔迹舞弊;再由参详官初阅,并提出意见;最后才由主考官决定录取的试卷,经与原试卷对照无误,张榜公布。由于这是为国家挑选人才,因此考官们既兴奋又认真。

参详官梅尧臣在审阅"刑赏忠厚之至论"这道试题时,被一位考生的试卷吸引住了。这篇文章虽然只有五百多字,却字字珠玑,论证严密;行文若流水,气势若长虹。尤其是该文"立法贵严,而责人贵宽"的立论更切中时弊,引起梅尧臣的共鸣。

梅尧臣带着沙中淘金般的喜悦,将这份试卷推荐给主考官欧阳修。

欧阳修阅后,也大为赞赏。按照欧阳修的本意,便要将这篇文章的作者列为省试第一名,但落笔时又有了顾虑。在他看来,这样的好文章在这届举子中恐怕只有曾巩才作得出来。但曾巩不仅是自己的弟子,而且是江西老乡,发出榜去或许会引起嫌疑。同时,欧阳修和梅尧臣对文中所说的一段典故把握不住。

这则典故说,当年尧为帝时,皋陶主掌刑法。有人触犯法律,皋陶准备将此人处死。在请示尧的时候,皋陶列出了三条该杀的理由,但尧提出了三条赦免的理由,将此人宽恕。正因为有皋陶严于执法、帝尧宽于待人,所以天下才得太平。如果一意严厉或一意宽恕,天下便要乱了。文章用这则典故来论证"立法贵严,而责人贵宽"的论点,可说是恰到好处。

对于此典,欧阳修和梅尧臣都觉得似曾相识,却又记不起出自何书。两人都是饱学之士,但谁也不能说自己无书不窥,且过目不忘。

为了慎重,欧阳修将这篇文章列为第二。待和原试卷核对,欧阳修才知道此文的作者并非来自江西的曾巩,而是来自四川的苏轼。欧阳修更高兴了,张方平所荐不虚。

虽然因为欧阳修的误会和谨慎,苏轼在省试中名列第二,但他在几天后的复试中,又以"春秋对义"名列第一。苏辙也不甘人后,进入省试的录取名单。

省试之后便是殿试了。这实际上是一种仪式,因为省试录取者已具有进士的资格。但这个仪式又非有不可,进士经皇帝"钦赐",便是皇帝的门生,理当为皇室效忠一辈子。

苏轼兄弟同时中了进士,自是欣喜若狂。但最为高兴的,莫过于做父亲的苏洵。算来苏洵已经年过半百,想不到自己几十年梦寐以求的事情,竟由儿子们来实现。他不无自叹又不掩自得地逢人便说:"谁说考进士容易,对我来说,简直比登天还难;谁说考进士难,对我儿子来说,比路旁拈小草还容易!"

他们父子是高兴了,主考官欧阳修却是别有一番滋味在心头。自己读了大半辈子书,三坟五典可说如数家珍,汉儒诠释也不出方寸,怎么就想不起皋陶杀人、帝尧救人的典故?这苏轼小弟又是从哪本书上见到的?

带着这番疑虑,欧阳修在苏洵父子来访时问及此事。因为在场的人很多,苏轼不便多说,只是回答在《三国志·崔琰传》有关孔融的注中。

众人离去后,欧阳修查阅《三国志》,却仍然找不到这个典故。这本来是情理之中的事,作为前三史之一的《三国志》,欧阳修太熟悉了,岂能对《三国志》上的典故竟然不知?

正好几天后苏轼单独造访,欧阳修又一次问起。苏轼便讲述了《三国志》注引《魏氏春秋》中的一段故事——

曹操夺取幽州后,将袁绍之子袁熙的妻子甄氏赐给自己的儿子曹丕。

孔融知道此事后,大为不满。在给曹操的一封书信中,孔融编了一个情节,说周武王伐纣成功后,俘虏了妲己,将她赐给了弟弟周公。

曹操见信后迷惑不解,书上都说殷亡后姜子牙斩了妲己,怎么妲己没死,被武王赏给了周公?孔融是饱学之士、大学问家,他的话自然是有根据的。

见面后,曹操问起武王赐妲己给周公的出处。孔融回答说,我以今日之事推测古人,只是想当然,并无出处。

故事说完后,苏轼补充说,学生关于帝尧、皋陶的故事,如孔融一样,也是"想当然耳",特此请罪。

欧阳修听罢,连称惭愧。自己对孔融所编的故事曾经颇有感受,怎么就不知道可以类推,可以举一反三?面前这个青年不仅思维敏捷、文采过人,而且善读书、善用书,他日文章必然独步天下。

由此,他对苏轼更加刮目相看。在给梅尧臣的信中,欧阳修情不自禁地称赞:"读苏轼的文章,实在是一大快事。我年纪大了,该让路了,放他出一头地!"事后又对儿子们说:"你们记着,三十年后,世上人们就不会再说起我了。天下传诵的,只有苏子瞻的文章。"

苏轼对这位名扬四海的前辈的奖掖,一直心怀感激。许多年后,他给晁无咎的诗仍提到此事:"醉翁遣我从子游,翁如退之践轲丘。尚欲放子出一头,酒醒梦断四十秋。"

仁宗得意

就在苏氏父子春风得意之时,却接到从四川传来的噩耗,勤谨一生的程氏这年四月初八在家乡眉山去世了。这噩耗恰如晴空霹雳,父丧其妻、子丧其母,苏洵父子欲哭无泪、欲号无声。可怜的妻子,盼丈夫盼到两眼望穿,却没有盼到丈夫出息!可怜的母亲,从儿子一落地就盼子成龙,可儿子双双中了进士,她竟然连喜讯也没听到就离开了人世!她是带着期待和遗憾而去的。

按当时的规定,父母去世,子女得守孝二十七个月。在这二十七个月中,做官的要辞官,定了亲的要推退举行婚礼,娶了妻子的也得分居。其实,就是没有这个规矩,苏氏父子也是要回去安顿亡灵的。但对于二十七个月内的种种禁忌,并未完全遵循。

二十七个月后,仁宗嘉祐四年(1059年)十月,苏氏父子二度离开老家眉山,取水路返京。不过这次不是父子三个人,而是全家六口人,加上了苏轼、苏辙的妻子,和苏轼刚刚出世的长子苏迈。

他们从眉山登舟,经岷江入长江,直下三峡,到达江陵。这是当年李白出川的故道,感受着"两岸猿声啼不住,轻舟已过万重山"

名句的激昂,饱览了山川的秀美、风景的朴质、贤人君子的遗迹,苏氏父子也写下了上百篇诗文,后来编为《南行前集》。只是这些诗文,虽有李白诗歌的浪漫遗风,更多的却是学习杜诗的痕迹;所表现出来的,虽然有对山河气象的赞美,更多的却是忧国忧民的意识。

到江陵后,他们弃舟登陆,取道襄阳、南阳,于嘉祐五年二月抵达京城汴梁。

宋朝的进士并没有明清时期值价。明代举人考中进士之后,一般都可以任六品主事及七品翰林、御史、给事中之类的京官,以及五品的知州、六品的府通判及州同知、七品的知县之类外官。而苏轼兄弟回京之后,只被任命为外县九品主簿,协助知县典领文书,辨理具体事务。苏轼领的是福昌县(今河南宜阳)主簿,苏辙领的是渑池县(今属河南)主簿。以二人的才气名声而做九品小官,自然不会甘心。他们均未到任,而是准备进行下一轮拼搏。

当时,朝廷正在筹备制科策试。这是选拔特殊人才的措施,参加策试的必须具有进士资格,而且得有大臣推荐,由皇帝亲自出题,在便殿考试。这种考试与进士考试不一样,只写一篇文章,叫"策试",一般都是以时局为题,要求切中时弊,提出解决问题的建议。而阅卷者则是皇帝自己和朝中当权者。试卷不糊名,不誊录。

按理说,这本是直抒己见的好机会,但难也就难在这里。如果文章轻描淡写、不及要害,或粉饰太平、虚言溢美,不但会引起皇帝的不满,而且事情传出,作答人在读书人面前也抬不起头来,会被斥为"媚上"。如果文章过于尖锐、不留情面,乃至公开指名道姓地批评,虽然可以得到舆论的喝彩,但又容易触犯忌讳,遭人嫌恨,被说是"卖直要誉"。如何在二者之间找到一个契合点,既可表现畅所欲言的赤诚、言必中的的见识,又让当权者有台阶可下,保全他们的面子,实在是不容易。

这一届策试是在嘉祐六年八月进行,苏轼和苏辙都获得了策试的机会。

苏轼的荐主是翰林学士欧阳修,他看好这位善读书、读活书的门生,唯一担心的是这位喜好望高眺远的弟子下笔不留余地,给人难堪。

苏辙的荐主是龙图阁直学士杨畋,他以清介谨慎而又奖拔后进为士林所重。对于苏辙,杨畋很有信心,这个十八岁就考中进士、文采见地与其兄比肩而又沉稳有度的年轻人前途不可限量。

二苏之外,还有一位来自河北常山名叫王介的考生,也以强记刚直著称。

事实证明,这三位考生都不是庸碌之辈,他们以对时局的独到见解和义无反顾的气概,令世人不得不承认后生可畏。但相比之下,王介的文采和文章中所透露的气势及灵气比起二苏还是颇有不足。

苏轼在策文中对国家内忧外患的形势和歌舞升平的景象作了比较,认为国家虽有可忧之势,却无可忧之形,大臣循用故事,小臣谨守簿书,上下相安,苟且岁月,全不以国事为重;而察其根源,则在于皇帝的不知勤政,不知御臣之术。

这番议论,已让大臣有些为难了。

出乎人们意料的是,一向以沉稳有度著称的苏辙在策论中的火力比哥哥苏轼还要猛:古代的圣人无事时深忧远虑,所以临事则不惊不惧,陛下却恰恰相反,天下无事时不忧不虑,一旦有事则既惊且惧。他特别提到了外界有关宫闱的传闻:"近岁以来,宫中贵姬至以千数,歌舞饮酒,优笑无度。"由于一心娱乐,皇帝上朝时不见对诸司政事有何详说,下朝时也不见召见大臣询问方略。上下宴安,全不思内有养士、养兵之费,外有契丹、西夏之奉,百姓生计彷徨,国家元气萎靡。

二苏及王介的策论使执政大臣深感不快。尤其是韩琦,他对苏氏父子有知遇之恩。就在策试临近时,苏辙有病,韩琦为此专门奏明仁宗,说:"今岁应召制科之士,唯苏轼、苏辙最有声望。今闻苏辙偶染病,未可试,如此兄弟中一人不得就试,甚非众望。"请求将策试日期推后,直到苏辙病愈才进行。没想到苏辙论事竟如此不加节制,全然不为自己这个宰相(同中书门下平章事)留下余地。

但是,以主考官知谏院司马光为首的考官班子多是些来自清闲衙门的官员,他们也对执政者有看法,苏轼等人的策论与他们不谋而合。他们在苏轼和王介之间作了选择,苏轼以"文义灿然"入了最高等——第三等。入这一等的,开国以来仅有过吴育一人,这也是位"奇颖博学"的人物。苏轼是第二位。

不过,对于苏辙,因为他批评皇帝过于尖锐,所以考官们觉得有点为难。倒是主考官司马光旗帜鲜明,他认为应试的三人中,只有苏辙的爱君忧国之心最忱,应和苏轼同入三等。但也有人主张将其罢黜或入第四等。幸亏仁宗有人君之度,他认为制科策试,目的就是为了征求直言,如今苏辙直言不讳而被罢黜,天下人会怎么看呢。仁宗的话自然是一言九鼎。司马光和杨畋很是感激,对仁宗着实称赞了一番。

　　仁宗这一次不但见识了苏轼兄弟的文章,而且对自己处理苏辙问题非常得意,经司马光和杨畋一歌颂,更是兴奋不已,回到后宫还连呼痛快。

　　曹皇后见他如此高兴,自然也得捧场,问他有何喜事,也让后宫妃嫔们高兴高兴。

　　仁宗看了看围拢过来的妃嫔,伸出二指:"朕今日为子孙找到两个宰相!"

第三章 仕途初跋涉

签判凤翔

制科策试的成功,使苏轼兄弟在仕途上跨进了一大步。但是,也正因为在策试中极论时弊,苏轼兄弟一开始就尝到了被穿小鞋的滋味。

虽然仁宗以为找到了两个未来的宰相,但现任的宰相容不得这未来的宰相。按理说,苏轼兄弟参加制科策试,苏轼还入了第三等,应是翰林院的当然人选,但只得了个大理寺评事的京官衔,签书凤翔判官。

如果是在汉唐,关中为帝都,凤翔为长安的西门户,那是个好去处。但到了宋代,情况就不一样了。宋太祖定都东京汴梁,政治中心在中原,关中便为偏僻所在。尤其是西夏强盛以后,关中成了兵连祸结之处。凤翔府所在的秦凤路,与西夏毗邻,虽说十多年前双方签了和约,宋朝政府每年"赐"给西夏白银七万两、绢十五万匹、茶叶三万斤,以换取边境的安宁,但西夏人越境劫掠之事仍时有发生。将一位以文章著名的才子放到这个地方来办事,不能不说是当权者在进行某种报复:既然年轻人没吃过苦头,那就让他尝尝吧!

苏辙比哥哥更惨,他只得到个商州推官的头衔。商州也在关中,本来兄弟二人可结伴而行,但负责起草诏令的知制诰王安石认为苏辙在制科策试时"专攻人主",故不写委任状。苏辙只好在京城等待,苏轼只得独自上路了。

从童年起,兄弟二人一起进州学,一起随父往成都拜谒张方平,一起考乡试、考省试、考殿试中进士,又一起回川奔母丧,一起二度出川,一起应制科,虽然不能说是形影不离,却也是同进同退,不曾落单。这次苏轼的签判凤翔,是兄弟两人第一次分别,从此以后,两人只得各奔东西。说来这本是情理之中的事,终不成兄弟二人像当年伯夷、叔齐那样,厮守首阳山。只要图进取,兄弟总是要分开的。但从感情上说,难舍难分。

苏辙从开封一直将哥哥送过郑州,在兄嫂的一再劝说下,才挥泪掉转马头,踏雪东回。望着已长大成人的弟弟渐渐远去,苏轼不禁一阵难受。以往是携手闯难关,往后就得孤身走天涯了。

在朝中权贵看来,将苏轼发往凤翔,是对他狂妄不羁的惩罚;而对苏轼自己来说,去关中却是求之不得。有道是好男儿志在四方,大凡血气方刚、抱负不凡的年轻人,都希望到边疆去,到能够体现自我价值的地方去,成就一番轰轰烈烈的业绩。凤翔地处西陲,逼近西夏,自己从小敬仰的大豪杰范仲淹当年就在这一带和党项人周旋。初入仕途,就被派往此地做官,谁能说不是天意的安排呢！

苏轼到凤翔时，凤翔太守名叫宋选。这是一位为人厚道的实干家，对在京师闯下极大名头的新下属，宋选更表现出他的长者之风。说实在话，苏轼开始对这位不大摆弄文字的上司是有些看不起的，但很快被他的深入细致、与民同忧的作风和品格所感染。

苏轼第一次赴京时，途经凤翔府所属扶风县，在此地住了一个晚上，传舍的条件极差，叫人无法忍受。这次到凤翔，他重游扶风传舍，却发现刚刚改建一新，可以和官府、庙观及富人住宅媲美。来往士商都称赞说，到了传舍犹如到了自己家里，乐而忘去。条件一改善，住的客商多了，也促进了凤翔的经济发展，可说是一举两得。

苏轼虽是以文章取官职，却自小以天下为己任，以万民为忧思，只是不知从何入手。传舍的变化，使他开始感受到了当年使自己激动不已的范仲淹名句"先天下之忧而忧"的真正含义，欲成大事者，不正是应该从老百姓衣食住行之类的小事做起吗？他开始对宋太守刮目相看了，也开始脚踏实地为百姓办实事了。

祭神祈雨

嘉祐七年（1062 年），即苏轼赴任的第二年，就遇上凤翔闹旱灾。

北方闹旱灾是南方人所难以想象的，往往是一两个月滴雨不见，河流干涸，水井枯竭，接着便是飞蝗遍野，草木皆尽。

嘉祐七年，从二月开始，到三月上旬，整整一个月不下雨，刚刚返青的麦子眼看就要枯黄了。如果再不下雨，老百姓又得离乡背井,四处流亡了。

宋太守为此事急得吃不下饭,睡不着觉,一听说天上有云,便赶紧跑出去看天象。但那几丝浮云被烈日一照,反倒更令人感到绝望。

苏轼这段时间也是忙里忙外,可就是没有主意。不要说那年头没有抽水机,便是有,也无处抽水。人们唯一的希望,便是老天开恩,下场透雨。

当地流行着一种传说,说凤翔城南的太白山上有座神庙,神庙是祭祀太白山神的。庙前有个小池塘,无论天怎么旱,这小池塘都不会干,池中的小鱼也仍在悠游。因为这池中的水是"龙水",而鱼则是龙王的化身。当地还有个风俗,每当旱得活不下去,就得派人去太白山的小池中取"龙水",父母官和全城的头面人物出城迎接,进行祷告。如果心诚,或许会感动上天,降下甘霖。

宋太守对这个传说是熟悉的,过去也曾一而再、再而三地迎水祭天,但总是请到雨的时候少,请不到雨的时候多。

苏轼这年二十六岁,身强力壮,眼看万民盼雨,望眼欲穿,田土干裂,麦苗枯黄,不由得心急如焚。他自告奋勇,要亲自去太白山山神庙祈祷,为万民造福。

经过几个月的接触,宋太守发现这位文名动京师的才子有颗赤诚的爱民之心,有不畏劳苦、勇于担当的办事之才,和那些只会夸夸其谈、不干实事的读书人不一样,便答应了他的要求。

三月初七,是太白山山神的生日,苏轼准备好了礼物,前往太白山祈祷。他深信自己是虔诚的,事前洗了澡,还斋戒了三日。

祭神回来后,下起了小雨,但地未沾湿,便停了。

苏轼等啊,等啊,等到第十天,终于等到阴云密布,下起雨来。苏轼相信,这雨是自己用诚意祈来的。但片刻之后,雨又停了,仅仅打湿了地皮,不足以救旱。这是怎么回事?

凤翔百姓却从小雨中看到了希望,说山神被苏大人的精诚感动了,所以才下雨。在唐朝,太白山的山神是受封为"明应公"的,到宋朝却被改封为"济民侯",后一名号虽然与山神济民的本意相合,但爵位降了一等,或许是对此不满,故未肯普降大雨。

苏轼赶忙找来有关典籍和地方志书查阅,果然唐朝的太白山神是"明应公"。经与宋太守商议,他代太守给朝廷写了一道奏疏,请求恢复太白山神的公爵,并派专人去太白山宣读、焚化奏疏的副本,顺带再次取回"龙水"。

三月十九日,派往京城的专使出发了,前去太白山宣读祭文的使者也该回程了。苏轼和宋太守照例沐浴更衣,出城迎接"龙水"。城乡百姓数千人也从各方赶来,人们都把希望寄托在这"龙水"上。

说来也巧,就在苏轼陪太守出城时,天空有了云彩,而且越来越浓,不到一顿饭工夫,已是乌云密布。

三月的关陇,冷风一吹,令人顿生寒意,但人们的情绪被这冷风激发得更热了。人们呼喊着,群情振奋,雨却不见下来。苏轼和太守又赶回城内真兴寺祷告,然后出城,正好"龙水"也被取回了。

就在这时,随着一声霹雳,下起了一场瓢泼大雨。苏轼和数千百姓一道,在大雨中欢呼跳跃。他第一次感受到了与民同乐的欢快,况且,这场大雨也有他的心血和劳苦。

这雨连续下了三天,凤翔的旱情彻底解除了。也就在这时,苏轼官舍前的一座风景亭落成了。既喜亭成,更喜雨下,苏轼情不自

禁,写下了名传千古的《喜雨亭记》。《喜雨亭记》中说到了这次下雨的经过:

　　余至扶风之明年,始治官舍。为亭于堂之北,而凿池其南,引流种树,以为休息之所。是岁之春,雨麦于岐山之阳,其占为有年。既而弥月不雨,民方以为忧。越三月乙卯(初七)乃雨,甲子(十六日)又雨,民以为未足,丁卯(十九日)大雨,三日乃止。官吏相与庆于庭,商贾相与歌于市,农夫相与忭于野。忧者以乐,病者以愈,而吾亭适成。

就在这得雨成亭的欢乐中,他内心的豪气又上来了,取亭名曰"喜雨",并作歌而唱:

　　使天而雨珠,
　　寒者不得以为襦。
　　使天而雨玉,
　　饥者不得以为粟。
　　一雨三日,
　　繄谁之力?
　　民曰太守,
　　太守不有。
　　归之天子,
　　天子曰不然。
　　归之造物,

> 造物不自以为功。
>
> 归之太空,
>
> 太空冥冥。
>
> 不可得而名,
>
> 吾以名吾亭!

实在是痛快! 但其间透露出来的豪爽和无所顾忌,以后却让他吃尽了苦头。

陈公短长

第二年即嘉祐八年(1063 年)正月,宽容厚道的宋选离任了,接替他的是陈希亮。

陈希亮字公弼,四川青神县人,仁宗天圣年间(1023—1032 年)进士,那时苏轼尚未出生。青神县与眉山县毗邻,苏轼的妻子王氏便是青神县人。按理说,既是同乡,又是忘年,苏轼在他的手下做事应该是很顺心的,但事实恰恰相反。

陈希亮的作风和前任太守宋选截然不同。宋选不动声色、细致入微,陈希亮则是疾恶如仇、除恶必尽;宋选礼贤下士、性情随和,陈希亮则是老而弥坚、争强好胜。

苏轼在宋选手下干了一年多,觉得很受器重,陈希亮一到,他就感到有些别扭。以往经自己办过的事、拟过的稿,宋太守都是鼓励有加。可这陈太守似乎处处和自己过不去,每拟奏文祷词,他总要横竖挑剔,增删涂抹。自从上次祈雨之后,苏轼又干了几件漂亮事,衙门上下及父老乡亲都称其为"苏贤良"。但陈希亮听了不高兴,将一位当着他的面喊"苏贤良"的衙役打了二十棍,以示惩戒。

苏轼哪里受过这般气!你陈老爷子不就仗着资格老吗?天圣中进士,有什么了不起!我还是制科三等呢!

赌着这股气,苏轼对这位同乡兼前辈的上司也就爱理不理。吩咐要拟的稿子,他拖上几天再写;分派下来的差事,他不紧不慢地干。有一次,陈太守设宴招待下属,并打算在宴间议论一些公事,苏轼干脆托故不去,被陈希亮罚了八斤黄铜。

两股傲气拧在一起,谁也不服谁。

但有一次,陈太守表现出令人惊讶的宽容。他在自己官衙的后院建了一座台子,这台子建得相当气派,公余饭后登台休息,四野风光尽收眼底,颇有心旷神怡之感。陈太守对这个台子很满意,命名为"凌虚台",既寓台高、升于天际之意,又效当年曹植"建三台于前处,飘飞陛以凌虚"的雅兴。台子建好后,他让苏轼写篇文章,刻碑留记。

按说陈希亮自己也是舞文弄墨出身,写篇碑记是不成问题的,而且可以昭示后人,但他偏让苏轼写。是预料苏轼日后将成大名,这凌虚台得仰仗他的盛名才得以传诸世人,还是对这位桀骜不驯的下属表示和好之意,抑或他原本就是要杀杀年轻人的傲气,这次才真正让他施展才华?陈希亮至死也没有对此事作出解释,故而无法断言。苏轼却借这个写《凌虚台记》的机会狠狠整治了老爷子一番。

文章先写凤翔的地理形势,再写建凌虚台原委及台的特性,均寥寥数语带过;然后笔端一变,说遵陈太守之命,作文为记。于是

借题发挥:

> 物之废兴成毁,不可得而知也。昔者荒草野田,霜露之所蒙翳,狐虺之所窜伏。方是时,岂知有凌虚台耶?废兴成毁,相寻于无穷,则台之复为荒草野田,皆不可知也。

这是先说自然界沧海桑田的变化规律,兴废与成毁本是交替变化的。成兴之时,便含废毁的基因;废毁之际,蕴有成兴的契机。这才是颠扑不破的规律。

接着由自然沧桑说到人事变化:

> 尝试与公(陈希亮)登台而望,其东则秦穆之祈年、橐泉也,其南则汉武之长杨、五柞,而其北则隋之仁寿、唐之九成也。计其一时之盛,宏杰诡丽,坚固而不可动者,岂特百倍于台而已哉!然而数世之后,欲求其仿佛,而破瓦颓垣,无复存者。既已化为禾黍荆棘、丘墟陇亩矣!而况于此台欤?

登台眺望,东面曾是春秋时西陲霸主秦穆公修建的祈年殿和橐泉殿,南面曾有汉武帝的长杨猎场和五柞神宫,北面则是隋文帝和唐太宗的避暑行宫。它们比这凌虚台强过百倍,但几百年后,连影子也找不到了,何况脚下这个台子呢?

写到这里,苏轼还觉得意犹未尽,干脆再补上几句:连坚石垒成的宫殿楼台都留不长久,何况是血肉之躯的人和倏忽万变的事。世界上确实有永垂不朽的东西,这可是楼台和人事存亡都影响不了的。

苏轼由一座凌虚台言及自然界的变化,进而谈到人事的成毁,最后道出主题:"盖世有足恃者,而不在乎台之存亡也。"但究竟什么是"足恃者"却不明言,留待识者领悟。

也亏了苏轼抱着冷眼旁观的态度写这篇文章,才达到了这种极高的意境。陈希亮或者是被这种意境所征服,或者有意表现出宽容,这篇文章只字不改,便命人刻在石碑之上。

此后,这一老一少从感情上接近了。而且,苏轼也逐渐听到了一些有关此老的传闻。有人说陈希亮自幼父母双亡,跟着哥哥长大。哥哥是位商人,放过高利贷,当命陈希亮去收债时,陈希亮却将借贷者统统召来,当众将借据烧毁。又有人说,他在长沙做知县时,曾逮捕过一个有强硬后台而为非作歹的僧人,并顶住各方面的压力将其正法,以正风俗;接着还拆毁了一些伤风败俗的淫祠,强迫七十多个装神弄鬼的巫师改邪归正,自食其力。还有人说他不管到何处,都以惩恶扬善为己任,土豪劣绅乃至王公贵戚皆怕他三分。

听到这些传闻,再看看陈希亮在凤翔的所作所为,苏轼对这位和自己祖父同辈的上司不由得肃然起敬,对自己以往的傲气深自惭愧。陈希亮死后,苏轼写了一篇近三千字的《陈公弼传》,既叙其生平,也对自己"年少气盛,愚不更事,屡与公争议,至形于颜色"进行忏悔。而且特别说明,自己平生不给人写行状、墓碑之类的文字,这次算是破例。

陈希亮能使苏轼折服,用苏轼在《凌虚台记》中的话,应该是因为"有足恃者",这就是他的人格和品行。而对苏轼来说,恐怕也只有在人格和品行上有绝人处，才能让他看得上眼。

苏章石壁

在凤翔时，苏轼结识了一位和他同样性格豪爽而又博学善文的朋友——商州推官章惇。

章惇字子厚，生于宋仁宗景祐二年（1035 年），长于苏轼二岁，建州浦城（今福建）人。他成名本来早于苏轼，但因与侄子章衡为同科进士而排名在章衡之后，觉得面子上过不去，于是两年后再考，中了甲科，和苏轼成了同科进士。仅从这件事，便可见此人不甘心居于人下。

嘉祐二年，苏、章二人同中进士后，苏轼先因回川守制，后因参加制科考试，直到嘉祐六年才签判凤翔，而章惇则早已是商州推官。商州当时属永兴军路，和凤翔毗邻。章惇听说同科进士，近几年文名震京师的大苏（时称苏轼为大苏，苏辙为小苏）来到凤翔，很是兴奋，便要前去探访。恰好这时来了旨意，让他和苏轼参与主持永兴军的进士预考。这可是天遂人愿。苏轼他乡遇故知，况且是有胆有识的章惇，也很高兴。

二人年纪相仿，又都是少年成名，颇有英雄识英雄之感，言谈之中，又均有救国救民之心和报效朝廷之志，故而甚是投机，相交恨晚。但二人性格又显然有所不同。章惇杀伐果断，不留余地，苏轼则富有同情心，看不得别人落难；章惇颇具韬略，工于心计，苏轼则不设城府，嬉笑怒骂中带着几分天真。如果仅仅是这样，倒还好办，要命的是两人均争强好胜，不甘后人，便惹出很多麻烦。这在他们初次相交时就表现出来。

公务之余,二人同游盩厔(今陕西周至)南山的仙游潭。盩厔南山为终南山余脉,山势雄伟,风景秀丽,为旅游胜地。仙游潭下临万仞深渊,对面是一座陡壁悬崖。临崖下望,令人头晕目眩;对壁长啸,令人豪气顿生。

也不知谁先提起,说是如果在对面石壁上刻字,那是何等潇洒,让后人见知,也足显英雄本色。说话之间,章惇便要一试。

苏轼赶忙拦住。他指指架在两岸之间的那根横木,虽然是供人来往,但稍不留神,一失足便掉入深崖,连尸体也找不到,不主张去冒险。

章惇微微一笑,让苏轼在岸边观看,然后举步踏上横木,试试是否牢实;又从随行人员手中取过笔砚,几个箭步,过了横木。

眼看章惇走到石壁之上,苏轼一颗悬着的心才放了下来。

章惇回过身,朝苏轼招招手,让他也过去。苏轼赶忙摇手,说自己没这个胆量。章惇笑了笑,也不多说,顺着一条下垂的藤条,在绝壁上写下六个大字:"苏轼章惇来游。"然后顺藤而上,对着长空放声高呼,远山近壁,都是回音。

经过这番折腾,章惇觉得痛快淋漓,跨上横木,来到苏轼身边,得意地挤挤眼:"子瞻兄,小弟胆量还算不小吧!"

苏轼盯着章惇看了半天,似乎刚刚才认识这位同年好友。

章惇被他看糊涂了,愣了愣,问道:"怎么啦?"

苏轼这才拍拍他的肩膀,笑道:"我在想,子厚兄将来定能杀人。"

章惇不解,欲求其详。苏轼解释说:"你连自己的命都不当一回事,何况他人!"

章惇不但不生气,反倒开怀大笑:"说得对!大丈夫处世,该杀人时便得杀人。知我者,子瞻也!"

苏轼被他一笑,顿时觉得毛骨悚然。

离开仙游潭,一行人骑上马继续游览。来到一片密林处,他们便要穿林而过。

随员中有本地向导,连忙阻止,说前面密林中有老虎出没,时常伤人。苏、章二人不信,打马前行。进林之后不久,果然有虎啸之声。

苏轼的马听到虎啸,惊叫起来,止步不前。

苏轼劝章惇从原路退出密林。章惇却笑着说:"子瞻胆小,故此坐骑也跟着胆小。我的坐骑胆子可不小。"说着,催马前行。

看到老虎了,章惇将马身上挂着的一串铜铃取下,一个接一个摔在路面的石块上,发出一阵阵金属撞击声。

老虎不明白是何道理,掉头而去。

章惇拨转马头,对远远观望的苏轼等人高呼:"继续赶路!老虎是怕恶人的!"

苏轼对这位子厚兄真是有些折服了,但内心深处总隐隐有些发怵。

韩琦伎俩

冬去春来,做了四十一年太平天子的仁宗皇帝赵祯于嘉祐八年(1063年)三月龙驭上宾了,继位的是英宗赵曙。

赵祯在位期间,虽然水旱蝗涝不断,到处有民变、兵变发生,但凭着祖宗留下的"与士大夫共治天下"的祖训,渡过了难关,成为北宋经济文化发展的黄金时期。赵祯本人也以仁恕爱民为标榜,所以死后才得了"仁宗"的庙号。尽管如此,他生前却没有留下嫡传骨肉,只好立叔伯兄弟濮王赵允让之子赵曙为皇子,以继承基业。

赵曙继位后,改年号为"治平"。到治平元年(1064年)十二月,苏轼签判凤翔已整整三年,按当时的规定,得赴京接受考核,以定升、降、留、罢。第二年正月,苏轼回到了东京汴梁。朝廷将如何安排自己,苏轼心中无数,但等待他的,是又一轮考试。

英宗为太子时,就仰慕苏轼的文章,深为苏轼未能入翰林院感到惋惜;如今自己即位了,应该让苏轼发挥才干。但英宗毕竟年轻,不知世上不尽如人意之事居多,虽然贵为天子,也不是想怎么办就能怎么办的。当他把自己想依照当年唐玄宗让李白任翰林学士(实为待诏)的故事,将苏轼调升翰林的打算告诉宰相韩琦时,却被韩琦带着绕了一个大圈子。

在三苏进京时,韩琦对他们的文章是非常赏识的,但和苏洵接触几次之后,渐渐有些不耐烦了。他觉得苏洵的文章确实不错,但年近五十的人一点也不通世事,写文章就写文章,何必汲汲于仕途;况且又对为政之难一点也没有了解和体会,总认为做大官的都是尸位素餐,全不以国计民生为念。苏洵有一次甚至向韩琦进言,认为要扭转官场积弊,应该以诛斩为先,这就使韩琦更为不快。

韩琦早年也是激进分子,以激扬风气、革除积弊为己任,并且是庆历新政的核心人物。但随着阅历的加深,又经历了变革失败的痛苦,他逐渐发现,为政并不像书生议论那么轻松,尤其是国家积弊已深，任何过急的举措都会遭致各方面的反对。

尤其是回京执政后，韩琦早已不是当年的激进派，而是典型的稳健派了，所以对苏洵的书生论政既觉得反感，又觉得有几分可笑。

无论苏洵怎么四处奔波、反复陈词，无论舆论如何盛赞苏洵的文章，可就是通不过韩琦这一关，只请准皇帝给了苏洵一个秘书省校书郎的职务，而且还是"试"校书郎。

但对苏轼和苏辙，韩琦还是器重的。苏轼虽然爱发议论酷似其父，但毕竟年轻，经过一番磨练或许会好一些。但二苏在嘉祐六年的策试，说话毫无顾忌，全然不留面子，深深地刺伤了韩琦。

如果韩琦当时不在宰相的位置上，感觉可能会不一样，但一在这个位置上，所有的批评便似乎全是冲着自己而来。虽然当时苏辙比苏轼还要冲，但毕竟小两岁，而苏轼已二十六岁，老大不小了。将苏轼放到凤翔去，其实就是韩琦的主意，至于如何理解，则因人而异。这既可以说是爱护人才，挫挫年轻人的棱角，也可以说是排斥人才。苏轼的一位好友佛印和尚后来就曾公开表示过不满。

三年过去，又要旧事重提了。

韩琦见英宗提出要让苏轼进翰林院，也不便正面反对，只是说这样做对苏轼未必有好处。

英宗听了觉得奇怪。韩琦解释说："苏轼确实有才，岂止有才，可以说是才器远大，不可限量。当年先皇仁宗皇帝便许以宰相之位，这是尽人皆知的。但本朝用人，讲究循序渐进，切勿过急。如果皇上眼下就委以重任，恐怕天下不服，对苏轼并无好处，这不是爱才养士之道。"

听了韩琦这番话,英宗觉得自己倒真是有些过急了。

那么什么是爱才养士之道?韩琦自然有说法:"所谓爱才之道,用之不过急,擢之不过速,显之不过度,褒之不过分。等到他的才能为天下人所知,为天下人所服,众望所归,然后委以重任,那不是瓜熟蒂落、水到渠成吗?"

英宗这一下彻底信服了,姜是老的辣,此话真不假,自己怎么就没有韩爱卿想得这么多、想得这么远呢?

本来很自信的英宗,在这位四平八稳、老成练达的宰相面前,突然觉得没有主见了。他问道:"苏轼不能做翰林学士、知制诰,那么修起居注该可以了吧?"

韩琦仍然摇摇头:"也不行!修起居注与知制诰职位相近,也容易遭致非议。"

英宗傻眼了,这也不行,那也不行,总得有个行的呀!

其实,韩琦早有主意,他建议对苏轼再进行一次考试,如果这些年有长进,便安排他在史馆任职,既可接近皇上,又可继续增长学问。

英宗听从了韩琦的建议,对苏轼进行了又一轮考试。

当然,考试对苏轼来说是轻而易举之事。不就写写文章吗!照样是挥笔立就。苏轼进了史馆,用今天的话说,便是在国家档案馆或文史馆任职。

韩琦的这番苦心,实在是令人难以猜测。说是爱护苏轼,便应给他压担子、干实事,增长行政才干和经验,而不应该把他安排在史馆之类的"闲曹";说是排斥苏轼,可苏轼很乐意在史馆涉猎宫中藏书,做舞文弄墨的事情。

如果认真琢磨,我们不能不佩服韩琦的老谋深算。从苏轼兄弟的策论中,韩琦已经看出他们与自己政见上的不同,而仁宗皇帝已经声言这两位是未来的宰相,尤其是苏轼,数年之间文名远播,一旦担任有"内相"之称的翰林院知制诰,岂不成了自己的潜在对手。韩琦素以奖掖人才著称,并非虚言。但他奖掖的是与自己政见相同者,所谓君子同道,而绝不奖掖与自己唱对台戏者。但苏轼也有其明显的弱点,那就是太过于喜欢玩弄文字,如果引导他继续在这条路上发展,那么他就不可能腾出精力来应付官场角逐了。韩琦的安排,或许就是在这条思路上进行的。

作为文人政治家,苏轼在以后的生涯中,文人色彩不断强化而达于极致,政客色彩则趋于淡漠,直至被对手逼到绝路,不能说与韩琦无关。

十年生死

进史馆后,本应是苏轼一生中最为悠闲自在的日子:娇妻爱子、慈父贤弟,合家欢乐。

但好日子才刚刚开始,年仅二十七岁的妻子王弗就因病去世了。这是继八年前母亲去世后,苏轼所遭受的又一次感情上的重大打击。

王弗是青神县人。青神与眉山毗邻,岷江水又使两地居民感情相连。眉山的姑娘嫁到青神,青神的父母往眉山挑女婿,这在当时已成时髦。

王家世代书香,王弗从小便知书达理,一般的男孩未必放在眼里。但上游的眉山传来消息，说苏家祖上有福，出了两个神童，哥哥叫苏轼，弟弟叫苏辙，那可是不得了的人物。尤其是苏轼，州学刘微之先生是何等学问，他的诗竟然也让苏轼改了，还连称改得好。那时苏轼才多大？才十三岁！刘先生那么大的学问，都说做不了他的老师，让苏老泉另请高明。

王弗还未出阁，苏轼的名字就在她耳朵上磨出了茧子。到十五岁那年，有人向王家提亲，男家便是眉山苏家，女婿便是王弗仰慕已久的神童苏轼。世上竟有这等巧事，想着谁就能得到谁。

仁宗至和元年（1054年），苏轼和王弗完婚了。苏轼这年十八岁，王弗十六岁。完婚的第二年，苏轼就和父亲、弟弟去成都拜谒张方平，接着又赴京应考，王弗在家侍奉婆母程氏。直到嘉祐二年（1057年），苏轼因母丧回四川守制，夫妻才真正团聚。从此以后，王弗随着丈夫离开四川，来到汴京，接着又往返于凤翔和汴京，夫妻再也没有分开，情意弥笃。嫁给苏轼之后，王弗才知道，自己这位颇负盛名的夫君不但不懂人情世故，有时还天真幼稚得像个大孩子。以科举来说，都二十出头的人了，他还要父亲带着去赶考。至于理家度日、待人接物，更是一塌糊涂。但王弗发现，这位夫君不仅文章写得好，而且待人诚恳坦荡，心无芥蒂，尤其富有正义感和同情心。

王弗比以往更了解丈夫，更崇敬丈夫了，同时也觉得更有责任爱护丈夫，不能让他上当吃亏。因此，从嘉祐六年十一月苏轼离开汴梁，即第一次离开父亲往凤翔赴任后，王弗便成了他唯一的生活护理和公务参谋。

也正是从这时起，苏轼才惊讶地发现，比自己小两岁、看似文弱不更事的妻子竟然在许多地方比自己还成熟,不但会操持家务,知人论事也非常明快,有时自己看不透的,经她一点拨,一切就都清楚了。

人们常说,窝在家里的儿子长不大。其实,待在婆家的媳妇也很难长大。苏轼和王弗正是到凤翔以后,才开始双双长大的,才感觉到两人之间是如此贴近,如此相互需要。而王弗一去,苏轼更痛感如此不可分离。妻子才二十七岁,还刚刚成熟,尚未充分显示出其成熟美。儿子苏迈才六岁,自己似乎也还是个大孩子,全家都需要她,她怎么就走得如此之快?苏轼想不通,也无法接受。但这是事实,必须接受的事实。

这时,苏辙已去大名府做推官,父亲苏洵的身体眼看也一天不如一天。苏轼虽然想将亡妻归葬四川,却一时无法离京,只得择时殡葬在汴京城西。妻子就这样一去不返了。

十年后,苏轼终于又在梦中与王弗相会了。在梦中,苏轼回到了故乡眉山,还是那间新婚的故居,妻子王弗正临窗而坐,像婚后的第二天早上一样,对镜梳妆。但四目相对,满腹思念,竟无从说起,只是相顾垂泪。苏轼忘不了那梦中的情景,忘不了夫妻十年的炽热恩爱,也忘不了别后十年的断肠思念。他将这些情感,尽诉于一曲《江城子》中:

十年生死两茫茫。

不思量,

自难忘。

千里孤坟,

无处话凄凉。

纵使相逢应不识，

尘满面，

鬓如霜。

夜来幽梦忽还乡。

小轩窗，

正梳妆。

相顾无言，

唯有泪千行。

料得年年肠断处，

明月夜，

短松冈。

　　荡气回肠的曲调、凄凉哀怨的情绪，王弗可曾感知，上苍可曾动心！为何恩爱夫妻难到头，为何苍凉世事磨难多？

　　但苏轼一生，注定要比别人多经磨难，多经忧伤。

家事国事

　　在经受儿媳去世的打击之后，苏洵的病又加重了。

　　这位从二十七岁起才开始发愤读书的晚成者，在学业上取得了不愧于两个儿子的成就。从一定意义上说，儿子们在省试中一举成名，和他先声夺人的舆论准备不无关系。但儿子得到的功名，父亲没有得到。为此，他怨天尤人，却一直没有真正反省。

如果早二十年或早十年下功夫，或许苏轼出生时他就已经取得了功名。如果他不在京师闯下那么大的名头，不自视过高、期望过切，也许会接受朝廷的安排，参加一次近于仪式的策试而进入仕途，可他偏偏等着朝廷对他免试。如果他想开一些，干脆以文自娱、以文论道，抛弃对功名的追求，或许会得到感情上的平衡。但他既看不开，也想不透，这就决定了他摆脱不了悲剧的命运。

经过反复陈述，韩琦总算帮着他奏请或者说给了他一个霸州文安县（今河北文安）主簿的官名，以领取一份俸禄，但苏洵并不赴任。在与人合修了一百卷为本朝帝王立传的《太常因革礼》后，他的生命也走到尽头了。

治平三年（1066 年）四月，距王弗去世不到一年，苏洵也去世了。他是带着满腔未遂的抱负而走的。但这种抱负说来也很可笑。十多年前，雷简夫曾经给了他极高的评价，说"用之则为帝王师，不用则幽谷一叟耳"。苏洵的抱负很大程度上恐怕是被这句话调动起来的。但当权的韩琦诸人不但没有让他做帝王师，连皇帝的面也不让他见。

其实，就算是做了帝王师又能怎样？门生天子果真会按他的意见办吗？二十年后，儿子苏轼倒真是做了帝王师，却酿成了晚年的流亡和贬谪。

苏洵的死，在京城引起了震动。虽然他只是挂名的九品主簿，垫底的官，但他是当时最有影响的政论家。他在世时被当道者所遏，很大成分是因为这些政论文；而死后所引起的震动，也正是因为这些政论文。他的遗憾和荣誉都是由这些文章而起，如果没有这些文章,也就没有苏洵。

不知从何时开始,中国人形成了一个习惯,苛求生者而厚待死者。苏洵死了,荣誉也就跟着来了。根据死者生时的意愿,英宗赠他为光禄寺丞。这是正八品官,比主簿高了两级。同时,英宗命有关部门提供船只,以便其子护送他的遗体还乡入葬,这个待遇却不是八品官所能享受的。

这两条决定,其实也是当政者们做出的,反映了他们对苏洵的基本看法。就官禄而言,此公得了正八品就算是到顶了;就其学问而言,却不是可以用官品衡量的。因此,他享受的是文化名人的待遇。

苏轼兄弟都按惯例告了丧假,护送父亲的灵柩,由汴水经运河入淮,顺淮河而下,再经运河入长江,然后溯江而上。差不多一年之后,即治平四年四月,兄弟二人才到达家乡眉山。

说来,所谓"丁忧"也真是一种自欺欺人的制度。父母死了,得守孝二十七个月,以培养忠臣孝子。但真正认真去做的,少而又少。以苏轼而言,第一次母亲丧期才满,就有了儿子苏迈,这丧期内不得与妻子同房的规矩已成虚文。这一次他送父亲灵柩归葬,因有官船接送,省去不少辛苦,沿途游山玩水,在路上竟走了一年。苏轼兄弟对父亲的感情不能说不深,而这种归葬法,却又是对丁忧制度的嘲弄。

到眉山后,二人将父亲与母亲合葬。墓穴是早就建造好了的。同时运回的还有苏轼亡妻王弗的灵柩,葬在苏洵夫妇旁边,让她在地下继续侍奉公婆。

苏轼是喜事之人,凡事一经他的手,就得轰轰烈烈。他请人在父母和妻子的坟地周围种下三千棵松树（一说三万棵），以使将来坟地在林木葱茏中。他用这种方式，来寄托对亲人的哀思。

转眼已是熙宁元年（1068年）七月了，苏轼兄弟二十七个月的守制期也满了。在这二十七个月中，朝中发生了很大的变化。英宗皇帝已于上年，即治平四年正月去世，继位的是神宗皇帝赵顼。当时苏轼兄弟还在返川的途中。

对于这些，苏轼兄弟并不过于介意，他们已经经历过仁宗皇帝去世、英宗皇帝继位的变故，无非是老百姓要遭受一次实际上的劫难，又得到一次名义上的恩典罢了。

旧君去世，按规矩得营造山陵，营造费自然是向百姓摊派。这是急如星火，必须兑现的。新君即位，按规矩得大赦天下，除了十恶不赦者，囚犯均予释放。如此固然可使大量无辜平民重返家园，同时也重新成为国家派役的对象；大大小小的刑事罪犯及欺压百姓的"大虫"被放了出来，重又为患。大赦的另一条内容，是免除老百姓以往拖欠的税粮，这一般是张空头支票，即使不免，国家也收不上来。

此外，所谓一朝天子一朝臣，或许一批老臣因此退位，一批新进得以掌权。苏轼兄弟已经听说江宁知府王安石被召回东京任翰林学士，韩琦则被罢相了；又听说最近皇帝让王安石越次入对，这倒引起了苏轼兄弟的极大兴趣。

据说皇帝问王安石："祖宗守天下，能百年无大变，粗致太平，以何道也？"

为此，王安石上了一篇著名的对策，分析了所谓百年无大变而粗致太平的原因，接着猛烈抨击了因无大变而导致的"因循末俗之弊"。他认为，因循末俗而导致无亲友君臣之义，皇帝朝夕相处的，是妃嫔和宦官，上朝视事，也不过听有关部门说一些琐碎细末之事，而全然不像古代那些有为的君主——他们接触的，全是有学问、有见识的大儒，讨论的全是先贤圣王治国平天下的大道理。接着，王安石从科举用人及理财、兵备、农耕四个方面对现状进行了批评。

对于科举用人，王安石认为其弊在于专以诗赋记诵取士而缺乏学校养成之法，专以科名资格任官而缺乏考核业绩之方。对于农耕，王安石认为农民疲于差役，而没有有效的赔偿救灾措施，尤其没有组织农民兴建农田水利工程，致使其缺乏抗灾能力。对于兵备，王安石认为其弊在于士兵老弱病残充斥，缺乏战斗力，又没有严格的训练规程；尤其是将领无统兵之权，遇事临时调遣，将不知兵，兵不服将，所以一战即溃。对于理财，王安石认为以往全无法则，所以虽然提倡俭约而百姓富裕不起来，皇帝虽然汲汲于求治，国力也仍然振作不起来，国弱民贫，由此而起。

王安石的对策，令远在四川的苏轼兄弟钦佩不已；虽然对王安石本人没有什么好印象，但从对策看，他还真是王佐之才。回想自己，乃至故去的父亲，只知书生论政，说这不好、那不行，但国家积弱、百姓饥寒的真正症结在哪里，说不明白、道不清楚。经王安石一剖析，病根就出来了。但他们又模模糊糊地感到有些不舒服。王安石说本朝专以"诗赋记诵"取士，这是不是针对自己？但又不像。本朝的著名人物，包括范仲淹、韩琦、富弼、欧阳修，还有他王安石自己，不都是以诗赋记诵而进入仕途吗？

既然理不清，就不去理它。苏轼兄弟终制后也不急于还朝，先将家事安排好。

妻子王弗已去世三年了,儿子苏迈也快十岁。无论对前妻如何思念,中年续弦也是天经地义之事。有道是女人无夫身无主,男人无妻家无主,总不能独自带儿子过一辈子,这也不是亡妻的生前遗志。

第一次娶妻是依从父亲的意志,第二次娶妻苏轼可以自己做主了。他仍然将爱情之箭射向青神县的王家,是出于对亡妻的怀念,还是早有意中人,抑或是对青神王家有一种特殊的感情?或许兼而有之,或许是一种巧合。但新娘他是早就认识的,她是王弗的堂妹,被称为"二十七娘"的王闰之。

苏轼与王弗成亲时,王闰之才八岁,虽然不懂男欢女爱之事,但对这位有"神童"之称的堂姐夫充满着崇敬和好奇。到苏轼回川为母亲守孝时,王闰之已十几岁了,能追随大人踏青郊游。堂姐夫虽然在京师中了头榜,却仍然像当年那样随和,那样幽默,那样畅怀大笑。自己虽然净问些小孩子的事,他却乐意解说。看得出,他很喜欢自己。

苏轼第二次出川,一去就是十来个年头,他的风光事却不断传到四川,传到眉山,也传到青神。

王闰之对堂姐真是羡慕。作为一个女人,能嫁一位如此有才气又待人诚挚的丈夫,还有何求呢?等到听说堂姐去世了,王闰之着实难过了好一阵子。才二十七岁,以前也没听说有什么大病,怎么一下子就去了?她由为堂姐惋惜,又转到了对姐夫的思念。一个男人,身边没有女人照顾,那日子多难过?苏迈尚小,怎么能够没有母亲?整天就是胡思乱想。

治平四年,苏轼扶灵柩返乡了,王闰之又是高兴又是难过。看看苏轼那长途跋涉后饱经风霜的脸,王闰之由崇敬而转为同情了,不知怎么就觉得有一股责任感。其实,苏轼返乡时,王闰之已经二十一岁了,却仍待字闺中。

在那个年头,女子十二三岁定亲,十五六岁出嫁是非常普遍的,王弗就是在十六岁时嫁给苏轼的。王闰之二十一岁不嫁,很难说不是在等待。

同时代的任何人都有理由嫉妒苏轼,嫉妒他才高八斗,嫉妒他前后所娶的两位王氏女都堪称良缘佳配。到成婚时,苏轼三十二岁,王闰之二十二岁。他们将一道走过不算太短,但也不算太长的二十四年光阴。

巧对辽使

熙宁元年(1068年)十二月,苏轼告别长眠故土的父母和妻子,与弟弟苏辙携家第三次出川,去追求他们未竟的事业。

第二年二月,苏轼一行回到汴京。从离去到重归,其间已是三易春秋了。

有一点很使人费解,那就是苏氏父子对过新年似乎非常淡漠。

第一次是嘉祐二年春节,苏轼和父亲苏洵、弟弟苏辙于上年三月离家赴秋试。为准备这年春天的省试,他们是在东京兴国寺里度过新年的。第二次是嘉祐五年春节,苏轼一家三口,还有父亲与弟弟苏辙夫妇及随行家人,上年十月终制出川,是在荆州旅途之中度岁的。第三次是治平二年(1065年),苏轼携妻带子于上年十二月签判凤翔任满返京,这年二月到京师,新年又是在路上过的。第四次则是治平四年,兄弟二人由水路护送父亲的灵柩还乡,上年五月起程,这年四月到老家眉山。算起来,这一次已是第五次在路上度岁了。看来,一求功名,一入仕途,似乎就把此身给卖了。

新君神宗皇帝继位时年方二十,是一位精力旺盛、血气方刚、立志有所作为的青年。和他的父亲一样,神宗非常欣赏苏轼的才学。但这时,他已找到了可以帮他富国强兵的能人王安石,那是办实事的。而苏轼在他的印象中,则更多属于文学侍从之类的清流,主要是用来装点门面的。当年英宗皇帝打算让苏轼扮演李白的角色,也未尝不是基于这种认识。

苏轼回京后仍在史馆任职。这时,辽国派来一位使臣。这使臣本是汉人,因连年科举失败,又自恃才高,一怒之下投奔辽国,得到重用。

在中国历史上,才高者报国无门乃是寻常之事,他们之中大部分走上独善其身之路。而有人则委曲求全,谋得一官半职,以终残生,苏轼的父亲苏洵便是这一类。

还有的则走上与朝廷对立的道路。如唐玄宗时的高尚,笃学善文,因得不到重用,投奔安禄山,为其谋主,把个唐朝搅得天翻地覆。

这次辽国派来的使臣便属这一类。由于两国签了盟约,加上辽国国力日衰,也无力南下对宋发动战争,因而他打算用自己的才学羞辱一番宋朝君臣。

当时宋、辽虽说修好,但两国之间的敌意不可能消除,互派间谍刺探对方情报也是公开的秘密。辽使入宋境之前,他的家世和经历便已为宋廷所知。既然辽使自恃才高,便得派一位才高者去对付他。神宗马上想到了苏轼。当年李白不也是以才高镇住番使的吗?

于是,苏轼奉命接待辽使。

对于这种差事,苏轼是很乐意做的。他本来就爱恶作剧,无论是敌是友,都爱开开玩笑,何况这次对付的是辽国使臣,而且此人还是从大宋朝跑去为辽人卖命的。

经过几天接触,苏轼却发现,这辽使确实不是等闲之辈,不但博学多才,而且对大宋的积弊及宋、辽、夏之间的态势优劣有相当精辟独到的认识,因此倒升起了一股惋惜之情。他为大宋失去了这样一位杰出人才而惋惜。但转念一想,被当权者所遏抑的人才又岂止这位辽使,自己的父亲不也是这般命运吗?就拿自己来说,开始时对韩琦韩大人将自己安排在史馆充满感激之情,以为是爱惜人才,如今看来,完全是"赋闲"。自己从小景仰范滂,崇拜范仲淹,难道到头来就是写写文章、赋赋诗,让人传诵?

虽然心里这样想,嘴里还不能说,否则便成了通敌,成了诽谤朝廷。更何况人各有志,当年高尚说宁为贼死,也不甘默默无闻一辈子;这位辽使是宁投敌国,也不老死牖下。自己却不同,宁愿做屈死鬼,也不离开大宋,不背叛朝廷。这是做人原则的不同。

辽使也早就听说了三苏的文名,对于小苏苏辙,他觉得写文章可和自己打成平手,但对于老苏苏老泉大气磅礴的论文、大苏苏轼才华横溢的散文,自忖颇有不如,于是便扬长避短,和苏轼讨论起写诗。苏轼这时的诗名并不盛,虽然写的诗算起来也有几百首,但自知仅是二三流水平。辽使既然提起写诗,想必写诗是其所长。

苏轼眼珠一转,计上心来,冒起了恶作剧的念头。你不是扬长避短吗,我就给你来个出其不意。

苏轼待辽使发表了一通赋诗难的高论后,慢条斯理地故弄玄虚:"赋诗固难,但会者不难;真正难的是看诗。"

"看诗?"辽使有些不解。如果说诗的难读,莫过于《诗经》《楚辞》,《诗经》《楚辞》一通,还有什么诗看不懂?他不以为然地摇摇头:"此话怎讲?"

苏轼知道他不会相信,何况自己说的本来就是鬼话,他是要以巧取胜,压住对方。

苏轼也不解释,展纸挥毫,写了一首诗,请辽使观看。

辽使冷眼旁观,见苏轼先写了一个"亭"字,但这亭字出奇的长;接着又写了一个"景"字,又特别的短,不知何意。待看第三个字,他不禁有些发笑!久闻苏轼写得一手好字,莫非就是玩弄长短而得名?这第三个字虽然符合四方字的规格,却是个错字,书不像书,画不像画,搞什么名堂?

再随着笔端往下看:"老"字过大,"拖"字横摆,"竹"字细长。正在琢磨,苏轼写罢掷笔,请他指教。

这时,他对苏轼的用意已猜出几分,但对眼前这首"诗"琢磨不透。他看了看和自己年纪相仿的苏轼,不禁多了几分敬意,同时也产生一种同病相怜之感。二人都是负绝世之才,一个走投无路,才横下一条心,为辽人办事;一个天下尽知,却在这里做闲散清客。

他理了理思绪,清了清嗓子,向苏轼拱手请教。

苏轼见他态度诚恳,也收起狂傲之意,说明自己不过是在玩文字游戏。这种诗其实是一种"神智诗",应从字形来理解它的意思。接着,苏轼写了另外一首诗:

> 长亭短景无人画,
> 老大横拖瘦竹筇。
> 回首断云斜日暮,
> 曲江倒蘸侧山峰。

随着"峰"字的收笔,两人不禁抚掌大笑。辽使回到南京析津府(辽国南京,今北京西南隅),盛赞苏轼的才学出众。苏轼的名声也开始在辽国南京传开了。但在宋朝的东京开封府,苏轼越来越觉得自己是个多余的人,他和当政者的格格不入也越来越明显了。

苏王结怨

熙宁二年(1069 年)二月,几乎与苏轼兄弟回到汴京的同时,神宗任命翰林学士王安石为参知政事,并设立制置三司条例司,推行新法。一场对北宋政权具有生死存亡意义,同时还对中国近古以来产生深远影响的政治运动和经济改革开始了。

王安石比苏轼年长十五岁,是位具有特殊个性和思想方式的人物。他和苏轼一样,都是在二十二岁时中进士,但生活经历并不一样。

苏轼在二十岁随父亲到成都见张方平之前，没有出过眉山。他的前二十年是伴随着书本长大的，民间疾苦、国家安危，对于他来说都是属于理念的，并无切身感受。家庭生活条件的相对宽裕，天府之国的富饶物产，使他从无缺衣少食的忧虑，所以进京途中，扶风旅次馆舍条件之差便使他难以忍受。从小就得到的"神童"美誉，也使他比同龄人有更多的优越感和浪漫色彩。

王安石的童年和少年时代却是在车船和马背上度过的。他的父亲王益是真宗大中祥符年间（1008—1016 年）的进士，那时王安石尚未出生。此后，王益便长期在江西临江（今樟树市）及扬州、韶州（今广东韶关）、江宁（今江苏南京）等地任地方官。王安石便是在临江出生的。王益是一位实干家，每到一地，总要察访民间疾苦，兴利除弊。王安石从小耳闻目睹的便是社会底层民众的饥寒交迫，以及父辈对国事的分析和忧虑。

由于这些阅历，加上自小性格倔强，王安石小时便有"獾郎"之称。所以尽管也才学出众，但他讨厌别人以"文士"看自己，也看不惯别人卖弄文字。

他和苏轼一样，从小就有一种济世救民的使命感，但这种使命感主要不是来自书本，而是来自现实。因此，他在实现这种使命感时，便比其他人更为执着。

说来苏轼父子与王安石并无太多接触，但阅历、个性及思想方式的不同使他们一接触便彼此产生不满。

当年苏轼父子尤其是苏洵的文章在京师一炮打响，天下传诵，唯独王安石不以为然。这里实际上存在着文风的不同。苏洵论事如高屋建瓴,讲究气势。王安石行文却以拗折峭深著称。他认为苏洵的文章是书生见识,既无实效,也无深度。与此同时,苏洵则认为王安石的文章喜欢故作高深,以示标榜;由文及人,认为王安石为人也有许多伪君子的成分。

苏洵曾写过一篇著名的论文,叫《辨奸论》。在这篇论文中,苏洵提出了一个独特的论点:人们都说天有不测风云,但测人比测风雨还困难;原因在于起风下雨都有征兆,而人却善于伪装。经过这番务虚之后,苏洵笔锋一转,开始务实了:

> 今有人,口诵孔老之言,身履夷齐之行,收召好名之士、不得志之人,相与造作言语,私立名字,以为颜渊、孟轲复出,而阴贼险狠,与人异趣。

这番议论,明眼人一看便知是冲着王安石而来的,因为举朝只有王安石一人屡次拒绝到京师任职;而且越是拒绝,名气越大,称赞他的人就越多。

苏洵写到这里,还唯恐人们不明白,他继续为王安石画像:

> 夫面垢不忘洗,衣垢不忘浣,此人之至情也。今也不然,衣臣虏之衣,食犬彘之食,囚首丧面而谈诗书,此岂其情也哉?

这“衣臣虏之衣,食犬彘之食”是有典故的。当时盛传王安石的一些轶事,其中两件尤为精彩。

据说有一次,仁宗皇帝宴请大臣,王安石也在被请之列。不过这次宴席有些特别,开宴之前让大臣们在内苑钓鱼,谁钓的谁吃,御厨当众表演烹调技术。如果真有此事,那当然是皇帝在寻开心,不过也是别开生面。

但王安石对此很是不满。他希望君主励精图治、谨自节俭,反对这种无视内忧外患的瞎折腾。但他表示不满的方式与众不同,别人是动不动就上本,或者面争廷折,他不动声色,端起面前用金盘盛着的鱼饵便吃了起来,吃得一粒不剩。

他的这种表现方式当然是许多人理解不了的,其中就包括仁宗皇帝。仁宗觉得王安石的举动太过虚伪,令人扫兴。第二天仁宗便对宰相们说:"王安石是个伪君子。如果他误吃一粒鱼饵,可以说是没注意,但他把一盘鱼饵都吃下去,这就是有意的了。"

仁宗按照寻常人的习惯来认识王安石,却不知王安石恰恰不是寻常人。但王安石"食犬彘之食"的笑话也就此传开了。

王安石的邋遢和不修边幅也是人所共知的。据说他外面的袍子是不换的,满身油迹、墨迹,令人发笑,但自己从没有觉得不舒服。有人打赌,说即使有人把他的袍子换掉,他也不知道。为此,朋友们进行了一次试验。他们邀王安石一道去寺院的浴堂洗澡,等王安石洗澡时,便将他那件邋遢的长袍扔掉,另外放了一件新长袍在原处。王安石洗完澡后,提起袍子就穿,竟然没有发现已被掉换。其实,这种对生活细节马虎的人并不少见,但王安石从此被冠上了"衣臣虏之衣"的声名。

苏洵的文章写到这里,就剩下没有公开点名了。但这正是苏洵的目的,他希望人们对他所说的人提高警惕,指出此人凡事不近人情,正是春秋时管仲所说的竖刁、易牙和公子开方之流的大奸大恶之辈。

但是,就像人们不理解王安石的生活习惯一样,人们也没把苏洵的警告当回事,甚至苏轼、苏辙兄弟也认为父亲过于危言耸听。王安石由此对苏洵父子不满就不难理解了。当年王安石拒不撰写苏辙的委任状,未尝不是一种报复行为。

批评新法

比较而言,弟弟苏辙比哥哥苏轼更具备政治家的素质。他们终制返京后,苏轼无所动作,苏辙却向皇帝上书,表明自己对时局的看法。

神宗看了苏辙的上书,很感兴趣,认为他虽为小吏,却关心国家大事,所言颇得要领,为此专门在延和殿召见,让他进一步阐述自己的想法。苏辙抓住了这个机遇,就像当年制科笔试一样,直抒己见。神宗当即将他选入刚刚设立的制置三司条例司,为检校文字。

严格说来,这“检校文字”并不是什么官职,但在当时是了不得的差事。制置三司条例司是负责设计改革方针、制定变法措施的机关,检校文字则是这个机关的重要工作人员,方针和政策的有关条例便是经他们的手而拟定的。可以说,经过努力,苏氏兄弟有了和王安石言归于好的契机,也找到了通向权力的捷径。

但苏氏兄弟的做人原则又注定他们将失去这样的机会,封闭通向权力的道路。

与苏辙同在条例司为检校文字的还有后来成为王安石主要助

手的吕惠卿。不同的是,吕惠卿是经王安石推荐,而苏辙则是由神宗亲擢进条例司的。条例司的工作刚刚开始,苏辙和吕惠卿之间就发生了意见分歧。

王安石变法的主要思路是理财。他有一个著名论点,叫作"因天下之力以生天下之财,取天下之财以供天下之费"。而且,随着地位的改变,他在国计与民生这一天平上,越来越重视国计而漠视民生。为此,新法的主要内容也是涉及财政方面的,而出发点则是为天子聚财。在此一思路支配下,吕惠卿首先草拟了均输、青苗二法,并得到王安石的嘉许和批准。

均输法的要旨是:设立发运司,以当时最富干才之名的理财能手薛向为发运使,总管江南东、西路,荆湖南、北路及淮南东、西路六路的财赋收入,并掌握其物产情况;以此为前提,政府垫出五百万贯钱和三百万石米为本钱,就近就贱收买各地物产,然后进行地区性调剂,或供京师所需。江南、荆湖等六路是当时经济发达地区,同时也为政府财赋的主要来源区,控制了这六路的物产,可以说是基本控制了天下的财源。

青苗法的要旨是:按户等按定额,分春、夏两次向民户摊派贷款,夏、秋时归还,每次收息二至三分。因为是苗青时贷款,成熟时归还,所以叫青苗法。青苗法先在东京、河北、淮南三路试行,然后推广于其他各路。青苗本钱来自两个方面:一是各地常平、广惠仓的储粮,一是国库垫付。各地都由中央派出"提举常平"管理此事。

这两个法的目的都是为了增加政府的收入,而这些收入则通过打击或取消一般的商业活动而获得。简言之,本来由商人挣的钱,现在由国家来挣。所以王安石认为,这是增加国家收入却不加重农民负担的良法。如果仅仅从理论上看,这确实是很好的办法,岂止是不加重农民负担,还可以减轻农民负担。如青苗法,商人放高利贷,年息在百分之百以上,而国家的青苗息钱不过是年息百分之五十至六十(半年则是百分之二十至三十)。再说均输法,国家官员从此地购物,运往彼地出售,总不会狠着心像奸商那样去宰割老百姓。

但王安石和吕惠卿等人唯独没有考虑到推行这些法令的技术问题,以及在当时的官僚体制下,如何保证官员在执行过程中忠实遵循法令制定者的意图。

这些问题,同在条例司的苏辙考虑到了。他担心,政府机关介入经济运行,必然导致商业瘫痪;同时,政府必须投入大量的人力去从事贸易活动,他们在业务上并不熟悉,加上官场固有的恶习,经费成本肯定高于商人,到时不但不能赢利,很可能还要亏空。而从小就接受的正统教育,更使他对国家与民争利(商人也是民)有一种本能的反感。

但是,苏辙只能提出新法的不合理性,拿不出既比新法合理又能为天子聚财的具体办法。因此,他的意见虽然引起了神宗及王安石的注意,却又理所当然地遭到否定。

苏辙原来怀着报效国家的热忱向皇帝上书并进入条例司,但很快发现自己的看法和吕惠卿及其背后的王安石格格不入。而神宗皇帝已被王安石描绘的富国强兵等美好的蓝图所征服,他可以为这幅蓝图罢退一切反对者,其中包括韩琦、富弼、司马光、欧阳修这样的元老重臣,何况是三十岁不到的小人物苏辙。

既然道不同,也就不可能相谋,苏辙要求退出条例司。

这正中王安石的下怀，他的反对派已经太多了，不能容忍在条例司再有反对派。苏辙被差往洛阳，任河南府推事。

或许受父亲的影响更深，或许与欧阳修、张方平、韩琦、司马光等反对派关系过密，当然，更主要的是出于自己对国家、对社会的认识，苏轼一回东京，便对王安石及其新法产生不满，原先在四川时对王安石对策的赞叹也变为不以为然了。但他这一次不像苏辙那样激动，虽然也提醒神宗不要求治太急、听言太广、进入太锐，却并不对新法发表具体意见。

但是，从小养成的不吐不快的个性和忧国忧民的责任感，又使他在这场史无前例的政治运动中不可能长期保持沉默。

熙宁四年（1071年）正月，各项新法已陆续出台。神宗为了广泛听取意见，发了一道敕令，让京城及各地官员就新法的推行情况各抒己见。

此举不啻引火烧身，各地官员批评新法的书表纷至沓来。苏轼则选了一件自认为最有把握的事情发表意见。

从熙宁二年开始，王安石着手改革学校和科举制度。他认为明经科考试帖诗、墨义，死背圣人词句，完全没有实际意义，故而予以废除。进士科也废除考试诗赋，只考经义及试策，考生可在《诗》《书》《易》《春秋》《礼》五经中任选一种，同时兼治《论语》和《孟子》，考试时则考所选一经"大义一"，即阐发自己的观点。与此同时，整顿中央的太学和地方的县学，学官均由朝廷委派。当然，委派的都是新法的支持者和追随者，目的在于从上到下灌输王安石的改革思想。

苏轼早就对这种做法大不以为然，既然皇帝征求意见，他也就直言不讳了。

苏轼首先抨击了朝廷兴办官学、任命教官的不切实际。

仁宗庆历时,曾在全国各地大办官学,委派教官,以为这样一来,可教化天下,立致太平。但事实上地方学校由于管理不善、经费不足,早已名存实亡。而真正在起作用的,却是民办的书院;只要有科举在,这种学校就会存在下去。国家可以不出钱、不费力,坐享其成。如果一窝蜂大办官学,势必又要征集劳动力盖校舍,还要增加税收,为学校提供经费。等到学校办起来以后,谁又能保证不蹈庆历时的覆辙?

苏轼接着逐条抨击了科举改革的四个主要环节,认为都是只知其一,不知其二。

按王安石的新科举法,考试的第一个环节,即乡试取举人重德行而略文章,目的是使人向善。但苏轼则认为,提倡德行固然重要,但不能在科举上体现。如果举人不考文章而只凭地方官推荐,势必形成请托钻营之风,不但选不出真正道德高尚的人,反倒会引导人们去做伪君子。

新法在省试时不考诗赋,而专考经义策论,理由是策论有用于时而诗赋无益于事,经义为真学问而诗赋徒玩辞藻。

苏轼对此进行了嘲弄:以文章而言,固然是策论有用而诗赋无益;但若以政事而言,则诗赋、策论都是空谈。如果说凭诗赋入仕者必然追求华靡,苏轼以杨亿为例,论辞藻的华靡,没有人能够比得上杨亿,但杨亿恰恰以忠清鲠亮为人们所钦服;如果说经义可见真学问,苏轼以孙复为例,论通经学古,没有人比得上孙复,但孙复恰恰是迂阔矫诞之士。所以问题不在于考什么有用,而是考什么可以更好地发现人才。

新科举法尤其重视考生已有的名气,因而废除弥封即糊名。这样一来,主考官及阅卷官一看试卷上的姓名,便知道考卷是谁的,以免一些成名之士落榜。

苏轼竭力反对的,也正是这一条。考试不糊名,那成什么体统,考与不考有何两样,何不干脆谁人名气大就取谁。而名气大的又未必有真才实学,考中进士得靠人捧场,那还不把社会风气给弄坏了! 而且权要请托、贿赂公行,朋党之祸也将随之而起。

至于废除明经一科,苏轼也不同意。他以为人才不过两种,一能文,一晓义,能文者可通过进士科获得出身,晓义者也有明经科可供一试。至于行政管理人员,则只有在实践中才能表现出来。

苏轼觉得光从道理上讲难以说明问题,便请神宗从四个方面进行比较。一是科举制度本身的疏密,二是言语文章的短长,三是所得人才的多寡,四是办事能力的强弱。他请神宗根据这四条来判断新法和成法的优劣。

学校科举是苏轼亲身经历又最有感受的问题,所以分析起来鞭辟入里。神宗被这番道理打动了,虽然苏轼因此而被王安石弄去做了开封府推事,但考试只凭德行、考试不糊名等做法也因此而被放弃。

如果王安石对苏轼、苏辙兄弟的意见认真予以考虑,吸取其合理成分,或许不至于将二苏推向敌对立场。但王安石的作风又恰恰容不得反对意见。韩琦、司马光都可以因持不同政见而被驱逐出京,何况初出茅庐的苏轼兄弟。

但苏轼与苏辙又不一样。苏辙的脾性有点像司马光。司马光因政见不同,便往西京洛阳编书,十五年绝口不谈朝中政事;苏辙被排斥到河南府任推事后,也不再上疏论道新法的是非。苏轼却不甘心,实际上是没有弟弟看得透。他被排斥到开封任推事后,一方面以他的实干精神和理事才能向王安石表现了会写文章的同样有行政能力,另一方面连续向神宗上了三份书状,对新法进行了全面批评。

第一份是《谏买浙灯状》。用苏轼自己的话说,这不过是投石问路。当时神宗在近侍和后妃的劝说下,准备在熙宁四年元宵节举行灯会。这虽说是粉饰太平之举,但身为天子在节庆之日搞点娱乐活动,也并不为过。只是在买灯问题上,神宗却大失皇家气度。

浙灯是一种传统工艺品,品种多,做工细,气势豪华,久负盛名。

开封市民有元宵观灯的习俗,而且特别喜欢用浙灯,以示富有。因此,每年元旦刚过,就有大量浙灯上市,商人既可牟利,而民间也可因浙灯而增加一些收入以补生计。

为了宫中庆元宵,神宗命内使收买浙灯四千盏。当有关部门根据实价上报后,神宗又命减价收买,同时禁止市民买浙灯,以足宫中所需之数。

这一举动,引起了商人和市民的强烈不满。

就当时的情形而言,新法已全面推行,种种搜括聚敛的措施也随之而来。比起这些,减价强买浙灯几乎不算什么不得了的事情。加上凡是提意见者几乎毫无例外地遭受打击,所以区区浙灯也就无人过问了。

苏轼不管这些，虽然刚刚被穿了小鞋，但皇帝对他的印象还是很不错的，而且当面鼓励过他，要他经常对国事提提看法，于是写下了《谏买浙灯状》。

神宗刚看到苏轼的奏章时，觉得他有些小题大做，但慢慢看下去，便被苏轼所说的道理打动了。尤其是苏轼给了他一个台阶："陛下勤恤之德，未信于下，而有司聚敛之意，或形于民。"言下之意，这减价买浙灯的事情肯定不是皇帝的初衷，而是聚敛之臣背着皇帝干的。神宗这年也就二十三四岁，年轻人喜欢听好话，竟重新降旨，不再购买浙灯。令下之后，传为美谈，都说皇帝有爱民之心，苏轼有谏君之胆。

苏轼从这件事中尝到了甜头，更加确信自己原先的判断：皇帝是好的，事情全由王安石及其追随者弄坏了。虽然知道反对新法没有好结果，但既然认定了新法既祸国又殃民，他就必须提醒皇帝，他觉得这是他的责任。

经过一段时间的酝酿，苏轼呈上了他洋洋万言的《上皇帝书》，对新法进行全面批评。还没等神宗喘过气来，他又写了《再上皇帝书》，将矛头直指主持新法的王安石，认为只有贬黜王安石并离散其党，朝廷之事才可有为。

上这两道奏书，苏轼其实已是背水一战。除非是出现奇迹，皇帝才会听从自己的意见，否则，在所有反对新法者中，第一个被拿来开刀的便是自己。因为迄今为止，包括韩琦、欧阳修、司马光在内，都只是对某一两项新法提出反对意见，唯独苏轼，从理论到实际，对全部新法都提出批评。而且，他不但提出要罢黜王安石，而且要求清除其支持者，这就将自己置于向全体新政人员挑战的地位,全然不留余地。

　　幸亏宋朝有不以言论诛杀士大夫的传统,也幸亏王安石从来没有产生过引诱皇帝杀人的念头,加上苏轼虽然职位卑微却名气太大,当权者也没有太过为难苏轼,只是将其搁置一边,不予理睬。但苏轼已经觉得京师并非久留之地。弟弟苏辙贬谪河南府,恩师欧阳修出知青州,好友曾巩、刘攽、刘恕相继被排挤出京,德高望重的司马光、范镇也分别退居洛阳、四川。自己待在京城,岂不成了偷安怀禄之辈?难道非要在京师,外任就不能施展自己的抱负?

　　苏轼这次按弟弟的车辙运动了,要求离开京师去做地方官。虽然当权者打算对他进行压制,但神宗一如既往地欣赏苏轼的才学,让他去了古往今来才子们都愿去的人间天堂杭州,做杭州通判。

第四章　苏公天下知

情深谊长

熙宁四年(1071年)七月,苏轼携同眷属,如释重负地离开京师,前去杭州赴任。

这时,苏辙已离开洛阳,在陈州(今河南淮阳)任教官。陈州在京师开封东南,正是去杭州的路上。苏轼这次在弟弟家一住就是七十多天。自从苏辙为河南府推官后,兄弟二人已有近两年没见面了,而且在以后的岁月中,也很少有机会在一起住这么长的时间。

这两兄弟无论是长相还是性格,都分属两类人,而长相和性格又都多少有些错位。

哥哥苏轼大脸庞、高额骨,前额突出,下颚棱角分明,眼睛比一般人长,虽然没有长到当年汉寿亭侯那样双眉入鬓,却也是典型的丹凤眼,一部美须更令人羡慕,身材比一般南方人略高,骨骼发达,精力充沛。这种相貌给人的印象是豪放、爽朗、自信、坚毅,苏轼也确实有这些特点。在这副相貌之下,却掩盖着令人难以置信的天真和不懂人情世故。

弟弟苏辙比哥哥还高,但脸部没有哥哥那样让人难以忘记的特征,圆乎乎的面孔,令人觉得厚道而可靠,又有些世故。但人们难以想象,这副相貌下还有倔强的个性和对社会的深刻洞察力。

兄弟二人虽然长相、性格不同,但同受父亲苏洵的影响,以天下为己任,政治观点也相当一致,这使他们兄弟二人始终保持着令人羡慕的亲情。

苏辙的个性是不说二遍话。制科策试以他的言论最激烈,因此勉强被录用,商州推事也没能赴任,但他绝不发牢骚。在制置三司条例司,他是最早对均输法和青苗法进行批评的人。王安石不接受他的批评,他也不再争论,自请外任到了洛阳。

苏轼则有些喋喋不休。上了《谏买浙灯状》,又一再写《上皇帝书》,而且还老写讽刺诗,这目标就大了。

苏辙这时真正佩服父亲的远见卓识,这位取名为"轼"的兄长确实令人担心。现在父母早已去世,一个姐姐也在出嫁后不久病故,苏门这一支就他们兄弟俩了。小时候是苏轼照顾弟弟,此时苏辙觉得有反过来保护哥哥的责任了。

苏辙认认真真地把想法告诉了哥哥。苏轼看了看已长大成人、已经比自己老练得多的弟弟,不由得涌动起一股激情。在这个世界上,真正了解自己、关心自己的,只有眼前这个兄弟了。按理说,自己应该关心他才对。

苏轼点了点头,但又无可奈何地摇了摇头:"我知道自己的弱点,藏不住事。每看到不合情理的事,我总觉得像口里吃了苍蝇,非吐出来不行。"

苏辙知道哥哥的脾气,有话不说,比什么都难受,但忍不住还要劝说:"这我知道,但要分清是谁。对朋友固然可以说,对小人、伪君子还是敬而远之的好。譬如君实(司马光的字)先生,在朝岿然屹立,人不可犯;在野绝口不议时政,潜心著述。小人既畏其严正,又捉不住他的把柄。但人人都知,日后驱除邪恶,拯救国家的,只有君实一人。"

苏轼对此与弟弟有同感。举朝大臣,真正令苏轼内心钦佩的,只有三人。欧阳修是座主,于己有奖掖之恩,学识精博,却从不以文坛泰斗自居,待人以诚,表里如一,苏轼对他既敬且亲。王安石有胆识,有气魄,有担戴,是个伟丈夫,虽然政见不合,却不能不承认他人格的高尚,身居要职,从不为自己谋私利,苏轼对他既敬又恨。再就是司马光,听说他幼年时就砸缸救友,这种遇变不惊、决断过人的胆识是常人企望不及的;立朝之际,奖贤驱邪、爱憎分明,君子信之敬之,小人忌之畏之;出居西京,夫人亡故,既无子女,也拒绝纳妾,唯一老仆相随,所居仅避风雨。仅此一条,苏轼就自忖办不到,故既敬且畏。

听弟弟说到司马光,他想起恩师欧阳修。西京离陈州虽不算太远,但得绕道而行,不免授人以口实,司马光是不能去看的。欧阳修就住在离陈州二百多里的颍州(今安徽阜阳),从陈州顺颍水而下,只是一日的路程,而且也在去杭州的行程途中,何不就此前去拜谒。

听哥哥一说,苏辙乐了,他正想去探望欧阳修。兄弟同往,还可以相处一段时间。主意已定,兄弟二人和当时闲居在陈州的忘年之交张方平痛饮了几天,然后乘船直下颍州。

欧阳修这时已经年过花甲,自从英宗治平三年(1066年)因濮议遭受攻击以后,心情一直不好,刚到六十岁就要求退休。他后来出为青州(今山东益都)太守,因反对行青苗法为王安石、吕惠卿等人所忌,徙蔡州(今河南汝南),这年六月以太子少师致仕,定居颍州。

听说苏轼兄弟来访,欧阳修既惊且喜。三人一聚便是十多天,泛舟颍水,饮酒西湖(颍州西湖)。官场争斗、世态炎凉,尽置身外,使垂老的欧阳公乐得如孩童一般。苏轼见欧阳修满头白发、皱纹堆垒,更无十多年前主持礼闱时的风采,不禁暗自伤感。不就十多年吗,为何如此逼人向老!这次相聚之后,不知是否还有相见之日。

虽然主人一再挽留,苏轼兄弟还是不得不辞别恩师,又互道珍重,洒泪而别。苏轼作诗一首,以赠兄弟:

> 征帆挂西风,别泪滴清颍。
> 留连知无益,惜此须臾景。
> 我生三度别,此别尤酸冷。
> 念子似先君,木讷刚且静。
> 寡词真吉人,介石乃机警。
> 至今天下士,去莫如子猛。
> 嗟我久病狂,意行无坎井。
> 有如醉且坠,幸未伤轱醒。

这是兄弟第三次久别。第一次是在郑州西门,苏辙送苏轼夫妇赴任凤翔,一别三年;第二次是在汴京,苏轼送苏辙夫妇前往洛阳,一别两年;这是第三次离别了,也将是三年。到熙宁七年年底,苏辙调任密州(今山东诸城)太守,兄弟才重又见面。相聚的时间一次比一次短,而离别的时间却一次比一次长。

由兄弟之情,苏轼又想起师徒之谊。当年自己初出茅庐,欧阳修以一代大师,屈己相交,这份情谊,又怎能忘记。

随着征帆的东行,在江边相送的欧阳修已模模糊糊,不辨面目了。

苏轼心头一酸,顿觉凄凉:

> 近别不改容,远别涕沾胸。
> 咫尺不相见,实与千里同。
> 人生无离别,谁知恩爱重。
> 始我来宛丘,牵衣舞儿童。
> 便知有此恨,留我过秋风。
> 秋风亦已过,别恨终无穷。
> 问我何年归,我言岁在东。
> 离合既循环,忧喜迭相攻。
> 悟此长太息,我生如飞蓬。
> 多忧发早白,不见六一翁。

欧阳修晚年作《六一居士传》,自称家藏一万卷书,集录三代以来金石遗文一千卷,有琴一张、棋一局,又常置酒一壶,自己则为一老翁,优游于这五物之间,所以自号"六一居士""六一翁"。虽说预感此行或为永别,但苏轼万万没有想到,别后仅一年,欧阳修便溘然去世。苏轼当时正在杭州通判任上,不能身赴颍州祭奠,只能作文痛悼。

在那篇著名的《祭欧阳文忠公文》中,苏轼将欧阳修视为正义的化身、文坛的魁首。欧阳修在,就如民有父母,国有蓍龟,斯文有传,学者有师,君子有所恃而不恐,小人有所畏而不为。欧阳修一去世,赤子无所仰庇,朝廷无所稽疑,斯文化为异端,而学者至于用夷。自己受教于门下,计有十六年,却不能前去吊唁,只得作文遥祭,"上以为天下恸,而下以哭其私"。

十八年后,苏轼以龙图阁学士知颍州,值欧阳修夫人去世,又是一番辛酸。由师母而想起恩师,他回顾了自己从倾慕到师从欧阳修的一段往事。

幼年读书时,苏轼就知欧阳修的大名,觉得自己应该拜这样的大家为师。一次,父亲苏洵让自己学着欧阳修《谢宣诏赴学士院并谢赐对衣、金带及马表》的样子,写篇作文。当天晚上他就梦见了欧阳修。虽然当时他没见过欧阳修,但十五年后一见,宛然就像梦中所见。如果说缘分,这恐怕就是缘分。

结交佛印

离开颍州后,苏轼一家的座船由颍水入淮,再由淮水进入运河,从寿州(今安徽寿县)、濠州(今安徽凤阳)到扬州。这是当年隋炀帝观琼花的地方。那时以后,扬州成为江淮地区的一大都会。

治平三年(1066年),苏轼兄弟送父亲灵柩回川时曾经过此地,未多作逗留。与扬州隔岸相对的润州(今江苏镇江)金山住着他的好友佛印和尚,那是他急于要去的地方。

说到佛印,尤其是佛印与苏轼的交往,那自然是传说多于事实,乃至到底哪些是真哪些是假,已经难以分清了。

佛印俗姓谢,名端卿,杭州人,也有说姓林,本是浮梁人,还有记载说他是王安石的拥护者、秀州判官李定的同母异父弟,其母为扬州妓女,后来从良嫁人,嫁了三次,生了三个异父的儿子。至于哪种说法属实,抑或每种说法均在虚实之间,已无关紧要。因为他既遁入释门,法号佛印,又号了元,已将谢姓、林姓视为乌有,母亲嫁三嫁四,也已是过眼云烟。但他的出家,纯属误会。

相传苏轼在史馆时,谢端卿赴京应试。两人都是才高八斗,又都爱开玩笑、恶作剧,所以一见如故,倾意相交。

那年天下大旱,英宗皇帝往大相国寺祈求甘雨,请在京名僧演经说法。这件事在京城引起了轰动。谢端卿既喜佛法,又想目睹皇帝的圣容。但按规定,除了有关的僧人及皇帝的随行官员,其他人是不能进入大殿的,只能在台阶之下的场地听法。而且,即使听法,也要有一定的身份。谢端卿只得找苏轼商量,请他出主意,使自己能够进殿,看看皇帝的模样。

刚好苏轼受命协办诵经仪式,既然谢端卿求助于己,便让他充当侍者,这样就可以接近皇帝。谢端卿对苏轼的安排自是千恩万谢。

祈雨的仪式开始了,英宗在群臣的簇拥下来到大相国寺,焚香祷告。根据苏轼的安排,谢端卿充当了持香侍者,这是最能和皇帝接近的差事。英宗从谢端卿手上接过点燃的龙香,却发现这持香侍者竟是个俊美少年。但见他身材匀称,面皮白净,双目有神,气宇轩昂,不禁大为惊讶。谢端卿这下也看清了皇帝,三十多岁年纪,和自己一样,也是圆面孔、白皮肤,只是感到眼神有些异样,但到底哪里不对头,一时说不清楚,又不敢老是盯着皇帝看。

祷告仪式一结束,便是高僧诵经说法了。英宗由大相国寺方丈陪着闲谈,一眼又看见了谢端卿,招招手让他过去。

英宗问他:"你这侍者,看上去倒是一表人才,不知是否诚心向佛?"

谢端卿这个侍者本是冒牌货,见皇帝问话,赶忙回答:"小人自幼向善,长而喜佛,乃是至诚。"

英宗见他应对如流,更是欢喜,兴致一来,干脆做个顺水人情:"你既一心向善,今日又与盛会,便是有缘。朕一发成全于你,便在大相国寺剃度了吧!"

听了皇帝一番话,谢端卿惊得目瞪口呆,一股凉意从头顶直贯脚底:你倒大方,自己不出家,却乐得做好人,一句话就让我出家了!我这次赴京,是来考进士。这下倒好,进士不成成比丘。但话还不能说,谁不知皇帝是金口玉牙,这说出去的话是不收回的。任凭谢端卿平日里口若悬河,从不让人,此时却一句话也说不出来。那边苏轼也是暗自叫苦,本是做好人,没想到将一个朋友送入空门。

大相国寺的方丈自然喜出望外,皇帝赐一个少年英俊的和尚,这可是大情分,当下便按戒律进行剃度。执事僧又捧出一套僧服,让谢端卿换上。

再看谢端卿,竟是另有一番风采,苏轼忍不住赞叹起来。谢端卿听到苏轼的赞赏,瞪了他一眼。苏轼赶紧住嘴,心里却暗自好笑。

皇帝既然赐了大相国寺一个和尚,干脆人情做到底,赐谢端卿法名了元,号佛印。

几年过去,佛印凭着深厚的学问功底,精研佛法,成了著名的学问僧,到润州金山寺做了主持。润州当时与杭州同属两浙路,润州是运河江南段的起点,杭州是终点。苏轼往杭州赴任,正好路过润州,金山寺为江南名寺,原本也是要去的,而主持金山寺的又是佛印,自然更是非去不可。

佛印早知苏轼在京师一而再、再而三地上书批评新法,料想这位老朋友必然倒霉,没想到竟然外放杭州做通判,很是高兴。金山寺虽是大寺,江南也是人文荟萃之地,但难得有苏轼这样投脾性的朋友。

苏轼的座船才靠岸,佛印已经得到了消息,早早等候在码头。久别重逢,两人都是抚掌大笑。这朋友之情,和兄弟之情毕竟又不一样,它更多一些欢乐,而更少一些伤感。

两人说说笑笑,步入山门。尚未进禅房,佛印却停下脚步。过去两人在一起,总是爱开玩笑,佛印这次先发难了:"子瞻此番从何而来,往何而去,本寺可无坐处。"

苏轼见佛印唇枪刺来,也以舌剑相架:"和尚当有'四大',权借作为禅床。"

"四大"本是佛教所指构成宇宙的四大元素,即地大、水大、火大、风大。地大以坚为性,能载万物;水大以润滋为性,能包容万物;火大以暖为性,能成熟万物;风大以动为性,能生长万物。而人身也是由四大构成,故又将人身称为"四大"。

苏轼说借"四大"为禅床,就是用这个引申义。禅床没有无所谓,你和尚不是有这具臭皮囊吗,我就借它作为禅床。

对苏轼的机变,佛印早就领教过了。但苏轼既然用起禅机,在佛印看来,是弃长用短,当下逼进一步:"山僧有一转语,子瞻如若应声而答,便依所言,借这'四大';如若有所滞疑,请将所佩玉带留下,以镇山门。"

这是要打赌了,苏轼当然不会服输,点头应答。

佛印对着苏轼笑了笑,说道:"四大本空,五蕴非有,子瞻欲于何处坐?"

佛家讲究四大皆空,任何事物和现象只有因和缘,却无固定不变的实在;便是人身,也不是自我实体,而是由色蕴、受蕴、想蕴、行蕴、识蕴等五种难以捕捉的抽象物集合而成。既然是这样,你坐到哪里去?

苏轼没想到佛印有这一手,也怨自己佛文未精,否则便不当以四大为辞。但这佛印显然是有备而发,出了一个无解的珍珑,引苏轼入彀。要想破这个珍珑,只能在彀外。苏轼全无准备,一开口就入彀中而不自知,自然一时无言可对。当然,如果稍加思索,以苏轼的机敏和善辩,或许可以混战一场,把珍珑搅乱。但佛印早已用"扣子"扣住,要应声而答,稍加沉吟便算输了。当下也不等苏轼解释,佛印连忙传呼侍者,命其将苏轼的佩带解下。

苏轼被打了个措手不及,苦笑一声,将玉带奉送。佛印也不是存心图人财物,随即解下僧袍相赠。以佛印的身份和名望,这僧袍自然也非寻常之物。

但苏轼是个不服输的人物，他浑身上下充满着活力和机警，随时都得发泄出来。

那边眷属还在安顿住处，这边苏轼又和佛印针尖对麦芒地干了起来。二人走进前殿，只见两尊凶神张牙舞爪，怒目而视。

苏轼问佛印："你看这尊门神，哪尊更厉害些？"

佛印笑了笑："既是门神，便当出力，自然是拳头大的厉害。"

苏轼闻言，也不吭声，随着佛印来到内殿，但见这里的观音菩萨与他处不同，不禁又问："别处观音都手持甘露瓶、垂柳枝，以救苦救难、普渡众生，为何你处观音却手持念珠？"

佛印解释说："他处观音都是救人，我处观音却是救己，所以手持念珠，不忘拜佛。"

苏轼听佛印话中有话，继续追问："所拜何佛？"

佛印一句话顶了回去："自然是拜自己。适才不是说过，我处菩萨只是救己。这求人不如求己的道理，子瞻难道全然不知？"

佛印说罢，连诵佛号。

对呀！求人不如求己。但能利国利民，何必一定要在朝廷争强斗胜。此番前去杭州，不正可以在自己的职权内为民排难，为国解忧吗？苏轼几个月来一直耿耿于怀的忧郁，不知不觉间化为乌有。

通判杭州

熙宁四年（1071 年）十一月，苏轼到了杭州。说来宋朝对士大夫还是相当宽容的。以苏轼而言,治平三年五月奉父丧返川,第二年四月到眉山,路上花了将近一年。这一次外放杭州,苏轼及其家眷四月间接到敕令,打点行装,处理在京的住宅财产,朋友聚会,到七月才上路;在陈州弟弟苏辙家住了两个月,又在颍州欧阳修家住了十多天,而后扬帆东去,一路上走走停停,游山玩水,遇有亲朋好友处,少不了痛饮高歌;待到杭州,前前后后花了七个月时间,也没有人提出过质问。当然,从朝中当权者来说,倒希望苏轼等反对新法者沉湎于酒色山水之中,省得他们动不动就品头论足,议论新政。

说来也是,苏轼一路上访访亲友,寻寻古迹,写写诗,作作画,倒也逍遥自在。但一到杭州,面对现实,他又忍不住要愤怒,要发议论了。

通判在宋代地方官中也算是有头有脸的了,凡知府、知州公事,均须通判签议连名,才能上报或下发,故名"通判",实为"同判",即同理公务。这种官苏轼在凤翔已经做过三年。但凤翔是小府,只能称"签判",杭州则是大州,所以才叫"通判"。不过通判地位虽高,却没有独立处理公事的权力,最后还是得知州或知府拍板。

苏轼到杭州后,第一件不满意的事就是监狱关满了犯人。经了解,这些犯人大多是因为买私盐、卖私盐而被捕入狱的。

当时各地设立了盐务管理机构,由官府对食盐的产销进行控制,不许私煮私卖,为的是将盐利收归国有。

这种做法,春秋时的管仲便采用过,到汉武帝时更在全国推行,虽然不久即予废止,但从此以后,凡是国家财政出了问题,统治者总是想在食盐上做文章。因为人人都要吃盐,而又非处处都能产盐,政府只需要将产盐地控制,便可实行独家经营。

王安石既以理财为己任,自然不会放过这个传统的财源,而且要超出历代,把盐利完全归于政府。于是,官府不仅控制食盐的生产,而且取代商人,直接向民户发售食盐。但由于缺乏商人的经营手段,政府干脆实行配给制,每年按人口向民户发放食盐,同时收取盐钱。盐钱成了政府的固定财政收入,民户不管是否得到食盐,盐钱却是不能少的。

这样一弄,问题就大了。一方面,沿海居民本来靠卖盐谋生,政府一控制,生路全被切断。另一方面,民户交了盐钱,却未必能领到食盐,即使领到,也往往是劣质盐。于是,私买私卖食盐便不可避免;而私买私卖都犯盐禁,一经抓获,就要蹲监狱。

苏轼后来向韩绛、文彦博等人上书,说两浙地区每年因犯盐法而下狱的便有一万六七千人,这还不包括那些成群结队、官兵不敢过问的武装走私盐贩。

身为通判,苏轼每天都得和犯人打交道,乃至去杭州当年的除夕,也因案子太多而推迟回家守岁的时间。对这些人犯,苏轼充满着同情和怜悯。就在除夕的那天晚上,尽管公事办完已经很晚,但他没有心思去和家人团聚,在官厅的墙上留下了难以名状的思绪:

> 除日当早归,官事乃见留。
>
> 执笔对之泣,哀此系中囚。
>
> 小人营糇粮,坠网不知羞。
>
> 我亦恋薄禄,因循失归休。

不须论贤愚,均是为食谋。

谁能暂纵遣,闵默愧前修。

百姓为了生计而触犯法纲,致使身陷囹圄,除夕之夜也不得与家人团聚。自己为了区区薄禄,不得不废寝忘食,处理这些无稽之事,这与被自己审理的囚犯又有多大的区别?

但苏轼毕竟是苏轼,虽然他不能擅自将这些本属无辜的百姓释放,却能部分改变他们在狱中的待遇。在杭州任通判的三年时间里,他时常到监狱去,视察囚犯的生活情况和监狱管理状况。那年头素有"世上无冤枉,牢里无犯人"之说,身为囚犯,有冤无处申,有苦无处诉,狱卒打骂、狱吏克剥乃是平常之事。但如今苏大人亲自来到监狱,囚犯就如重见天日,虽然有冤未必就能伸,但有苦毕竟可以诉了。

经过和囚犯的接触,苏轼又发现,他们之中的大多数人不仅是因生计所迫而触犯刑法,有不得已处,而且比许多朝廷官员还讲道理,还通人情。他们只要求苏大人做能够做到的事情,比如让他们住的狱房稍微干净些,吃的囚饭更能充饥些,狱卒不要动辄对囚犯施以鞭挞。他们体谅地方官的难处,盐法是国家定的,他们既然犯了国法,就不能指望地方官法外开恩,只希望官员能向朝廷反映民间疾苦,给百姓一条生路,废除那些不切实际、将百姓逼上绝路的法令。

通过和囚犯的接触,苏轼发现自己这才算真正了解社会、了解民众,朝廷的一个法令、一项政策,如果不切实际,会将多少百姓推上绝路,执政掌权者实在是应该谨慎从事。

想想那些在京师拒绝批评、一意孤行的掌权者,他们为何不到下面来看看。如果他们也来听听囚犯们诉苦,不是可以减少很多政策上的失误吗?

再想想那些明明知道百姓疾苦,却昧着良心歌功颂德的地方官,他们只要稍微收敛一些迎合奉承,多讲点实话,也可以减少一些新法制定及执行的失误。可他们偏偏不是这样,真不知是何居心。想到这些,他的心又往下沉了。

所幸的是,杭州新任太守陈襄是位正派人物。他虽说有些古板,言行皆以古人为法,却敢于直言,在朝为侍御史时,就反复论辩青苗法的弊病,被贬到陈州。苏轼探望弟弟苏辙时曾去拜访过他。此公每到一地,必以兴办学校、讲求民间利病为急务。苏辙对他很有好感,不止一次向苏轼提起。没想到苏轼来杭的第二年,陈襄也到杭州任太守,也算是他乡遇故知了。在此后两年里,苏轼和陈襄一起,深入山村,走访乡民,赈灾救荒,排忧解难,为百姓办了不少好事。当然,最使他得意的是解决了杭州居民的饮水问题。

杭州地处杭州湾西岸,钱塘江从州南由西往东而去,折而向北,再向东入海,形成一个巨大的喇叭口,致使海潮倒灌,整个杭州东部都受潮水侵袭。久而久之,土地和水源因受海水冲刷而含有盐分,土地经改造,已为桑麻之区,水却因咸苦而不能饮用。杭州居民饮水主要靠城西泉水,但山泉有限,远远满足不了需要,又往返路远,很不方便。

唐代宗时,名臣李泌曾为杭州刺史。这是一位有经天纬地之才的人物,"安史之乱"的平定,多靠他从中策划,但为宦官所忌,出守杭州。来到杭州后,他经过实地勘查,命人在城内开了六口井,引西湖水入城,满足了城内居民的饮用。此后屡浚屡壅,到熙宁时,六井中的金牛池、白龟池、小方井完全被污泥壅塞,其余相国井、西井、方井及后来开凿的南井也因年久失修而出水不畅。

熙宁五年秋,陈襄、苏轼物色了两位既懂水利,又热心于公益事业的僧人,一位叫仲文,一位叫子珪,让他们规划疏浚方案,又发动富商集资。然后征集民夫,发沟易甃、弥修罅漏,又调整水井的位置,清洁水源,并重修四个水闸,均筑垣墙围护,平日上锁,有专人管理。工程进行了将近半年,到熙宁六年春,大功告成。就在这年,江淮、江南发生大旱,河干井涸,居民用坛瓶盛水,水珍贵得像酒醴,唯独杭州居民不但饮水充足,牲畜用水也不缺乏,老百姓都称颂陈太守、苏通判做了大好事。苏轼自然也很高兴,专门写了一篇《钱塘六井记》,叙述六井修浚的原委,当然也绝不会忘记写下由此而产生的想法:

> 余以为水者,人之所甚急。而旱至于井竭,非岁之所常有也。以其不常有,而忽其所甚急,此天下之通患也,岂独水哉!

水对于人,一日不可或缺,而天旱竟旱到河干井枯,则是不常见的。因为大旱不常见,便忽视大旱时可能发生的水荒,就太可悲了。但是人们通常又恰恰犯这种错误,只图眼前安逸,不顾可能发生的祸害。

这是苏轼写文章的习惯,总要以具体事情引申到一般规律。文章的精彩处在这里,而别人要抓辫子、打棍子的着手处往往也在这里。

西湖畅游

说来做皇帝也未必有什么意思，以宋朝的仁宗、英宗、神宗、哲宗而言，活动空间不过就十里皇城，天天看那些老面孔、老殿阁，便是御花园，占地也不过几十亩，哪里见过烟波浩淼的太湖，又何尝游过令人陶醉的西湖。至于徽宗和钦宗，到北国所受凌辱的滋味，更是不堪一言。

苏轼虽说在京城受排挤，但不能不从内心感谢神宗，把他放到杭州这样一个充满神奇色彩的地方来。

杭州古称钱塘，又名余杭。相传当年大禹南巡，在杭州为江水所阻，于是造船渡江，渡江后弃舟陆行。古人称方舟为"杭"，"余"即弃、即遣，大禹遗舟于此，于是有"余杭"之名。秦始皇统一全国后，在此设"泉唐"县。因为杭州西南有武林山，武林山出泉水，名武林泉，东流入海。居民为免受海潮的侵袭，筑唐于海湾，实际上是武林泉养着杭州人，捍海唐护着杭州人，于是取"泉"与"唐"，名"泉唐"。后来，东汉华信守泉唐，募民加固捍海唐，凡能运土一担者，给钱一千，旬日之间而唐成，于是取名为"钱唐"。唐代为了避讳，在"唐"的左边加"土"字，成了"钱塘"。江水跟着叫"钱塘江"，海潮也被称作"钱塘潮"了。

这钱塘潮的名气非比一般，相传它是春秋末年两位著名人物伍子胥和文种冤魂的化身。这两位本是各为其主的仇敌，一因谏主而皮囊裹尸，葬骨大海，一因功高而狗烹弓藏，伏剑身亡。传说死后他们却言归于好，伍子胥背着文种，日夜在江海遨游，时时掀动连天雪浪,要向昏君讨个公道。他们却不知人间沧桑,多少冤仇早已化为青烟,昔日昏君也已化作尘土,仍然是撼动波涛,冲向天际,扑向海岸。但海岸之西,是万千无辜百姓。为了抵御海潮,他们筑起了海堤,建起了神塔。吴越王钱镠为此亲往胥山祠祈祷,告诉伍子胥人间已经发生的变化,又调集强弩三千,迎头击射那些乘机兴风作浪的历代无名冤魂。经过这番周折,伍子胥和文种终于明白了事理,不再冲击杭州了,转往西陵。

对于这种种典故传闻,苏轼早在来杭州之前就听说过了。但杭州最令他神往的,还是当年西施浣纱的西湖。

杭州的官员是颇会享受的,他们的官舍都建在西湖与闹市之间,平日在衙门办事,闲暇去西湖游玩,十分方便。苏轼也不例外,他的官舍便在紧靠西湖南岸的凤凰山头。南面是千帆竞发的钱塘江,东面是江水与海水相接的海湾,北面就是令人心醉的西湖了。环湖山峦叠翠,花木繁茂,楼阁亭榭点缀其中。都说杭州是人间天堂,其实,即便到了天堂,也未必寻得到西湖这般迷人的景致。未来杭州之前,苏轼对西湖是向往,一到杭州,苏轼又觉得早已相识。他的感情和西湖再也分不开了。

西湖在苏轼眼中,似乎就是一千五百年前那位令时人倾倒、令后人遐想的绝代佳人:

> 水光潋滟晴方好,
> 山色空蒙雨亦奇。
> 欲把西湖比西子,
> 淡妆浓抹总相宜。

天晴也好，下雨也好，西湖的景色总是让人流连忘返；淡妆也好，浓抹也好，西施的美貌总是让人心倾神驰。如果因生不逢时，未见西施而感叹，那就看看西湖吧！或许能弥补心中的缺憾。这首诗一问世，便令前人、后人咏西湖诗都黯然失色了。

苏轼游西湖，较旁人另有一番兴致。他是举国公认的大才子，十六年前欧阳修就说过要"避此人一头地"。欧阳修是何等身份，大宋朝比写文章，有几人是他的对手。如今，这位令欧公避席的大才子来到了杭州。这杭州既是出才子的地方，又是东南都会，僧是诗僧，妓是名妓，连孩童也能吟出佳句，可就是没有文魁诗首。苏轼一来，众星捧月一般，当即成了文坛领袖。偏偏苏轼生性好动，喜欢热闹，既然朝中权贵容不得他在政治上呼风唤雨，那么就在西湖玩他个不亦乐乎。

陪着苏轼游西湖的，有文人圈子里的朋友。那时在杭州的著名文人首推词作家张先。

张先字子野，是浙江乌程人（今吴兴），天圣八年（1030 年）进士，诗格清新，尤长于乐府，在北宋诸家中独树一帜。他晚年辞官，优游乡里，以泛舟垂钓为乐。苏轼通判杭州时，张先已八十多岁高龄，仍是精神矍铄。当时有两位张先，都以"子野"为字。为了不致混淆，有人做了这样的区别：彼张先是欧阳修称之为"志守端方，临事敢决"者；而此张先则是和苏轼游西湖，被推为前辈，能为乐府，号"张三影"者。

张先曾带着自己写的词去见欧阳修。欧阳修虽然是文坛泰斗，但比张先还小十七岁，等到一看张先的词，不觉大加赞赏。有人称张先为"张三中",说在他的词中见到的是"心中事、眼中泪、意中人"。张先不以为然,他以为与其称其为"张三中",不如称其为"张三影",因为他对自己这三句词特别得意:

> 其一:云破月来花弄影。
> 其二:娇柔懒起,帘压卷花影。
> 其三:柳径无人,堕絮飞无影。

在张先的影子里,苏轼写了自己的第一批词,其中最著名的是一首《江城子》:

> 凤凰山下雨初晴,
> 水风清,
> 晚霞明。
> 一朵芙蕖,
> 开过尚盈盈。
> 何处飞来双白鹭?
> 如有意,
> 慕娉婷。
>
> 忽闻江上弄哀筝。
> 苦含情,
> 遣谁听?
> 烟敛云收,

依约是湘灵。
欲待曲终寻问取，
人不见，
数峰青。

这首词大体上是学张先的路子，这"弄哀筝"三字便取自张先的一首《菩萨蛮》：

哀筝一弄湘江曲，
声声写尽湘波绿。
纤指十三弦，
细将幽恨传。
当筵秋水慢，
玉柱斜飞雁。
弹到断肠时，
春山眉黛低。

张先写了在湘江听曲的感受，苏轼觉得西湖哀筝依稀便是湘灵。张先听得细致，听出了曲中传出的幽恨；苏轼也听得细致，听出了曲中所含的辛酸。就在这首词中，已经可以看出苏轼的视野和气势超越了张先。张先始终离不开湘曲的方寸，故在断肠时只见春山眉黛低。苏轼却跳出了哀筝传出的苦情，故能见到烟敛云收，放眼数峰青。

陪苏轼游西湖的，还有说是出家却戒不了七情六欲的和尚。

　　杭州集中了江南最著名的几座寺院。灵隐寺是中国佛教禅宗十大名刹之一。相传东晋咸和初年，天竺高僧慧理泛海来到中国，在杭州西湖之畔见到一座奇峰，不禁惊叹："此峰不正是天竺国灵鹫山的小岭吗，怎么飞来此处？"佛祖在世之日，多为仙灵所隐，于是面山建寺，取名"灵隐"，寺前奇峰也从此得名为"飞来峰"，又叫"灵鹫峰"。

　　五代时，吴越以杭州为国都，两次扩建灵隐寺，至有九楼、十八阁、七十二殿，僧徒三千人，房屋一千二百余间，盛极一时。到北宋时，灵隐寺仍保持着五代时的规模，香火既盛，名僧也多。

　　此外，灵隐寺的南面，由北而南，有分别建于东晋、隋代、五代时的下天竺法镜寺、中天竺法净寺、上天竺法喜寺及资延寺、智果寺、梵天寺、慧日永明院等，都是著名佛寺。

　　在这些佛寺中，有苏轼的旧知和新交。当然，过从最为密切的，还是参寥子（道潜）、惠勤、惠思及由润州赶来凑趣的佛印等人。这几位都是作诗写文的高手，也是六根不净、嬉笑不忌的狂僧。苏轼有他们陪伴，自是神采飞扬。

　　当然，陪苏轼游西湖的，更有歌女、名妓。有人说，大凡中国古代的大诗人、大词人、大画家，他们的名诗、名词、名画都是在两种尤物的刺激下产生的，一是好酒，一是美女。所谓"李白斗酒诗百篇"，李白的好诗是黄酒灌出来的；欧阳修自号"六一居士"，六个之中，也少不了一壶酒。苏轼酒量欠佳，每饮必醉，但往往在醉中产生灵感。

　　有记载说，苏轼在一次酒酣之际展纸挥笔，打算画一幅墨竹。只见他下笔之际，如龙蛇腾舞，顷刻而就。众人凑近一看，竹节缠虬、枝叶挺拔,但并非"墨竹",而是"朱竹"。原来苏轼醉中错将画案上的朱笔以为墨笔,画了一幅"朱竹图"。众人大笑。再看苏轼,已趴在画案上,鼾声如雷。

等他醒后,有人揶揄说:"世间有千竹万竹,哪有朱竹?"

苏轼揉着惺忪的醉眼,反问道:"世间有千竹万竹,又何曾有墨竹?"

众人一想,也真是,朱竹固然没有,又何曾有过墨竹。惜乎"朱竹图"已不知下落,否则的话,多少幅墨竹图也比不上它的收藏价值。

至于名妓、美人,那也是大文人所不能少的。白居易三忆江南词,一忆风景,再忆杭州,三忆便是吴宫:

> 吴酒一杯春竹叶,
> 吴娃双舞醉芙蓉。
> 早晚复相逢。

至于温庭筠、韦庄、李煜、张先、柳永,那更是没有女人便写不出词。被苏轼尊为师辈的张先,他自诩为"三影"的三首词,便都是为女人写的。

苏轼到杭州时,虽然写词还是新手,但诗、文的名气已超过张先,又生性豪放爽快,自然成了西湖歌女、名妓追逐的对象。但苏轼又不是李煜、柳永那样出入于脂粉堆的人物,他不仅有缠绵幽郁,更有豪气壮怀。所以他更多时候不是被女人簇拥着游西湖,而是和朋友一道与名妓唱和,或带着名妓去看朋友。他在朋友和女人之间,回旋出入,游刃有余。因此,在他的一生中,自己虽没有太多风流韵事,却流传着他在朋友和妓女之间的恶作剧。而这些恶作剧又多编排在西湖,在杭州。苏轼既在杭州,佛印自然不能不来。苏轼对这位好友的剃度一直有些内疚。自己一片好心,让他有机会接近皇帝,没想到弄巧成拙。但佛印剃度之后,一本正经地念起佛来。虽然也喝酒吃肉,挥金如土,全无出家人的规矩,却从来不近女色,苏轼倒有些暗自称奇。因为以苏轼的自我感觉,什么事情都好克制,就是这男女之间的情欲有些把握不住。以己度人,这个佛印是否假装正经?他要试一试。

一天,二人游罢西湖,兴头正高,于是对饮起来,一面喝酒,一面叫歌妓敲着云板唱曲。这歌妓在西湖是出了名的,不但曲子唱得好,而且容貌极佳,还会写诗填词,佛印对她印象甚好。苏轼有心捣鬼,拼命劝酒,把佛印灌得酩酊大醉,然后命人将其扶入卧室。他又命歌妓陪伴佛印,并留下一句话,如能使佛印破戒,便帮助她脱籍从良,否则,必定重罚。

佛印酒醒之后,发现自己睡在床上,衣服全被脱去,不觉吃了一惊。他一转身,发现身旁还躺着一位女子,更是慌神,但马上想到是苏轼的恶作剧。佛印连忙起身,那歌妓一把将他按住,道述原委。佛印一听,连叫荒唐。他等歌妓穿好衣服,自己也披上僧袍,见书案上有现成的笔墨,略一沉思,在粉墙上题了四句诗:

> 夜来酒醉上床眠,
> 醒来琵琶在枕边。
> 传语翰林苏学士,
> 不曾拨动一条弦。

苏轼正在外屋观书，等着看佛印的笑话。猛听门帘一响，佛印从内室出来，既无怒容，也不见尴尬之色。苏轼连忙跑进内室，见那歌妓向隅而泣。一回头，苏轼看见佛印题在墙上的诗，不由连声称道："好和尚！果然是坐怀不乱！"由赞和尚而怜悯歌妓，花钱替她赎身，了却一桩心愿。

虽是如此，苏轼的脾性却改不了。

这天他又带着一帮朋友和歌妓游湖，随后弃舟登陆，来到大通禅师的禅房前。大通生性拘谨，不像佛印那般洒脱。对于女人，他从不正眼一看，更不许女人进他的禅房。但苏轼偏要破他的例，带着一位歌妓闯将进去。大通正在打坐，见苏轼进来，正要招呼，却见后面跟着一位浓妆美姝，不由得将脸一沉。苏轼也不去理睬他，朝歌妓一点头，让她唱起自己刚刚哼出的小词：

> 师唱谁家曲，
> 宗风嗣阿谁。
> 借君拍板与门槌，
> 我也逢场作戏莫相疑。

词意既清新，歌喉更动人，大通不由得吸了口气，拿这苏子瞻毫无办法。但听曲词一变，竟是为着自己而来：

> 溪女方偷眼，
> 山僧莫眨眉。

却愁弥勒下生迟，

不见阿婆三五少年时。

一曲唱罢，苏轼冲大通抱抱拳，领着歌妓扬长而去。

题联莫干

虽然人人都知苏子瞻，却不是人人都识苏子瞻，偏偏他有时又爱青衣罗帽，独自四处逛逛。

杭州西北有座名山，叫莫干山。相传春秋时吴王阖闾命名匠干将、莫邪夫妇在此山铸剑，数年不就。后来，莫邪断发剪爪，投入炉中，金铁乃濡，阴阳双剑遂铸成，阴剑取名"莫邪"，阳剑取名"干将"。此后，人们便称此山为莫干山，既怀念干将夫妇，又赞誉阴阳二剑。

苏轼领着一童一仆来游莫干山，先看了当年干将、莫邪磨剑之处，后人称之为"剑池"。这里池水清澈，上有飞瀑悬空泻下，水经石限，形成三叠，甚是壮观。然后他们来到莫干山的顶峰。这里有座寺院，院中建有一塔，所以山峰又叫"塔山"。苏轼让童仆在院外等候，自己独自进院。

等一进寺院，苏轼不禁喝起彩来。这寺院裹着山巅，毋须登塔，周围景色便尽收眼底。往北看，是波平如镜的太湖，湖上东、西洞庭山山色葱郁。往东看，千里运河蜿蜒如带，运河与钱塘江相接处竟是茫茫一片。近处峰峦罗列，远处东、西天目山如屏如嶂。

正自陶醉，他猛听有人问道："施主从何而来，往何而去？"

苏轼回过神来，见几步之外站着一位五十开外的老僧，装束举止很是端严，连忙拱手："不才游山至此，见贵寺清净，故此擅行闯入，还望罗汉恕罪。"

老僧见他举止文雅、言语有礼，四十来岁年纪，却罗衣小帽、装束简朴，又无随行童仆，料想是科场屡蹶的秀才，微微一点头，指着院中一石墩，说了声："坐！"又命身旁僧童："茶！"

苏轼生性洒脱，全不在意，往石墩上就坐，又招呼老僧："老罗汉也请坐！"

老僧不好过于怠慢，在另一石墩上坐下。

二人有一搭无一搭地闲扯，越扯老僧越是惊讶，暗想此人见识非比寻常，虽说眼下尚未发达，尚不至终生就此潦倒。他赶忙起身，将苏轼让入禅房，指着门旁一把椅子，客客气气地说了声："请坐！"自己则居中坐下，又对端茶上来的僧童吩咐："敬茶！"

苏轼这次有些不自在了。自打离京以后，从陈州到颍州、到杭州，哪里都是自由自在，何曾被人指着下首让座的？刚才坐石墩倒无所谓，觉得自在，如今这和尚端着架子居上而坐，哪里是待客的道理。

和尚本来自以为是看重了他，苏轼却觉得这和尚太过傲慢，于是有意谈起了诗赋学问。这下和尚坐不住了，试探地问起科试之事。苏轼也不隐瞒，说自己是嘉祐三年的第二名进士，主考官是欧阳修，嘉祐六年制科入三等。

和尚一听，瞪大了双眼，老半天才站了起来，连声招呼："请上坐，请上坐！"又对僧童挥挥手："快，快，敬好茶！"

僧童也不敢乐，应了一声，就要退下。

苏轼见这和尚的神态,暗自好笑,干脆再吓他一次,便自报家门:"不瞒老罗汉,眼下杭州通判,人称苏子瞻的便是在下。"

和尚这下更是吃惊,连僧童也忘了要端水,他们上下打量着苏轼。和尚结结巴巴地问:"您就是苏子瞻先生?"

苏轼笑了笑:"苏轼又怎么了,难道我还要去冒充他?"

和尚双手合十,压了压过于紧张和激动的神经,但说出的话更是糊涂:"子瞻先生,请禅房坐! 徒儿,快上我的茶!"

苏轼看了看忙乱不迭的老和尚,倒笑不起来了,暗自感叹:"世态冷暖,一至于此! 信佛本是出世,却也难脱尘俗。"自觉索然无味,起身告辞。

和尚再三挽留不住,坚请苏轼留下墨宝。苏轼略一沉思,挥笔题了一副对联:

坐请坐请上坐请禅房坐,
茶敬茶敬好茶敬我的茶。

和尚一看,满脸尴尬,口里却连声称道:"好! 好一副对联,好一手妙笔!"

苏轼拱拱手,看了看高耸云天的塔端,出了院门。

初为太守

熙宁七年(1074 年),苏轼杭州任满。

这三年在他的一生中实在是太惬意了,杭州的山、西湖的水,以及生活在这山水之间的人,给了他从未感受过的情义。他在这里用不着去提防谁,前后两任太守陈襄、杨绘都是正人君子,而且都因得罪王安石而外任,对苏轼甚是推重。

先是这年七月,苏轼送陈襄移守南都应天府(今河南商丘)。送出了杭州,二人在临平(今浙江余杭)舟中依依而别。苏轼见境生情,由情感境,写了一首《南乡子》以述情思:

> 回首乱山横,
> 不见居人只见城。
> 谁似临平山上塔,
> 亭亭,
> 迎客西来送客行。
>
> 归路晚风清,
> 一枕初寒梦不成。
> 今夜残灯斜照处,
> 荧荧,
> 秋雨晴时泪不晴。

当年陈襄来杭州任太守,苏轼专程前往临平舟次迎接,这次送陈襄北归,又来到临平塔下。苏轼此时也已收到朝命,让他前往密州为太守,此番送陈襄,他日送自己,何时还能再回到这人间天堂?

九月,这是南方一年之中最好的时光,苏轼上路了。一同上路的有妻子王闰之及三个儿子苏迈、苏迨、苏过,还有王闰之买下的一个丫环朝云。

朝云是杭州人,聪明伶俐,有一副天生能唱歌的好嗓子,这年刚十二岁,比苏迈还小六岁。朝云本来就姓王,还是因为王闰之自己姓王,便也让朝云姓王,已不可知。王闰之在离开杭州之前买下她,或许也是出于对杭州的不舍之情。但从此以后,王朝云便成了苏轼生活中不可缺少的一部分,并继王弗、王闰之之后,成为苏轼的第三位王姓妻子。

苏轼离开杭州,几乎把整个江南都牵动了。新任杭州太守杨绘、山阴县(今浙江绍兴)知县陈舜俞,以及苏轼在杭州的男女朋友,都来送行。码头上三教九流、贩夫走卒难分贵贱,大家都是苏轼的朋友和崇拜者。杨绘、陈舜俞和已经八十五岁高龄的张先一直把苏轼一家送到湖州(今浙江吴兴)。在这里,有刘述、李常置酒高会。刘、李二人都是因反对新法而外放的,于是也不难理解王安石的新法为何推行维艰。且不说新法自身弊病甚多,仅是有这批反对派,小弊病也得给你弄出大乱子来。

当年十一月,苏轼到了密州。密州(今山东诸城)地处胶州半岛西南,既无地产之利,也无交通之便,土地贫瘠,民无宿储,比起杭州,真是天壤之别。苏轼也是在到了密州之后,才真正感受到杭州"天堂"的韵味,同时也才真正感受到作为地方父母官责任的重大。

天灾人祸

苏轼一到密州,便发现这里的情形比自己想象的还要糟糕得多。从秋天以来,密州几乎没有下过一场雨。严重的旱灾加上蝗灾,使这块本来就贫瘠的土地更加荒凉萧条。

苏轼的心顿时就像被人揪住。他暗骂自己路上耽搁太久,没能早日赶到此地与百姓共患难,同时又感到有些手足无措。他在凤翔和杭州都曾参与领导抗灾,但那里的灾比起这里,根本不算一回事。在凤翔,他只做了一件事,写一道请封太白山神表,做几次祈祷,便把雨求来了,从而得到"苏贤良"的美誉。在杭州,他和太守陈襄一起,花了半年时间,轻轻松松便疏浚了六井,使杭州百姓灾年也不缺水。在凤翔是碰上了天要下雨,也有雨可下的时节;在杭州则是托了前人的荫德,工程又是带预防性的。可眼下这密州,却是十万百姓嗷嗷待哺,每天都有人被饥饿夺去生命。眼巴巴盼来了新太守,百姓们有了一线指望。

苏轼坐不下去了,他走入灾民之中,和他们一道捕捉蝗虫,寻找水源,商议抗灾的办法。但一与灾民接触,他又发现,天灾固然可怕,人祸更为惨烈。

对于天灾,苏轼与他的同时代人一样,把希望寄托于求神祈雨上。他从熙宁八年(1075 年)四月初开始斋居蔬食,然后往密州境内的常山去求神降雨。这次求神,他写了一篇与众不同的祝文:

> 洪维上帝,以斯民属于山川群望;亦如天子,以斯民属于守土之臣。惟吏与神,其职惟通。殄民废职,其咎惟均。

上帝委派山川诸神,就像天子委任各地官员一样,是让他们庇护当地百姓。因此,神灵与官员的职责是相同的。倘若神灵残害生灵,不尽职守,那么应受到相同的处罚。

祝文一开头,苏轼便拉开架势,和常山山神论理。他以前在凤翔、在杭州也多次写过祝文,都没有如此激动,也可见密州灾情之重。同时,他认为多次求雨而不下雨,是山神失职所致,应该承担责任:

> 哀我邦人,遭此凶旱;流殍之余,其命如发。而飞蝗流毒,遗种布野。使其变跃飞腾,则桑柘麦禾,举罹其灾,民其罔有孑遗。吏将获罪,神且乏祀。

作为守土之官,未能尽护民救民之职,理当获罪;而作为地方神的你,同样也得不到民间的祭祀!

> 谨以四月初吉,斋居蔬食,至于闰月辛丑。若时雨沾洽,蝗不能生,当与吏民躬执牲币以答神休。呜呼,我州之望,不在神乎?

为了表示诚意,苏轼斋戒了一个月,希望山神也尽其所能,如果能下雨,定和吏民一起用丰盛的祭品去敬神,绝不食言,拜托了!但苏轼仍不放心,向山神反复规劝开导:

> 父老谓神求无不获,克有常德,以名兹山。其可不答,以愧此名?若曰:"岁之丰凶在天,非神之所得专。"吏将亦曰:"民之休戚在朝廷,我何知焉。"则谁任其责矣。上帝与吾君,爱民之心一也。凡吏之可以请于朝者,既不敢不尽;则神之可以谒于帝者,宜无所不为。

父老都说山神你有求必应,克有常德,所以称此山为"常山"。如果求而不应,那就愧对这个名称了。对于生民的苦难,神和吏都不能推卸责任。如果山神说,年成的好坏是上天决定的,神无能为力;官吏也说,百姓的喜忧是朝廷决定的,吏怎能知晓。那么保民安民的责任又由谁来承担?上帝和天子爱民之心都是一致的,对于天子的施政,假如有不便于民者,吏应该知无不言,言无不尽。同样,如果上帝有不合乎民情者,神也应该尽力陈请,无所不为。

苏轼是慷慨激昂地理论了一番,但写到最后,他内心深处应该谅解常山山神了。因为正如山神对上天不下雨无可奈何一样,苏轼对朝廷的坑民政策也是一筹莫展。

密州的灾情和当年凤翔的苦旱不一样。凤翔麦子因不下雨而要枯黄,连续几天大雨,麦子便转青了。密州则不但遭旱灾,而且凡田地作物、山地林木,均被蝗虫摧残。据苏轼所见,当地百姓捕杀而坑埋的蝗虫堆积路边,垒垒相望,长二百多里,约有近三万斛。如果能下透雨,固然旱情可以缓解,蝗虫也无可藏身,但眼下百姓的衣食仍难以解决。

因此,苏轼求神祈雨、指导和组织百姓捕杀蝗虫之外,还得请粮赈济,并组织百姓生产自救。但刚涉及这一步,麻烦便来了。

其时王安石已罢相,朝中主事者是韩绛和吕惠卿。论地位,韩绛为同中书门下平章事,正宰相,吕惠卿为参知政事,副宰相。但韩绛遇事缺乏主见,才力远非吕惠卿之敌,故真正掌权的还是吕惠卿。

吕惠卿本为王安石的助手,后来却对王安石进行构陷。当时人们普遍认为,王安石虽然脾气怪,听不得不同意见,但品行是高尚的。他推行新法虽然触犯了很多人的利益,但动机是为了国家的富强。因此,王安石是做了错事的君子,而吕惠卿则纯为小人,心术不正,谋权图利,王安石的许多过错都是受了他的唆使和蛊惑。这种认识固然带有偏见,但也不是全然没有道理。

王安石当政时,虽说客观上重视国计而轻视民生,但总是时时注意民间的反映,其主观愿望仍是希望国与民均富,故聚财时总是想既增加政府收入又不加重农民的负担。而吕惠卿则不然,他一门心思只想着增加收入,至于农民负担是否加重,全然不予考虑。苏轼一到密州,便撞上了吕惠卿的两个新法。

一是手实法。这是免役法的辅助措施。宋朝继唐末五代的旧制,民户有各种职役。王安石变法时认为职役妨碍农时,而且负担不均,逃役也严重,所以创免役法。它规定民户纳钱免役,称"免役钱";以前没有职役负担的官户、女户、寺观户等,也要按定额的半数交纳役钱,称"助役钱"。这项法令有其合理性,后来司马光要废除,苏轼便当面顶撞。

吕惠卿为了多收免役钱和助役钱,创手实法,让民户自己估算财产。金钱、粮食等动产稍微好办些,房屋、土地等不动产却复杂得多,于是官府订立物价,民户自行估算。各县根据民户的估算将其分为五等,按比例将本县役钱分摊下去。如果自报不实,鼓励告发,将被告人财产的三分之一作为赏钱,奖励告发人。

这种"手实法"其实并不是什么新货色,而是汉武帝时"算缗令"与"告缗令"的翻版。该法一实行,民间告讦成风,民事纠纷不可开交。

二是盐法。苏轼在杭州时，就对因煮盐、贩盐、卖盐而下狱的囚犯深表同情。但当时的食盐专卖场还只设在两浙等部分地区。苏轼往密州赴任途中，便了解到京东、河北路尚无专卖场，官不卖盐，狱中也无盐囚，曾高兴过一阵子，因为密州属京东路。但一到密州，旱灾、蝗灾还没能解决，他就得知消息，京东、河北诸路的盐利也收归国有。

为了救灾，苏轼已上疏朝廷，请求蠲免密州的秋税，并推迟归还青苗本钱及利息。这些要求还没有得到答复，手实法又来了。限期估算民户家财，征收役钱，这不是逼着农民铤而走险吗？密州逢大灾，唯一能救急的办法是组织农民煮盐、卖盐，但政府又禁止私盐，这不是断了农民的活路吗？当年王仙芝、黄巢起义，多半原因就是唐朝政府禁止私盐，结果逼得盐贩武装贩私，最终酿成大患。这种教训还历历在目，真不知道吕惠卿辈是何用心。

根据多年的经验，苏轼知道自己对这些事情无能为力，如山神对上天不下雨无能为力一样。他不甘心，同时也吸取以往的教训。给皇帝上书，等于将自己送入吕惠卿的刀俎。他把一线希望押在韩绛身上，写了一封私函，极论手实法和盐法的不便，恳请韩绛用自己的地位和权力，将其危害限制在最小的范围内。由于韩绛是嘉祐二年省试副考官，与苏轼有师生之谊，因此苏轼特别说明：

> 轼不敢论事久矣。今者守郡，民之利病，其势有以见及。又闻自京师来者，举言公深有拯救斯民、为社稷长计远虑之意，故不自揆，复发其狂言。可则行之，否则置之。愿无闻于人，使孤危衰废之踪，重得罪于世也。

作为主管一州事务的长官,于民生之计竟然不能向朝廷直陈己见,不能不说是一种悲剧。这个政权即使没有女真人来收拾它,也对老百姓没有什么好处。四十年后,京东一带发生宋江等人的起义,也是不足为怪的。

条条路都被堵住了,苏轼觉得愧对密州父老。但作为父母官,他并没有辜负一方子民。在密州百姓受天灾人祸的煎熬中,苏轼也和他们一样,过着饭糗茹草的日子。他写了一篇《后杞菊赋》以自嘲,赋前之叙却真实地记载了当时的窘境。

唐朝有位陆龟蒙,自称往常吃杞柳和野菊,入夏以后,杞、菊枝叶又老又硬,气味苦涩,也得强食。苏轼看了陆龟蒙写的《杞菊赋》,有些不信。他觉得读书人未曾发迹,生活清苦一些是可以想见的,但说穷到以草木充饥,则不免过分。但到密州后,苏轼有了亲身体验:俸禄既薄,又闹饥荒,吃顿饱饭也难以遂愿;只得每天和通判刘庭式沿着废圃,寻找杞、菊,以求充饥。

但是,苏轼的生活态度充满着乐观情绪。他在《后杞菊赋》中的自嘲,或许对饥寒交迫中的密州人会产生一些感染力:

人生一世,

如屈伸肘。

何者为贫?

何者为富?

何者为美?

何者为陋?

或糠覈而瓠肥，

或粱肉而墨瘦。

何侯方丈，

庾郎三九。

较丰约于梦寐，

卒同归于一朽。

吾方以杞为粮、以菊为糗。

春食苗、夏食叶，

秋食花实而冬食根，

庶几乎西河、南阳之寿！

词风千古

密州恶劣的生活环境，造就了密州人强健剽悍、质朴粗豪的民风。这种民风与江南富庶繁华之地截然不同。

杭州的娇歌软语、良辰美景，使苏轼个性中的天真、缠绵、嬉戏、伤感等特质得以发挥。故此在杭州三年，他既有对西湖情意切切的咏叹，也有对歌妓愧悯悱悱的恻隐；既有和佛印、大通肆无忌惮的恶作剧，也有对莫干山僧辛辣尖刻的嘲弄。

而密州的穷山瘠壤、粗俗豪气，则使苏轼个性中的豪迈、旷达、超然、狂放等特点得到激发，从而使他开始向文学巨子的行列迈进。

在群星璀璨的中国文学史上，有时上百年也未必能产生出大师级的人物。北宋仁宗时期风云际会,竟然出了欧阳修、苏洵、王安石、晏殊、张先、柳永、梅尧臣、苏舜钦、范仲淹、曾巩等一大批文学天才。苏轼后来居上,诗、词、文均雄视千古。但在密州之前,论诗文,苏轼也只在欧(阳修)苏(洵)及王安石之间;论词,则还是新手,在张先的影子下徘徊。

密州远离学术中心,文学氛围不但不能和开封、杭州相比,便是较成都、洛阳乃至凤翔,也相距甚远。但苏轼恰恰从这里开始,在文学创作上将其同时代人甩在身后,并跨越已故的欧阳修和苏洵,成为北宋文学史上首屈一指的巨星。如果说欧阳修在文坛上的霸主地位不可动摇,黄庭坚开江西诗派之功不可没,那么苏轼除了在文坛直逼欧阳修、在诗坛为黄庭坚开辟道路,尤以词作雄视千古,迄无来者。而在密州所作的三首词,恰似苏轼在词坛上的三级跳。

第一首为《江城子》。熙宁八年(1075年)正月二十日夜,苏轼到密州已三个月。三个月来,他整日操心的就是旱灾、蝗灾,以及因手实等秕政而引起的民心骚动。但在这天夜里,他竟与已故十年的妻子王弗重逢了,醒后,写下了著名的"十年生死两茫茫",寄调《江城子》(全词见前文"十年生死")。词的下阕,"夜来幽梦忽还乡,小轩窗,正梳妆"云云,自是梦中之景。而词的上阕,"千里孤坟,无处话凄凉……"又是灾后密州凄凉萧疏的写照。对爱妻的怀念和对劫后灾民的同情,两种情感交织在一起,才有熙宁八年正月的《江城子》。这种感情,却是两年前在杭州西湖与张先同赋《江城子》时所未具备的;因此,词的意境也是两年前的《江城子》无法比拟的。

第二首还是《江城子》,但一扫"十年生死"的哀怨凄楚,竟是豪气勃发:

老夫聊发少年狂,

左牵黄,

右擎苍,

锦帽貂裘,

千骑卷平冈。

为报倾城随太守,

亲射虎,

看孙郎。

酒酣胸胆尚开张,

鬓微霜,

又何妨!

持节云中,

何日遣冯唐?

会挽雕弓如满月,

西北望,

射天狼。

自从李白的《菩萨蛮》《忆秦娥》二词问世以来,三百年间,还没有人在词中千里驰骋、弯弓搭箭;也还没有人将一腔豪放之气注入词曲之中。词有豪放一派,自苏轼始,严格地说,是从这"密州出猎"始。

但世人往往以"豪放"二字来限量苏词,是偏颇误会。

清末王鹏运《半塘遗稿》,有一处专论苏词:

> 北宋人词,如潘逍遥(阆)之超逸,宋子京(祁)之华贵,欧阳文忠(修)之骚雅,柳屯田(永)之广博,晏小山(几道)之疏俊,秦太虚(观)之婉约,张子野(先)之流丽,黄文节(庭坚)之隽上,贺方回(铸)之醇肆,皆可模拟得其仿佛。唯苏文忠(轼)之清雄,敻乎轶尘绝迹,令人无从步趋。盖霄壤相悬,宁止才华而已?其性情,其学问,其襟抱,举非恒流所能梦见。词家苏(轼)辛(弃疾)并称,其实辛犹人境也,苏其殆仙乎!

王鹏运认为,欧阳修、柳永、张先等人的词后人可以模仿,而苏轼的词却无以步趋。其实,苏轼有些词也是可以学而得其髓的。如上面两首《江城子》,秦观就学到了"十年生死两茫茫"的哀怨婉约,辛弃疾也学到了"老夫聊发少年狂"的豪放粗犷。但苏轼在密州所作的第三首代表作《水调歌头》,后人实在无以望其项背。

熙宁九年中秋节,苏轼"欢饮达旦,大醉",醉而想起数百里外济州城内的弟弟苏辙。此时此刻,子由是否也在对月欢饮,是否也在怀念自己?

> 明月几时有?
> 把酒问青天。
> 不知天上宫阙,

今夕是何年。

我欲乘风归去，

又恐琼楼玉宇，

高处不胜寒。

起舞弄清影，

何似在人间！

转朱阁，

低绮户，

照无眠。

不应有恨，

何事长向别时圆？

人有悲欢离合，

月有阴晴圆缺，

此事古难全。

但愿人长久，

千里共婵娟。

　　说苏轼的词豪放，这里确有豪放之情，却又不露痕迹；说苏轼的词超然，这里确有超然之意，却并无出世之感；说苏轼的词拙直，全词确是信笔直书，并无着意雕刻，却流爽畅达，清新绝俗；说苏轼的词重情，自这首中秋词出来后，所有中秋抒情的词便黯然失色，但绝无病态，处处催人向上。

　　近人夏敬观说苏轼的词意有上乘与第二乘之分。其如春花散室,不着迹象,使柳枝歌之,正如天风海涛之曲,中多幽咽怨断之音者,为上乘;而激昂排宕、不可一世之概者,为第二乘。后人学苏轼词者,包括辛弃疾在内,都只能学到他的第二乘,而学不到上乘。"中秋词"所显露出来的行云流水、天风海涛般的意境,正是苏词中的上乘境界,那是无法仿效的。人们将宋词中的苏轼比作唐诗中的李白,是恰如其分的。杜诗的现实主义与格律技巧,杜牧和李商隐可以说深得其味;但李诗的浪漫主义和似不经意,却无人能学。

徐州抗洪

熙宁九年(1076年)十二月,苏轼在密州任满,奉诏移知河中府(治所在今山西永济县)。和新任密州知州孔宗翰办完交接手续后,苏轼离开了多灾多难的密州。

但苏轼并未到河中府。在他经济州去开封时,朝命变了,让苏轼赴徐州任知州。

河中府属永兴军路,春秋霸主晋文公重耳为公子时,其封地就在河中府府治所在地蒲州,故称"蒲城公子";唐肃宗至德二年(757年),在这里设河中节度使,后称"护国军",是拱卫京师长安的重镇,战略地位十分重要。北宋定都开封,政治中心东移,河中府的地位也就随之下降了。

徐州为《禹贡》"九州"之一,当时有"海岱及淮唯徐州"之说,即北起泰山、南至淮河、东及于海,均为徐州。徐州又名"彭城",秦汉之际,楚怀王及西楚霸王项羽便在此定都。汉武帝开始,徐州为十三部州之一,辖今山东南部和江苏北部之地。由于地处南北冲要,因而徐州又是历代兵家必争之地。但在隋唐至两宋,南北大运河的淮河到黄河段由汴河和蔡河沟通,未经徐州,所以徐州的地位也就不如以前了。

但不管怎么说,无论是调河中府还是调徐州,苏轼这太守都比在密州要风光一些。苏轼调徐州时,苏辙也由济州调任南都宋州(今河南商丘)通判。于是兄弟二人一道携带家属南下,苏辙在宋州稍事安顿,便陪着哥哥全家来到徐州。

似乎是上天有意对苏轼加以考验和挑战,过了八月中秋,刚送走苏辙,浩浩荡荡的黄河水便涌向徐州。

一个多月前,熙宁十年七月十七日,黄河在澶州(今河南濮阳)曹村下埽决口,本来北流的河水掉头向南,四十五个县遭到黄河水的冲刷,三十万顷土地被淹没。

八月二十一日,大水经徐州继续南下,却被徐州城南的大山挡住去路,水势日涨。

到九月,水位已达二丈八尺,比徐州城内平地高出一丈多,只是因为被城外长堤所堵,才没有侵入城中。

在黄河决口的消息传来后,苏轼便将徐州城内的青壮年组织起来,对外堤进行加固,并准备了土石等物,长堤万一不测,可及时填补。同时,苏轼还建造了一批木筏,以便随时救援。因此,当洪水到来之际,徐州城内的百姓才不致过于惊恐。

但是,谁也未曾料到这年的洪水来得这么快、这么凶。接连两天暴雨,水面离东南堤面只有几寸了。苏轼一面组织青壮年赶赴东南大堤,将大堤加高加厚,一面冒雨来到屯驻徐州的禁军武卫营,动员禁军参加抗洪。禁军在宋朝直属中央调遣,但眼看徐州城危在旦夕，苏太守亲自来驻地求援，怎能袖手旁观。数千禁军开赴城外，和百姓一道，加固大堤。

这边的事情刚安排妥当，那边守城的官吏却来报告，说是大批富民要求出城避难。

苏轼一听，脑子"轰"地一震。如果富民一出城，这民心就乱了；如果筑堤军民听说城内大撤退，这堤还护不护。

苏轼也顾不了许多，拄着木棍赶到城北。只见城门口挤满了人，风声、雨声、哭喊声、叫骂声响成一团。苏轼快步走上城墙马道。人们见太守来了，停止了叫骂。

苏轼看了看那些被雨淋得浑身湿透的居民，人人眼中露出乞求的目光。苏轼心一软，就想让他们出城，但转念一想，徐州城内还有十万居民及外地灾民，这城门一开，引起混乱，还有谁能够收拾得了。

苏轼定了定神，将牙一咬，对众人说："我为本州太守，定与徐州共存亡。武卫营禁军和民壮已赶赴东南大堤加固堤坝，有我苏轼在，绝不让洪水侵入徐州。你们都是好百姓，在这紧要时机，更应齐心同德，共渡难关。"

人们见太守湿淋淋地站在雨中，早已被镇住。这任太守非是旁人，他可是大学问家。连他都和徐州共存亡，旁人的性命难道比他还珍贵？听了苏轼一席话，想出城的人纷纷散去，那些挤在城门口和守门士兵争吵的居民更是惭愧。一时间，城门恢复了平静。

苏轼终于松了口气，他觉得这次自己真正做了一件大事，不仅仅是劝退了想出城的居民，更主要是感到自己能临危不乱，克制住心慈手软的毛病。

但这个念头一起,他又想到了东南大堤。

苏轼吩咐守城士兵,任何人都不许出城,然后赶到城东。雨渐渐停了,上万军民将一条长近千丈、宽两丈、高一丈多的大堤修护得固若金汤。苏轼又采纳了一位当地僧人的建议,开凿清冷口,将城外积水引入黄河故道。

经过五十多天的昼夜奋战,洪水终于退下去了,徐州军民欣喜若狂,苏轼也长长地舒了一口气,心里却暗叫"侥幸"。如果暴雨再连续下几天,如果没有那位僧人提出开凿清冷口,如果大堤决口,那会是怎样的后果?他不敢再想下去了。在徐州军民的庆贺声中,苏轼给朝廷上表,托皇上和执政大臣的福,徐州避免了洪水的劫难。同时经过一番估算,他又向朝廷奏请征集民夫、拨出款项,修建一条石堤的措施,防患未然,以收一劳永逸之效。

这时韩绛、吕惠卿已罢相,王安石复相又罢,吴充、王珪并同中书门下平章事。吴充便是在宋朝制科策试中第一位入三等的吴育之弟。吴充不到二十岁中了进士,既有学问也敢于发表意见。他一上台,便向神宗提出要召回司马光等十多人,其中也包括苏轼。因此,苏轼的表章送出以后不久,就得到了朝廷的嘉奖,说他亲率官吏,督率军民,救护了一城生灵,公私财物不伤分毫。第二年二月,朝廷又拨款二万四千贯,并准许动用地方财政六千贯,用工七千余人,修筑大堤。

苏轼的设想,是建一座石堤,但朝廷拨款有限,只能建成土木结构的堤坝。

六七年间,苏轼很少向朝廷提出要求,即使提了,也是石沉大海。这次总算有了回音,且给了一些经费,该知足了。

大概是受陈希亮在凤翔建凌虚台的影响,也是当时的官场风气所致,苏轼每到一地,除了办实事,也喜欢搞些亭台楼阁。在凤翔,盖了座喜雨亭;在密州,有超然台。这次来徐州,三个月就遇上大洪水,战而胜之,又增筑了土木大堤,怎能不盖座建筑物纪念纪念呢?

这个建筑,苏轼一开始就纳入规划之中,所以堤坝刚竣工,一座建在城东大堤上的十丈亭楼也落成了。苏轼命人用黄土涂墙,取名"黄楼"。

"黄楼"的含义可以举出许多。苏轼根据阴阳五行说,黄色代表土,土能克水,因而这建在河堤上的黄楼便是克水的象征。另外,黄楼与黄河同色,黄河就不能冲刷黄楼了。

元丰元年(1078年)九月初九重阳节,苏轼在黄楼举行了盛大的庆典,既庆贺大堤的竣工及黄楼的落成,也庆贺上年抗洪的胜利。去年的九月初九,正是抗洪的紧要关头。苏轼的"黄楼诗"说到当时的情形:

> 水穿城下作雷鸣,
> 泥满城头飞雨滑。
> 黄花白酒无人问,
> 日暮归来洗靴袜。

当此生死存亡之际,谁还有心思念叨重阳,更不会想到还有今日的重阳。

作为地方官,苏轼在徐州才真正大展鸿才。继熙宁十年带着徐州军民抗御洪水之后，苏轼又在第二年，即元丰元年，派人在城西南的白土镇附近找到了煤矿，不但解决了当地居民的生活所需，而且由此而发展起徐州的采煤业和冶铁业。这可是一件了不起的大事。苏轼自己也喜不自禁，写下《石炭》诗，以抒情怀：

> 君不见，
> 前年雨雪行人断，
> 城中居民风烈骭。
> 湿薪半束抱衾裯，
> 日暮敲门无处换。
> 岂料山中有遗宝，
> 磊落如䃜万车炭。
> 流膏迸液无人知，
> 阵阵腥风自吹散。
> 根苗一发浩无际，
> 万人鼓舞千人看。
> 投泥泼水愈光明，
> 烁玉流金见精悍。
> 南山栗林渐可息，
> 北山顽矿何劳锻。
> 为君铸作百炼刀，
> 要斩长鲸为万段。

乌台诗案

宋太祖以禁军统帅的身份发动兵变,将周世宗柴荣留下的孤儿寡妻赶出开封,自己做了皇帝,唯恐他人效法,故对将领加意防范。宋太祖既在中央收夺兵权,又在地方派文官理事,并说了一句令人听了发笑却又切中要害的话:"文官再坏,不过就是捞钱;但一百个文官贪赃所产生的后果,也不如一个武官造反。"

其实,即使是文官,赵宋皇帝也是不放心的。南宋叶适说到宋时文臣为地方长官,不像汉唐那样称郡守、刺史,称县令、县长,而是称"权知府事""权知州事""权知县事",知府、知州、知县只是"权"知地方事,其名不正、任不久,不能在地方结成势力。通判、签判是副手,可在一地干三年;知州、知府是一把手,在一地只能干两年。所以苏轼签判凤翔、通判杭州都是三年任满,而知密州、知徐州,两年便任满。

元丰二年(1079 年)三月,苏轼徐州任满,奉调湖州。

对朝廷的这一安排,苏轼有些不满。他在徐州抗洪水、开煤矿、恤囚犯、安百姓,政绩是有目共睹的;而且,无论是诗、词还是古文,当时均被视为天下第一人。有了这些本钱,苏轼不免对政局看得乐观了些。湖州地处太湖南岸,与杭州同属两浙路,也是富庶之地,但还称不上繁华;与徐州相比,湖州的地位则是颇有不如。以赫赫政绩,又身负盛名,竟不得升迁,苏轼认为这是朝中当权者在作梗。这种情绪在给神宗的谢表中便流露出来。

元丰二年四月底,苏轼到湖州后照例上谢表。由于这份谢表

关系重大,故附录于下:

> 臣轼言。蒙恩就移前件差遣,已于今月二十日到任上讫者。风俗阜安,在东南号为无事;山水清远,本朝廷所以优贤。顾惟何人,亦与兹选。臣轼(中谢)。
>
> 伏念臣性资顽鄙,名迹埋微。议论阔疏,文学浅陋。凡人必有一得,而臣独无寸长。荷先帝之误恩,擢置三馆;蒙陛下之过听,付以两州。非不欲痛自激昂,少酬恩造。而才分所局,有过无功;法令具存,虽勤何补。罪固多矣,臣犹知之。
>
> 夫何越次之名邦,更许借资而显授。顾惟无状,岂不知恩。此盖伏遇皇帝陛下,天覆群生,海涵万族。用人不求其备,嘉善而矜不能。知其愚不适时,难以追陪新进;察其老不生事,或能牧养小民。而臣顷在钱塘,乐其风土。
>
> 鱼鸟之性,既得于江湖;吴越之人,亦安臣之教令。敢不奉法勤职,息讼平刑。上以广朝廷之仁,下以慰父老之望。臣无任。

这份谢表不挑毛病则罢,如果要挑毛病,则处处是毛病。

谢表说湖州风俗阜安,号为无事,是优贤的所在,岂不是埋怨朝廷没有委以重任,有意将其闲置,使其无以施展才能。

谢表说自己性资顽愚,所至没有任何业绩,又说自己文学浅陋,议论阔疏,那更是自我标榜。谁不知你苏轼在徐州筑了高楼,大肆庆贺,为自己抗洪歌功颂德;谁不知你苏轼自视天下文章第一人,舞文弄墨,让人传诵。

谢表说曾在史馆供职，又历守二州，明明是提醒皇帝，自己既有决策中枢之才，又有安抚地方之能，却伪称才力所限，有过无功，并埋怨朝廷不体恤他兢兢业业。

尤其是谢表公然指责朝廷执事众臣是主事新进，而自称为老成历练，还说吴越之人安于他的教令。你这教令难道不是朝廷的教令？难道是和朝廷作对的教令？

如果说少不更事，那倒罢了，可你苏轼已过不惑之年，又自诩早知天命，更何况十年来从未说过新法的好处，相反，不是上书反对，便是作诗讥讽，如今又公然上书诽谤，朝廷不能再放过他。

苏轼的谢表到京城时，仍是吴充、王珪为相。吴充固然赞许苏轼，王珪却有些模棱两可。吴充提出召还司马光，王珪则推荐俞充为天章阁待制，知庆州，以遏司马光入朝。

王珪遏司马光倒并不是因为政见不一，也不是因为他支持王安石，而是出于自己的既得利益。如果司马光入朝，那宰相的位置上是否还有他王珪，便不得而知了。要阻遏司马光，那么凡是与司马光交厚者都不能用。苏轼的移知湖州，不能说王珪没有起作用。苏轼上谢表发牢骚，自然也触犯了王珪。

而副相蔡确则是更厉害的角色。蔡确初附王安石，与吕惠卿同为新法的重要拟定人。后来测知神宗与王安石有隔阂，蔡确便上疏指摘王安石的过错，以取得神宗的信任。

到元丰二年五月，即苏轼上谢表时，蔡确由御史中丞擢参知政事。他是靠罗织他人罪名、屡兴大狱而起家的。

蔡确任参知政事后，接替御史中丞一职的是李定。李定是王安石的学生，也是新法的拥护者。王安石推行青苗法时，李定为秀州（今浙江嘉兴）判官。神宗召问青苗法的利弊，李定极言青苗法利国利民。这虽然得到仁宗和王安石的嘉许，却引起了反对派的嫉恨。李定为翰林院知制诰时，母亲病死，却隐匿不报，被揭露后又借故不奔丧，被司马光斥为禽兽，苏轼也对此进行了讥讽。司马光立朝严慎，一般人都畏他三分，加上去洛阳后潜心著述，对朝政不发表意见，李定虽然恨他，却无从发难。苏轼则不然，既无城府，又爱叨咕，还总是写诗作文，说东道西，这次李定算是找到机会了。

首先发难的是监察御史里行（试御史）何正臣。他挑出苏轼谢表中的几句话，认为是在愚弄朝廷，妄自尊大。由此及彼，何正臣指出苏轼每有水旱之灾、盗贼之变，便喜形于色，说这是因为推行新法而引起上天的震怒，因此，要求神宗重加刑罚，以示天下。

何正臣的弹劾倒不是一点根据也没有。苏轼确实在许多诗文中将灾变和新法连在一起，但说他每遇天灾便喜形于色则是诬陷。无论新法推行前在凤翔，还是新法推行后在杭州、密州、徐州，只要遇上灾变，苏轼总是废寝忘食，与当地官民共赴患难。

另一位见习御史舒直不甘落后，他不仅在苏轼的谢表中找出了讥切时事之言，还特别列出了苏轼一些讥讽新法的诗句，说苏轼触物即事、应口所言，无一不以讥讽为主，"小则镂版，大则刻石，传播中外，自以为能"。

这两位御史的弹劾，由对苏轼谢表的抨击迅速升格为从苏轼的诗文，主要是诗中，寻找诽谤朝廷、讥讽新法的证据。

一时间，御史们从苏轼诗集中搜集到了一百多首他们认为有问题的诗。

这些诗大多是苏轼通判杭州时写的，其中有些是抨击新法的，如《吴中田妇叹》：

> 今年粳稻熟苦迟，
> 庶见霜风来几时。
> 霜风来时雨如泻，
> 耙头出菌镰生衣。
> 眼枯泪尽雨不尽，
> 忍见黄穗卧青泥。
> 茅苫一月陇上宿，
> 天晴获稻随车归。
> 汗流肩赪载入市，
> 价贱乞与如糠粞。
> 卖牛纳税拆屋炊，
> 虑浅不及明年饥。
> 官今要钱不要米，
> 西北万里招羌儿。
> 龚黄满朝人更苦，
> 不如却作河伯妇。

诗的前半部分记叙了江南农户遭天灾的惨状。农户好不容易等到天晴，将稻谷收割。但是，谷才下地，已非己有，因为他们得向官府交税，而官府偏偏不收谷子要收钱。由于出现钱荒，谷子只能卖到糠粞的价钱，仍是不足税额，只好卖耕牛、卖房子。更露骨的是最后两句：满朝都是理财能手、聚敛专家，老百姓更没法活了，还不如投入漳河,去做河伯的妻子。

有些则纯属捕风捉影、牵强附会。如苏轼写过两首《王复秀才所居双桧》诗。

王复家住杭州,精通医术,专以治病救人为己任,视功名利禄如粪土。苏轼去王复家探访,见门前两棵桧树挺拔魁伟,由此联想到王复的为人,便赋诗赞美:

> 凛然相对敢相欺?
>
> 直干凌空未若奇。
>
> 根到九泉无曲处,
>
> 世间唯有蛰龙知。

宰相王珪素有"三旨宰相"之称,人们说他上朝"领圣旨""听圣旨",下朝则说"得圣旨",专看皇帝的眼色行事。这次众御史声讨苏轼,他也不甘落后,说苏轼这首诗是蔑视皇帝,皇帝飞龙在天,苏轼却要困之于地,用心显然不良。

神宗听了他的解释,也觉得太过牵强。哪有这样理解诗人写的诗呢?苏轼说的是桧树,和我有什么关系?况且当年诸葛亮就曾经自比卧龙,如今襄阳还有卧龙岗,说龙也未必就是说皇帝。

罪名已经罗织不少,御史台长官李定出面了。他根据御史们的弹劾,加上自己的推测,给苏轼定了四条罪行:一是怙恶不悔,其罪已著,态度恶劣;二是傲悖之语,日闻中外,影响极坏;三是言伪而辩,行伪而坚,危害极大;四是讪上骂下,怨己不用,无人臣礼。李定的结论,实际上给苏轼定了性,罪在当诛。

神宗对苏轼的印象还是不坏的,但御史们所说的事情又大多可信,至少苏轼对朝廷不满意,这就是罪。他批准了李定的请求,将苏轼押解进京,并命御史台审理此案。

御史台素有"乌台""乌府"之称,而苏轼的案子又因诗而起,所以人们称这一案子为"乌台诗案"。这种根据诗文捕风捉影的事,在以前的中国时有发生,此后更变本加厉并发展成清代雍乾时期株连甚广的文字狱,李定和宋神宗也可谓始作俑者。

被捕下狱

元丰二年(1079 年)七月二十八日,拘捕苏轼的官差到了湖州,领头的是太常博士皇甫遵。

宋朝的司法机关和官制一样,机构重叠。按理说,三法司中刑部为司法行政机关,大理寺为司法审讯机关,御史台为司法监察机关,苏轼的案子应该由大理寺审理。但在宋太祖建隆年间,就特设了审刑院,刑部和大理寺受理的案子,得送审刑院备案审核,再交大理寺断覆,断覆后还要送审刑院详议,相关官员连署上奏。

神宗即位后,裁削了审刑院。但重大案子,往往由皇帝指定朝官组成特别审判机关审理。而这种特殊案子,往往就落入御史台。因为御史台除负责司法监督外,也具有直接参与侦讯、拘捕、审理的职责。凡有大狱,尤其是牵涉重要人犯的大狱,御史台有推勘官,可"乘传",即由沿途驿站供应车马捕人,既保密,又快捷。

皇甫遵以太常博士任御史台推勘官,自告奋勇去提解苏轼,带着儿子和两名台卒,一路上马不停蹄。到润州时,他因儿子生病而耽搁了半天,却被苏轼的信使跑到头里。

拘捕苏轼的诏令是直接发给御史台的,十分机密,但皇甫遵缉拿苏轼的消息立即传开了。京师有谁不知苏轼呢。驸马都尉王诜娶了神宗的姐姐魏国大长公主,他和苏轼是密友,一听说要缉捕苏轼便大吃一惊。苏轼到底犯了什么罪,皇帝要定苏轼什么罪,却不明就里。不管怎样,他得送个信出去,让苏轼有所准备。于是王诜立即派人通知在南都宋州的苏辙。苏辙闻讯,大吃一惊,便请王适兄弟昼夜兼程,赶赴湖州通知苏轼。同时,苏辙还叮嘱王适,苏轼被捕后,将其家属接来宋州,和自己一起居住。

本来王适兄弟是赶不上皇甫遵的,但皇甫遵的儿子一病,王适便先期到了湖州。

说来好笑,如果王诜、苏辙不派信使传信,苏轼或许会镇静一些;如今有信使送信,而信使又不明就里,没法把事情说清楚,苏轼反倒束手无措,不知道自己到底有多大的罪,否则,信使为何支吾不说。

正忙乱间,皇甫遵已来到知州衙门。这皇甫遵虽是太常博士,高级知识分子,却并不在太常寺任职,博士头衔也不过是拿俸禄的等级,职务是专业理刑官。他官袍整齐,手捧诏书当庭一站,不怒自威,更增加了紧张气氛。

还是湖州通判祖无颇见多识广,也是旁观者清,他陪着苏轼用正式礼节来见差官,并要求验明差官的身份。待见到诏书,里面不过只写着苏轼革职进京,并没有罪在不赦、罪不容诛或畏罪潜逃、捉拿归案等严厉词句。苏轼见后,也稍微宽了点心,到后堂辞行时,却见夫人王闰之和儿子、仆人们哭成一团。

　　苏轼也不知此行到底是生离还是死别,但他不愿用眼泪辞行,便像哄小孩一样对妻儿讲了一个半真半假的故事——

　　国初有新郑人杨璞,字契元,善作诗歌,其诗多在士大夫间传诵,但他不愿做官,时常乘牛往来于村庄乡舍,自称东野遗民。真宗皇帝往巩县拜祖陵,路过郑州,让人召杨璞一见。杨璞不见,被差官强行送往郑州。

　　真宗见了杨璞,问道:"听说你的诗写得很好,可是真的?"

　　杨璞一听,傲气上来了。我的诗写得好不好,你自己不会看?还问是真是假? 他硬邦邦顶了一句:"我不会做诗。"

　　真宗暗自发笑,又问:"朕召你来时,有无他人赠诗与你?"杨璞想了想,回答说:"只有贱内(妻子)念了一首诗。"真宗一听,大感意外,他的妻子也会赋诗? 便让杨璞将其妻念的诗朗诵一遍:

> 更休落魄贪酒杯,
> 且莫猖狂爱咏诗。
> 今日捉将官里去,
> 这回断送老头皮。

　　故事没讲完,苏轼的妻子、儿子、仆人全破涕而笑。杨璞倒是确有其人,真宗皇帝召见他也确有其事,但杨妻赋诗云云,则是苏轼胡诌以自嘲。

　　八月十八日,苏轼被押送到东京汴梁,投入御史台台狱。陪同他上京的,是长子苏迈。

　　妻子王闰之及家人则由王适兄弟护送,乘船移居宋州。船至宿州时，被御史台派出的另一批差官截住，翻箱倒柜，搜寻苏轼的诗文，因为苏轼的罪行都在诗文之中。差官走后，王闰之这个平日斯斯文文的女子也发怒了，她将苏轼留下的诗文付之一炬。今日我们能看到的苏轼诗文，元丰二年以前的已大多不存，不能不说是一大憾事。

但是，我们又怎能责怪烧文稿的王闰之呢？在恐怖的专制制度下，人的生存权利都得不到保障，何况诗文？王闰之说得对，她丈夫之所以获罪，就是因为平日喜欢吟诗作文，是这些诗文害得他蹲监狱，害得全家流离失所，不得安宁。然而，这连吟诗作文都有罪的时代和朝廷，不更值得诅咒吗？

无可救药

苏轼下狱的第三天，元丰二年（1079 年）八月二十日，审讯开始了。如果说苏轼没有罪，他确实没有犯罪；如果说苏轼有罪，那么也可以说证据确凿。他的那些诗文白纸黑字，无可抵赖，而且诗文犯罪和行为犯罪不同。行为犯罪看动机和后果，都是实实在在的；诗文犯罪却可见仁见智，不需任何实据，可以穿凿引申，可以牵强附会。

审讯开始的一些日子，苏轼试图用搪塞术，除了《吴中田妇叹》及《山中五绝》等在杭州作的几首诗，不承认有其他讥讽朝政的诗，也否认在给朋友的诗文中抨击过时事。但是，他的这种策略在强大的政府机器及素以搏击为能事的御史们面前不堪一击。

根据李定的提议，神宗要求凡与苏轼有诗文往来的人，均将苏轼的诗文交出,并搜集流行在社会上的苏轼诗集,由御史们逐一鉴定,哪些是无所谓的,哪些是含意隐讳的,哪些是言带讥讽的,哪些是恶毒攻击的。

审讯官挑出了一百多首他们认为有严重问题的诗,要求苏轼逐首作出解释。

在这种情况下,苏轼的搪塞术过不了关,便改用推舟术。只要审讯官认为有问题的,他便直认不讳,说这首是抨击新政,那首是讥讽当道。但有一点他把握得很恰当,绝不承认诗文中有蔑视皇帝、攻击朝廷的。

经过一个多月的反复提审,从苏轼诗文中挑剔出来的问题越来越多,被牵扯进去的人也越来越多,性质自然也就越来越严重。

幸亏发生两件偶然的事情,使案子有了转机。

苏轼下狱期间,苏迈每天给父亲送饭。父子二人约好,每天的菜只送肉和蔬菜,不送鱼。如果苏迈得知凶讯,便改送鱼,不送肉、菜。

十月中旬,苏迈因费用缺乏,去他处借贷,请在京亲友代为送饭。行前,苏迈将事情告诉了父亲,却忘了将暗号告诉亲友。偏偏亲友想改改苏轼的口味,买了鲜鱼,烹成鱼羹送去。

苏轼一见送了鱼来,心里就是一惊。这是将被处死的暗号。苏轼环顾四周,土墙陡立,铁窗森然,孑然一身,独对昏烛,难道就此了却一生,连和亲人话别的机会也没有?他又一次想到了死。

第一次萌生死意是在刚刚被捕时。押送他的官船停泊在太湖,修理船舵。苏轼回顾一生,学业眉山,应试东京,签判凤翔,通判杭州,出守两州,何事不是光明磊落,何处不是备受敬重。没想

127

到竟被一纸诏书、两名台卒，便如驱犬鸡、捕寇贼般地解押上路。他没有受过这种屈辱，没有受过这种打击。

虽然说幼年就景仰范滂的视死如归，可那毕竟是书上说的，而且范滂生前闯下多大的名头，他出狱时迎接的车辆竟有数千，与李膺、杜密齐名，死得其所。自己虽说以诗文名扬天下，想想不过浪得虚名，哪有范滂直斥时弊那样痛快，真是愧对先贤。再想想此去京师，等着他的是更大的屈辱，还不如一死了之。

当然，想死容易，真正去死却并不那么轻易。苏轼这时不过四十四岁，且不说往后的路还长得很，单说自己这一死，弟弟苏辙怎么办？难道由他一人承担两家的生计，难道抛下他一人日后在宦海的恶浪中搏击？说来也怪，苏轼一生中，说得最多的是弟弟苏辙，最好的诗词也是作给弟弟苏辙，最艰难时刻想到的，是弟弟苏辙。仅是为了弟弟，他也不能死。

但这一次，是亲友知道了自己将被处死的恶讯，让自己有思想准备，考虑好对后事的安排。船在湖中，自杀是很方便的，只需头一栽，一切问题就解决了。在狱中就困难些，但苏轼也有准备。

他平日和僧道结交，对于养气炼丹之术颇为精通。即便在监狱，虽然无法炼丹，炼气服药却是不废。这在当时士大夫中也是一种风气，监狱也不禁止。这丹药以矿物炼成，适量可以提神；过量则可送命。苏轼对此自然清楚。如果死罪已定，他可以服药自杀，以免受那斩、绞之刑。当然，历朝优待士大夫，或许不用刑，而是赐其自尽，但那毕竟不如自己死了干净。

这一次是禀性中的机警救了他。既然自己是因为写诗而获罪，那不妨试试，写诗能不能自救？

他连夜写了两首诗,请狱卒梁成交给弟弟苏辙,并特别叮嘱:
"如果我有幸不死,自然可以家人团聚。若有不测,眼下无一亲人
在东京,请你一定将这二诗交给我弟子由,也算诀别。否则,我死
不瞑目。"

狱卒梁成平日对苏轼十分关照,每天都会按苏轼的习惯送热
水为他温脚,但不敢拿自己的身家性命开玩笑。按规矩,苏轼这样
的犯人在狱中所写的任何文字都得交给典狱官,然后层层上递,直
送皇帝。

梁成提心吊胆地将诗稿交了出去,不知道它将给苏轼带来什
么新罪名。

自从苏轼下狱后,神宗所见的,只是御史台送来的审讯记录,
以及苏轼自己的供词。虽然其中不少是牵强附会的罪行,攻击新
政却是事实。神宗对此很是恼火,但也很矛盾。处刑过重,比如处
死、充军、革职,似乎于情理不通;处刑过轻,又不足以起到杀一儆
百的作用。

正犹豫间,太监送来了由御史台呈上的苏轼狱中诗。

神宗有些奇怪,此人以诗得罪,怎么还在写诗? 经太监解释,
神宗才知是苏轼听说要定罪而写给弟弟苏辙的诀别诗。神宗倒有
些伤感起来,苏轼的诗文名播天下,竟然会有今天。再一看诗,情
思哀切,不但没有怨恨朝廷之意,反倒深自谴责:

圣主如天万物春,

小臣愚暗自亡身。

百年未满先偿债,

十口无归更累人。

是处青山可埋骨，

他时夜雨独伤神。

与君今世为兄弟，

又结来生未了因。

这首诗是给弟弟苏辙的，有托孤之意。这倒无所谓，神宗乐意的是第一句和第二句。人说苏轼狂妄自大，但对君父还是恭敬的。仅此一条，就不该重治。

另一首是写给妻儿的：

柏台霜气夜凄凄，

风动琅珰月向低。

梦绕云山心似鹿，

魂惊汤火命如鸡。

眼中犀角真吾子，

身后牛衣愧老妻。

百岁神游定何处，

桐乡知葬浙江西。

言词凄楚，神宗不由叹息起来。

也就在同一时期，太皇太后曹氏病危，神宗前去探望。

曹氏是宋朝开国名将曹彬的孙女，景祐年间（1034—1038年）被仁宗册封为皇后，英宗即位后，是为太后，到神宗继位，则被尊为太皇太后。

曹后见神宗满腹心事，动问原因。

神宗也不隐瞒，说国事多艰，又有苏轼写下许多谤讪文字，御史台审问多次，尚未结案。

曹后一听苏轼，从床上欠起身来，问道："苏轼？可是二苏两兄弟的那个苏轼？"

见曹后提到苏轼、苏辙，神宗吃了一惊，忙问："祖母怎知道这兄弟二人？"曹后咳嗽了几声，追忆说："那是二十年前的事吧？嘉祐六年制科，苏轼入了三等。仁宗皇帝回到后宫，满心欢喜，说为子孙选了两个宰相，一名苏轼，一名苏辙，是兄弟俩。听说他们的文章写得越来越好，怎么就犯了法呢？"

神宗将御史们所列的罪状告诉了曹后，请她不用担心，自己会秉公裁处；又说打算大赦天下，为祖母祈福。

曹后点了点头："这就是啦！苏轼为官，并无过错。小人抓不到把柄，便在诗文上挑毛病。皇帝试想一想，哪一朝哪一代的小人不是采用这种办法攻击好人呢？我的病已不可治，不须赦免天下恶人为害百姓，只放了苏轼也就够了。"

一方面是苏轼的诀别诗，另一方面是太皇太后的临终遗言，还有太祖皇帝留下的祖训，都救了苏轼的命。

宋太祖在位时，曾密刻一碑，立于太庙殿的夹室中，称为"誓碑"，并定下制度，凡新君继位，拜过太庙，便要恭读誓词。由于只能有一个不识字的小太监陪同新君入室，所以人们一直不知道誓碑上刻些什么。直到靖康之变，金人入汴京，将礼乐祭祀诸法器掳掠而去，密室之门洞开，人们才得以看到誓碑。

誓碑高七八尺,宽四尺,上刻三行誓词:一、柴氏子孙有罪,不得加刑,纵犯谋逆,止于狱中赐尽,不得市曹刑戮,亦不得连坐支属;二、不得杀士大夫及上书言事人;三、子孙有违此誓者,天必殛之。

虽然这样,神宗对苏轼仍有些不放心,于是才有苏轼后来追述的一件事。

十一月间的一天夜里,已交二更,苏轼正要睡觉,狱卒押着一人进了牢房。那人进牢房后,倒头便睡。苏轼没留意那人有何古怪,也自行睡了。苏轼睡觉打呼噜是出了名的,一睡下,鼾声便起。

约莫四更天,苏轼被人推醒。睁眼一看,是二更进来的那人。苏轼睡意正浓,被他推醒,很不高兴。正想发作,那人开口了,连称"恭喜"。

苏轼听到"恭喜"二字,顿时从头顶一直凉到脚底。狱卒来提被判死刑的犯人时,就是称"恭喜"。

但那人随即笑了笑,说道:"好好睡,别担心。"说完便出了牢房,也无人拦阻。

不久,有诏书下来,将苏轼赦免出狱。苏轼这才明白过来,那人是皇帝派来察看动静的,不由一阵害怕。万一那天睡不着,辗转反侧,乃至梦中说胡话,那可怎么办。

苏轼下狱后,存心要置他于死地的固然不少,如李定、舒亶、何正臣及王珪等人便是。但千方百计要救他出狱的也不少。弟弟苏辙自不待言,他上书要求代哥哥服刑。张方平、范镇、吴充、王安石及其弟弟王安礼,还有当时任翰林学士的章惇,都采用不同方式向神宗进言,营救苏轼。杭州和湖州的百姓则做了几个月的解厄道场,为他祈福消灾。

十二月二十七日,经过将近半年的反复折腾,圣旨终于下来了,将苏轼夺去两官,贬为黄州团练副使,黄州安置。被案子牵连的共有三十九人,都受到程度不同的处罚。其中,驸马王诜因通风报信,泄露机密,又与苏轼唱酬应和,全无忌讳,被夺去一切职务。苏轼的密友王巩被流放宾州(今广西宾阳县),王诜的密信就是由他传递给苏辙的。苏辙则被贬到筠州(今江西高安)任监酒。

按说,九死一生的苏轼出狱后该有所收敛了,但禀性难改,出狱的当天晚上,他又作了一两首诗,如果致罪,即刻又可下监狱:

> 百日归期恰及春,
> 余年乐事最关身。
> 出门便旋风吹面,
> 走马联翩鹊啭人。
> 却对酒杯浑似梦,
> 试拈诗笔已如神。
> 此灾何必深追咎,
> 窃禄从来岂有因。

前四句抓不着大问题,后四句却可罗织罪名。因作诗诽谤蹲了四个月的监,出来却说诗笔已如神,这不是公然嘲笑司法部门吗?明明是罪有应得,却说是"窃禄"造成的,难道天下官员都是"窃禄"?难道人人都应弃官归乡,才能保得住性命?这不是在说"伴君如伴虎"吗?

第二首也缺乏自省之意：

> 平生文字为吾累，
> 此去声名不厌低。
> 塞上纵归他日马，
> 城东不斗少年鸡。
> 休官彭泽贫无酒，
> 隐几维摩病有妻。
> 堪笑睢阳老从事，
> 为余投檄向江西。

自己是因为文字而"失马"的"塞翁"，是福是祸尚不得而知，但有一点是肯定的，绝不做斗鸡取宠之类的事。问题也就在这里：你不斗鸡取宠，难道在朝群臣都是斗鸡取宠？

苏轼写完这两首诗，颇为得意，但当他摇头晃脑地念了一遍之后，猛然醒悟，这不是又授人以柄吗。他拍拍自己的脑袋："你这人真是无可救药！"

第五章　江湖好自在

东坡居士

　　农历正月初一是中国传统的春节,普天同庆。元丰三年(1080年)的春节,却是苏轼被发遣的日子。

　　这天一早,汴京城就沉浸在节日的喜庆欢乐之中,城内城外鞭炮齐鸣。鞭炮声中,文武百官及各国使节冠冕朝服,赶赴皇宫,他们要去向神宗皇帝和太皇太后、皇太后朝贺,并接受皇帝的赐宴;士农工商各界民众都换上新衣鲜服,走街串巷,互致吉言。

　　也是在鞭炮声中,苏轼由长子苏迈陪同,被御史台差人押出了汴京。对苏轼来说,这满城的鞭炮是在送行,还是在驱赶?是送他回归自然,玉成他在文字的天地里走向辉煌,还是将他赶出政治中心,使他的满腔抱负化作泡影?

　　比起前后政敌吕惠卿和章惇,苏轼缺乏对政治权力的执着,也更容易在政治上失去信心。他不是职业政治家,而是文人政治家;

他不是抱着必将东山再起的信念,而是怀着从此趋向沉沦的愁肠离开京师的。

六百多年后的王夫之曾对中国历史上的君子和小人作了界定。他认为:"君子之道,有必不为,无必为。小人之道,有必为,无必不为。执此以察其所守,观其所行,而君子小人之辨昭矣。"虽然王夫之对苏轼颇有微词,但苏轼根据王夫之的标准可以进入君子的行列。苏轼有自己做人的原则,不合乎道德、有违于良心的事他必不为,权力地位也不必去追求。对于政敌的陷害,他只会遮拦抵挡,从来没有想到主动出击。这既是自古以来君子们的悲剧,也是苏轼的悲剧。

经过一个月的跋涉,苏轼父子到了长江北岸的黄州。黄州在苏轼来到之前是个默默无闻的小去处。隋文帝开皇五年(585年)废齐安郡,改为黄州,治所在现在的湖北省新洲,唐僖宗中和五年(885年)迁治黄冈县。但和黄州隔江相对的武昌县(今湖北鄂州)大大有名。秦朝在这里设了鄂县,到魏文帝黄初元年(220年),东吴孙权将都城由公安迁到这里,改称武昌县,一时成了东南半壁江山的政治中心。

苏轼贬谪黄州,官名是"检校尚书水部员外郎充黄州团练副使"。这本来就是一个只拿薪水的闲官,但还拖了一个尾巴,叫"本州安置,不得签书公事",这就明确了身份,其实是一个由本州监管的犯官。

由于是犯官,便没有官舍居住,加上朝廷旨意催促,上年十二月二十九日下的文书,正月初一便得起程,苏轼连变卖家产的时间也没有,囊中拮据,只得借住在定惠院。所幸苏轼素习佛学,有不少僧朋道友,而定惠院的清静正是他所需要的。

苏轼的大名早已享誉海内,定惠院这个无名山寺能够接待苏轼这样的大人物,可说是喜从天降。如果不是戴罪遣发,便是专人去请,定惠院也未必能请得到。因此,全院上下以院持颙师长老为首,均将苏轼父子视为贵客,礼遇有加,专门将紧靠竹林的一座屋子空出,让苏轼父子居住。这屋子虽小,却典雅幽静,名为"啸轩"。看来,颙师长老的安排是有深意的。

但这时的苏轼似乎仍被忧郁和惊悸的阴影笼罩,有一种莫名其状的寂寞感。他到黄州之后不久所作的寄调《卜算子·黄州定慧院寓居作》便充满着这种情感:

> 缺月挂疏桐,
> 漏断人初静。
> 谁见幽人独往来?
> 缥缈孤鸿影。
>
> 惊起却回头,
> 有恨无人省。
> 拣尽寒枝不肯栖,
> 寂寞沙洲冷。

将近两个月后,贬为筠州(今江西高安)监酒的苏辙将嫂子王闰之,侄儿苏迨、苏过,以及已经出落成大姑娘的丫环王朝云送到黄州。家人团聚,给寂寞的"啸轩"带来了欢乐,也使苏轼逐渐从险恶的官场噩梦回到宁谧的现实生活，他那颗忧郁的心重又爽朗起来了。

家人一到，自然不能再在定惠院住下去。否则，和尚庙里尽是女眷，成何体统。

黄州太守陈君式对苏轼景仰已久，虽然苏轼是在黄州监管，他却以礼相待。苏轼对这段情分十分感慨，并在为陈君式写祭文时追忆道："我以重罪，窜于江滨。新旧摈疏，我亦自憎。君独愿交，日造我门。我不自爱，恐子垢纷。君笑绝缨，陋哉斯言。忧患之至，期与子均。"陈君式给苏轼的，既是精神上的支持，也有生活上的关照。既然定惠院不能久住，陈君式便将苏轼一家安顿在临皋亭。

临皋亭本是长江北岸的一个水驿，负责接待乘船溯江而上的赴任官员，因而紧靠江边。对于在岷江西岸长大的苏轼，这临皋亭有说不出的亲切。他似乎又回到了久别的家乡，似乎又看到了秀丽青幽的峨眉山，不禁产生几分陶醉和自得："亭下八十数步便是大江，其半是峨眉雪水，吾饮食沐浴皆取焉，何必归乡哉！江山风月，本无常主，闲者便是主人。"忙忙碌碌二十多年，感谢朝廷的恩典，如今终于成了闲者，因而才真正成了江山风月的主人，才可以尽情地融入自然之中。

但时过不久，苏轼的心又沉下来了。由于是犯官，官俸停发，虽然夫人王闰之离京前变卖了一些家产，但苏轼平日豪爽惯了，并无多少积蓄。到黄州后，一家十来口，却无固定收入，有道是坐吃山空，何况是个没有家底的读书人。为了使全家能够活下去，苏轼决心彻底改变一下自己。

他采取了两条办法。

一是节俭。苏轼在给秦观的书信中说到他"痛自节俭"的办法:每日生活费规定不得超过一百五十钱。每月的头一天,先取出四千五百钱,分成三十份,每份为一串,挂在屋梁上。早上起来时,用画叉挑下一串,然后将画叉藏起来,第二天早上才能够取出。另外准备一个大竹筒,以储存每天所剩的钱,用来招待宾客。

苏轼告诉秦观,他预计通过这种办法,以前的积蓄可以支持全家一年的生活费。至于一年以后怎么办,苏轼卖了个关子,只说"至时,别作经画,水到渠成,不须顾虑。以此,胸中都无一事"。

根据林语堂先生的估算,宋朝的一百五十钱约等于美金一角五分。这个比价显然有些牵强。据苏轼自述,当时米价为二十钱一斗,则每日米钱三四十钱即可,剩下一百余钱购买蔬菜、鱼肉也足够了。

苏轼的这个预算是以当时的物价和当地的生活水准制定的。比起当时当地的一般读书人,苏轼一家的生活还是较为富裕。当然,比起过去的挥金如土,比起既有俸钱,又有禄米、职钱的在职官员,苏轼也真可以说是"痛自节俭"。

除了节俭,苏轼还有第二手准备。这是带根本性的,那就是生产自救,自食其力。

经过一番交涉,新任太守徐君猷将一块营防废地划给了苏轼。这块土地坐落在城东一里多的缓坡之下,虽然距临皋亭很近,但因荒废已久,成了"茨棘瓦砾之场",荆棘丛生,瓦砾遍地,垦复谈何容易。但苏轼既然出身农家,自然知道土地的宝贵,他带领全家老小清除砾石,刈割杂草,深挖细耙,终于整理出五十亩田园,开始了躬耕自给的日子。

中国古代知识分子讲究穷达之道,达则兼济天下,穷则独善其身,总得有一份解决温饱的职业,或务农,或经商。放不下架子,脱不下长袍,致使家人挨饿受寒的腐儒是让人瞧不起的。当年陶渊明种豆南山,诸葛亮躬耕隆中,都是先立足于生计,然后才谈得上纵情风光山水、指点天下英雄。

当然,苏轼并不像陶渊明那样大彻大悟,也不敢奢望效法诸葛亮。时局既不允许他归隐,更不能容忍另立山头。因此他觉得自己更像中唐时期的白居易。

白居易因学识才华,官翰林学士,迁左拾遗。这是负有规谏封驳责任的官职。凭着对皇家的忠诚,对天下百姓的同情,白居易连续上了十多份奏疏,建议革除时弊,使得皇帝立志中兴、听惯了颂词的唐宪宗李纯大为不快。宪宗将白居易召到便殿厉声斥责。但白居易不屈不挠,力陈己见,结果遭到降级处分,出为江州司马,从而有了著名的《琵琶行》。后调任忠州(今四川忠县)刺史,他在城东土坡上种了不少花和树。白居易闲时便在这花丛树影中追寻往事,慨叹今生,并将此地称作"东坡"。

苏轼景仰白居易的诗文和人品,又感慨自己的经历和白居易相似,遂将自己的这块田园也称为"东坡"。苏轼因地制宜,冬种麦,夏种稻,又种上了枣栗桑果,成了地道的农民。

在黄州东坡,苏轼第一次真正体验到农家的辛苦,也第一次体验到收获的喜悦:

> 种稻清明前,乐事我能数。

毛空暗春泽,针水闻好语。

分秧及初夏,渐喜风叶举。

月明看露上,一一珠垂缕。

秋来霜穗重,颠倒相撑拄。

但闻畦陇间,蚱蜢如风雨。

新春便入甑,玉粒照筐筥。

我久食官仓,红腐等泥土。

行当知此味,口腹吾已许。

　　这种感觉,却是在隐士诸葛孔明、陶渊明以及白居易那里找不到的。

　　躬耕之中,苏轼对东坡的感情更深了。他顺着坡地,在原有的废园基地上盖起了五间房屋。这五间屋子既在雪天盖起,苏轼又在居中堂舍的四壁画上雪景,遂取名"东坡雪堂"。

　　古代士大夫既有名又有字,还得有号。白居易字乐天,虽曾醉心忠州东坡,却并未将其作为专利,晚年居香山,自号"香山居士"。苏轼则不客气,既食东坡之地,又居东坡雪堂,遂号"东坡居士"。随着"东坡羹""东坡肉""东坡酒",尤其是东坡居士本人的名扬天下,后人说起东坡,只知有苏而不知有白了。

　　当然,说苏轼一家完全靠着一片田园解决生计,则是不符合实际的。这块田园更为重要的意义,是作为苏轼物质生活和精神生活的一块新的基石。有了这块基石,黄州的四年才成为苏轼新生活的起点。

赤壁三唱

苏轼在给秦观的书信中,曾极称黄州对岸武昌山水绝佳。那里有著名的樊山,平地崛起,苍劲奇伟,林茂泉幽,石怪溪洞。当年吴王孙权的避暑宫就建在这里,东晋高僧慧远又建了寒溪寺,樊山成了著名的游览胜地。那里不仅有试剑石、青龙桥、洗剑池等遗迹,还有涵息、滴滴、菩萨、活水等名泉。

苏轼每次泛舟渡江,总要到樊山游憩。后人将此山山泉调麦炊饼,称为"东坡饼",说是苏轼来樊山就喜欢吃这种饼。当然,那时苏轼还没有发现樊山山下的鱼特别鲜美,否则,产于那里的武昌鱼也该叫"东坡鱼"了。

苏轼在长江泛舟时,发现不仅彼岸武昌有美景,此岸黄州同样也是山水绝佳。

就在黄州城西门外,有一临江断岩,突出下垂,色呈赭赤,形如悬鼻,当地人称"赤鼻矶",与武昌的樊山隔江相望,甚是奇特。

元丰五年(1082年)七月十六日,夕阳西下,苏轼兴起,和朋友泛舟于赤鼻之下。朋友是从故乡四川来的道士杨世昌。苏轼在舟中摆下酒宴,既是酒逢知己,又是话遇知音。二人且喝且唱,且唱且玩,不觉杯盘狼藉,相枕而睡。一觉醒来,已是第二天黎明。苏轼濡墨展纸,竟成了绝代之赋:

> 壬戌之秋,七月既望,苏子与客泛舟,游于赤壁之下。清风徐来,水波不兴。举酒属客,诵明月之诗,歌窈窕之章。少

焉,月出于东山之上,徘徊于斗牛之间。白露横江,水光接天。纵一苇之所如,凌万顷之茫然。浩浩乎如凭虚御风,而不知其所止;飘飘乎如遗世独立,羽化而登仙。

于是饮酒乐甚,扣舷而歌之。歌曰:"桂棹兮兰桨,击空明兮溯流光。渺渺兮予怀,望美人兮天一方。"客有吹洞箫者,倚歌而和之。其声呜呜然,如怨如慕,如泣如诉。余音袅袅,不绝如缕。舞幽壑之潜蛟,泣孤舟之嫠妇。

苏子愀然,正襟危坐,而问客曰:"何为其然也?"

客曰:"'月明星稀,乌鹊南飞。'此非曹孟德之诗乎?西望夏口,东望武昌。山川相缪,郁乎苍苍。此非孟德之困于周郎者乎?方其破荆州,下江陵,顺流而东也,舳舻千里,旌旗蔽空,酾酒临江,横槊赋诗,固一世之雄也,而今安在哉?况吾与子渔樵于江渚之上,侣鱼虾而友麋鹿。驾一叶之扁舟,举匏尊以相属;寄蜉蝣于天地,渺沧海之一粟。哀吾生之须臾,羡长江之无穷。挟飞仙以遨游,抱明月而长终。知不可乎骤得,托遗响于悲风。"

苏子曰:"客亦知夫水与月乎?逝者如斯,而未尝往也。盈虚者如彼,而卒莫消长也。盖将自其变者而观之,则天地曾不能以一瞬。自其不变者而观之,则物与我皆无尽也,而又何羡乎?且夫天地之间,物各有主,苟非吾之所有,虽一毫而莫取。惟江上之清风,与山间之明月,耳得之而为声,目遇之而成色;取之无禁,用之不竭。是造物者之无尽藏也,而吾与子之所共适。"

客喜而笑,洗盏更酌。肴核既尽,杯盘狼藉。相与枕藉乎舟中,不知东方之既白。

人说苏轼的诗,飘逸处似李白,绵密处似杜甫,而这篇赋所表现的意境,其旷达则直承老庄。虚实、静动、消长、得失之数,尽从酒中、歌中而出,谈玄说理,全在不经意中。难怪有人说这首《赤壁赋》代表苏文的最高成就。然而,说是赋,和两汉以来的律赋不同,它是典型的文赋,与欧阳修的《秋声赋》并为两宋散文赋的代表。

三个月后,苏轼与二友重游赤鼻矶。后来他叙述了这次泛舟的缘由。

十月十五日晚,苏轼和两位朋友从东坡雪堂出来,本想回到临皋亭去,路过黄泥坡,但见满地白霜,树木萧疏,人影在白霜之上移动。举目而望,明月当空,穹苍如洗,不禁心旷神怡。兴致一来,三人行歌相答,乐而忘返。

苏轼突然酒兴大发,感叹起来:"有客无酒,有酒无肴,月白风清,如此良夜何?"

主人既然说到酒,客人便顺着出主意:"今者薄暮,举网得鱼,巨口细鳞,状似松江之鲈。顾安所得酒乎?"

傍晚已网得鲜鱼,缺的只是美酒。苏轼与客人回到临皋亭,夫人王闰之取酒助兴:"我有斗酒,藏之久矣,以待子不时之需。"

三人携酒提鱼,离岸登舟,重游赤鼻。但这次游赤鼻与前次不同,不仅时至初冬,万木萧疏,客人也不甚凑趣。苏轼兴起,弃舟缘赤鼻攀岩而上,客人竟不敢相从,使苏轼"悄然而悲,肃然而恐"。但是,也正因为感受的不同,苏轼才写下了与前赋风格迥异的《后赤壁赋》:

是岁(元丰五年)十月之望,步自雪堂,将归于临皋。

二客从予,过黄泥之坂。霜露既降,木叶尽脱。人影在地,仰见明月。顾而乐之,行歌相答。已而叹曰:"有客无酒,有酒无肴,月白风清,如此良夜何?"客曰:"今者薄暮,举网得鱼,巨口细鳞,状似松江之鲈。顾安所得酒乎?"归而谋诸妇。妇曰:"我有斗酒,藏之久矣,以待子不时之须。"于是携酒与鱼,复游于赤壁之下。

江流有声,断岸千尺。山高月小,水落石出。曾日月之几何,而江山不可复识矣。

予仍摄衣而上,履巉岩,披蒙茸,踞虎豹,登虬龙。攀栖鹘之危巢,俯冯夷之幽宫。盖二客不能从焉。划然长啸,草木震动。山鸣谷应,风起水涌。予亦悄然而悲,肃然而恐,凛乎其不可留也。反而登舟,放乎中流,听其所止而休焉。

时夜将半,四顾寂寥。适有孤鹤,横江东来,翅如车轮,玄裳缟衣,戛然长鸣,掠予舟而西也。

须臾客去,予亦就睡。梦一道士,羽衣翩跹,过临皋之下,揖予而言曰:"赤壁之游乐乎?"问其姓名,俯而不答。呜呼噫嘻!我知之矣。畴昔之夜,飞鸣而过我者,非子也耶?道士顾笑,予亦惊寤。开户视之,不见其处。

前后两赋,前赋爽朗旷达、哲理明辨,后赋寂寥冷峻、机锋暗藏,都透露出苏轼经过乌台之狱的打击,在黄州获得再生后价值观念的巨变,也给后人留下一种悲壮的启示。以柳宗元、白居易及苏轼兄弟的才学和抱负,到头来却向佛老寻找人生的真谛和灵魂的寄托,这究竟是一种悲剧,还是喜剧?

但是,不管是历史的悲剧还是喜剧,这种价值观的转变使苏轼从此进入中国有史以来第一流文学家的行列。如果说苏轼在密州时的《水调歌头·明月几时有》和《江城子·十年生死》已经使他具备了这种资格,那么,在黄州时的前后《赤壁赋》以及词坛巨作《念奴娇·赤壁怀古》则使他的地位不可动摇。

比起《赤壁赋》,寄调《念奴娇》的赤壁词则以它的气势更为人们所熟知:

> 大江东去,
> 浪淘尽,千古风流人物。
> 故垒西边,人道是,
> 三国周郎赤壁。
> 乱石穿空,惊涛拍岸,
> 卷起千堆雪。
> 江山如画,一时多少豪杰。
>
> 遥想公瑾当年,
> 小乔初嫁了,
> 雄姿英发。
> 羽扇纶巾,
> 谈笑间,樯橹灰飞烟灭。
> 故国神游,

多情应笑我，

早生华发。

人生如梦，

一樽还酹江月。

与赤壁赋一样，赤壁词也是情文并茂，明是怀古，实为伤今；虽是伤今，却并无悲泣惆怅之态，而是以乐观豪爽、豁达幽默的态度面对人生。人们在这种伤今中感受到的不是沉寂，而是振作；不是伤感，而是奋进。苏轼诗词、散文的魅力似乎也正在这里。

令人不解的是，三国周郎赤壁明明是在蒲圻县。当年孙权驻柴桑（今江西九江），刘备驻黄州南岸的樊口。周瑜水军由柴桑西进经樊口时，刘备到江上相会。周瑜继续西进，与曹操对垒赤壁。这些史实，《三国志》记载得非常清楚，苏轼未必没有注意到，但他的前后赤壁赋及赤壁怀古词竟全将"赤鼻"称为"赤壁"。

后人有说苏轼误将赤鼻当赤壁者。如果真是"误"，倒似为醉中误，酒醒之后，则将错就错。赤壁词已经点明："人道是，三国周郎赤壁。"这个赤壁是听人说的，说者便是四川道士杨世昌。前赤壁赋记杨世昌说："此非孟德之困于周郎者乎？"其实，杨世昌也是触景生情，由七月十六日"清风徐来，水波不兴"，联想到曹操的诗句"月明星稀，乌鹊南飞"，再看看这断岸千尺的赤鼻矶，西望夏口，东望武昌，难道不就是当年的赤壁吗。

所幸的是，人们不仅没有去追究苏轼误认赤壁之过，而且从此便将黄州赤鼻称为赤壁。随着赤壁三唱的传播，黄州假赤壁的名气竟然较蒲圻真赤壁更为响亮。南宋初年王炎有诗："乌林赤壁事已陈,黄州赤壁天下闻。东坡居士妙言语,赋到此翁无古人。"明代于成龙更说:"至今经二赋,不复说三分。"到清代,竟由康熙皇帝亲自裁定,将黄州赤壁定名为"东坡赤壁",又名"文赤壁",以与蒲圻"周郎赤壁"的"武赤壁"相区别。

名胜固赖于名人的渲染,如无王勃的《滕王阁诗序》、范仲淹的《岳阳楼记》,后人未必知滕王阁、岳阳楼;但像苏轼以一词二赋凭空弄出一大名胜,实不多见。

当然,苏轼尽可用他的天才创造名胜,后人也可以用他们的想象去创造苏轼,使他更富有传奇色彩。

传说苏轼到黄州之后不久,曾有一位白衣秀才以"赤壁"为题,向他索取诗词。苏轼向来豪爽,有求必应,便许诺秀才第二天午时来取诗。求诗索文的人太多,白衣秀才说完后没再来过,苏轼竟将此事忘了。但从第二天起,每日午时,江水便直扑赤鼻矶。开始人们还不注意,时间一长,便生疑窦。苏轼听说这件事,也觉纳闷。

这天,苏轼在赤鼻矶宴客。刚到午时,江面风起水涌,波涛翻滚,几丈高的浪头扑打着赤鼻矶,恰似千军万马,前仆后继,绝不停息。苏轼由这赤鼻矶,想起八百多年前的那场殊死搏斗。眼前的巨浪,顿时化为艨艟巨舰。他仰头喝干一杯美酒,乘着酒兴,写下了那篇千古绝唱《念奴娇·赤壁怀古》。

不料刚刚写就,一个浪头直扑过来,浪头上一条白色大鲤鱼张口将写着赤壁词的宣纸夺去。随着鲤鱼没入浪头,江水顿时便退了下去,风平浪静。

苏轼始而一惊,继而大笑,酒意涌了上来,昏昏入睡。

睡梦中,那白衣秀才出现了。他告诉苏轼,自己是长江的江神,久慕子瞻大名,故而求诗,没想到苏轼竟以这千古绝唱相赠,万分感激,无以为报,便以石枕、石床相赠。

苏轼甚是惊讶,猛然惊醒,发现自己正睡在石床、石枕之上,方信梦中所见为实,那白衣秀才竟是江神。

后人在这石枕、石床处建起一亭,名"睡仙亭",至今仍在黄州东坡赤壁之上。

传闻病故

苏轼的贬谪,给默默无闻的黄州带来了前所未有的荣耀。但苏轼这样一位职位卑微却名声显赫的罪官放在黄州监管,给当地官员造成不小的麻烦。

由于职位卑微,官府不可能派人侍奉守卫;由于只是监管,又不能将其拘禁;名气太大,故上上下下对他都非常客气,给他较大的自由。

苏轼朋友多,好游玩,喜喝酒,时常经宿不归,这在黄州已是家喻户晓,官府也不为怪。但在元丰五年的一天早上,黄州城内百姓传诵的一首词,使官府忙成一团:

> 夜饮东坡醒复醉,
> 归来仿佛三更。
> 家童鼻息已雷鸣。
> 敲门都不应,
> 倚杖听江声。

> 长恨此生非我有，
> 何时忘却营营？
> 夜阑风静縠纹平。
> 小舟从此逝，
> 江海寄余生。

人们在传诵这首词的同时，也传出一个惊人的消息：苏轼作了这首词之后，将冠服脱在江边，登舟而去了。有人甚至信誓旦旦，说亲眼看见苏轼泛舟远去。老百姓盼着看热闹，宁可苏轼身上多一些传奇色彩；但对官府来说，苏轼跑了可不是闹着玩的。听说皇上有时吃饭都突然停下，先去读几句苏轼的诗文，说不定早上一道旨意，午时就要苏轼进京。

黄州太守徐君猷深知苏轼的为人，他不相信苏轼会不辞而别，将这黑锅让自己背。但他又熟知苏轼的脾性，一喝醉酒，兴致来了，或许又搞恶作剧。万一他真是喝了酒，昏天黑地上船游玩，一脚蹬空，落入长江，那可怎么办？

徐太守越想越害怕，赶忙带人来到临皋亭，却见苏轼一家与往常无异，那位让人担惊受怕的东坡居士却是日高未起，鼾声如雷。太守一颗提到喉头的心才又放了下去。

原来苏轼头天晚上又和友人泛舟江上，吟诗喝酒，回家时已是醉眼蒙眬，仿佛听到正敲三更，家人早已入睡。苏轼和友人伫立门外，万籁俱静，临皋亭内传出家童的鼻息声，几十步外的江水拍击江岸，涛声阵阵。苏轼被江风一吹，酒意已醒，口占一阕《临江仙·

夜归临皋》，友人应和，兴尽而归。苏轼自然不会一个晚上倚杖不入。但这首词不胫而走，使得太守虚惊一场。

而另一次传闻则把神宗都惊动了。

元丰六年（1083年）春，苏轼大病了一场，先是手臂麻木，继而又是眼睛红肿，无法出门。这一病就是三月有余。

苏轼虽在黄州，却无日不受外界的注目。朋友在关心他，政敌在窥视他，苏轼则是我行我素，在黄州泛舟喝酒，吟诗会友，几乎每天都有关于他的新闻传出。但一连三个月不见苏轼露面，朋友和政敌都着急了，苏轼怎么啦？

就在这时，散文大师曾巩在江宁去世的消息传到京师。说不清楚是担心、是痛惜，还是幸灾乐祸，有人传言苏轼在同一天和曾巩一道去了天庭，去寻找他们的老师欧阳修了。

消息传到东京汴梁，传到皇宫，神宗皇帝正在吃午饭，不禁愕然，立即命人召来大臣蒲宗孟。蒲宗孟与苏轼是远亲，正在京师任职，但和苏轼几乎没有书信往来，见神宗问起，只得如实相告，说自己也听到这种传言，不知真假。神宗摇摇头，叹息再三，饭也吃不下了，离座而去。

消息传到许昌，范镇痛哭失声。

这范镇是老资格的政治家，王安石变法的强硬反对者，为人极是正直。他因与王安石政见不合而以翰林学士致仕。苏轼前往祝贺："公虽（身）退，而名益重矣。"范镇一句话将小老乡顶了回去："使天下受其害，而吾享其名，吾何心哉。"从此，苏轼对范镇更加敬重，二人成了忘年之交。

范镇这时定居许昌，听说苏轼去世，便要派人前去吊唁。幸亏子弟中有人劝阻,建议先派人探明情况,再作处理。于是范镇派仆人带着书信兼程赶赴黄州询问。

苏轼见到范镇的书信,不禁开怀大笑,连忙回书:近日因"多患疮痍及赤目,杜门谢客,而传者遂云物故"。

经过这些误会,苏轼倒更加自信了:此身已不只是己有,它牵动着多少人的心。

辞别黄州

元丰七年(1084 年)春,苏轼刚刚从"物故"的梦中醒来,朝廷便来了调令。朝廷将他调往汝州(今河南省临汝),仍是团练副使,"不得签书公事",但离京师毕竟近了许多。而且,当时司马光住在西京洛阳,范镇住在许昌,距汝州都只有一天的路程。

苏轼却在犹豫。他离开京师已经五个年头,这五年虽说是粗衣蔬食,却了无忧惧,自由自在,比起在京师惊心受怕,感受要好得多。在潜意识中,他倒宁可远离京师,远离政治中心,过这神仙般的自在日子。更何况,黄州的赤壁、黄州的雪堂、黄州的黄泥坡和临皋亭,还有黄州的父老和黄州的感受,太让他留恋。

但苏轼最后还是决定离开黄州。一是皇帝的恩典不好全不领情,二是自己固可了此一生,儿子们却不能没有更好的前程。

前一年已是苏轼侍妾的朝云生了一子,苏轼戏作了一首洗儿诗:

小喬初嫁了，雄姿英發。羽扇綸巾，談笑間、檣櫓灰飛煙滅。故國神遊，多情應笑我，早生華髮。人生如夢，一尊還酹江月。

庭陶隆書

北宋 - 黄庭坚 -《赤壁怀古》- 民国拓本

人皆养子望聪明，

我被聪明误一生。

唯愿孩儿愚且鲁，

无灾无难到公卿。

虽然有人认为这是一首讽刺诗，但仍然可以看出苏轼对孩子们的期望。

苏轼谪居汝州的消息一传出，朋友和邻居都来话别。人们都很伤感，此行一别，何时再得相见。有人开始请苏轼题诗相赠，苏轼一一应允。他不像有些名人惜墨如金，而是每有燕集，醉墨淋漓，随即赠人，毫不顾惜。许多朋友已多次得他题赠。但唯独一人，苏轼从来没有为其题诗，这人便是歌妓李琪。

李琪在众歌妓中年纪最小，但悟性甚高，也读过一些书，苏轼对她很是眷顾。这天李琪也来话别，奉觞再拜，并将围在颈上的白巾取下，请苏轼赠言。

苏轼仔细端详着李琪，在她的脸上，苏轼似乎回想起自己在黄州的所有岁月。而李琪眼角眉梢流露出的依恋惜别之情，更令苏轼感叹万分。他让李琪磨研浓墨，取笔大书："东坡七载黄州住，何事无言及李琪！"虽然以往没有为你题诗，但我在黄州的七年（实为五年），有哪件事与你无关呢？

苏轼写完这两句，便掷笔袖手，与客人谈笑。

李琪望着这两句诗，欲言又止，欲哭无泪。朋友中有人开口了："这两句诗的言语很是凡易，又未终篇，不知何故？"

苏轼闻言，似不经意，借故而言他。

到酒宴将散，李琪忍不住了，再拜复请。

苏轼这才似梦初醒,笑道:"几乎忘了出场!"提笔在白巾上续写了两句。

一位朋友取过白巾,朗声吟诵起来:

> 东坡七载黄州住,
> 何事无言及李琪。
> 恰似西川杜工部,
> 海棠虽好不留诗。

话音刚落,满堂喝彩。

谁都知道杜甫一生最爱海棠,但没有一篇咏海棠诗。按杜甫的解释,爱到深处,便不是言语可以尽情的了。

苏轼用此典故,以言明他不为李琪题诗的"出场"。李琪因此名留千古。

这年四月,苏轼在侠佛道三位友人的陪同下,离开了黄州,乘船到江州。唐时白居易写《琵琶行》便在这江州码头。

陪同苏轼的三位友人,一是陈慥,这是他在凤翔时结识的故友、凤翔太守陈公弼的儿子。陈慥少时使酒好剑,在凤翔与苏轼论兵家胜负及古今成败,成莫逆之交,也因受到苏轼的影响,折节读书,后来隐居于光(州)黄(州)之间,是位有侠士英骨的异士。

第二位是参寥和尚。参寥俗姓何,法名道潜,号参寥子,住杭州智果寺,与苏轼诗文往来,也非一日之交。苏轼到黄州后,参寥专程前来看访,陪住了将近一年。

第三位便是道士乔同。这乔同学道有得,擅长气功及炼丹术,年过八十，仍然身强体健。苏轼在黄州期间潜心长生术，便是以乔同为师。

有这三人陪同，对苏轼来说是最佳搭档。陈慥虽为隐士，但侠风未退，眉宇间充满精悍之色，途中若有不逞之徒，由他收拾，自在谈笑之间。参寥是著名诗僧，中国寺院遍布天下，占尽人间佳景，有他陪同，食宿游览毋须操心。乔同精研道术，苏轼早晚练功，自然少不得他的指点。这种待遇，大概神宗皇帝也没有享受过。

题诗庐山

王安石曾经说到北宋开国以来的风气："一切因任自然之理势，而精神之运，有所不加，名实之间，有所不察。"他是以振作精神之运、革除散漫之习的角度来进行评估的，但北宋的经济文化正是在这种"因任自然之理势"、较为宽松的气氛中发展的。

以苏轼而言，虽说是在黄州监管，但只要他不离开黄州，其行动便是自由的，没有人去理会他的生活习惯和交朋结友。否则，苏轼在黄州的四五年，也不可能悠闲于临皋与雪堂之间，更遑论三唱赤壁、题诗李琪。这次迁谪汝州，按理说应取陆路北上，他却从水路东去，直下江州。

苏轼过去护送父亲的灵柩入川，曾路过江州，但未作停留。这次得多待些日子，因为这里不仅有"江州司马泪沾襟"的遗址，更有苏轼向慕已久的庐山。

据说当年大禹治水，为疏浚九江而登庐山主峰大汉阳峰，察看水势；秦始皇南巡，也曾过九嶷，登庐山。到东汉明帝时，庐山已成为中国佛教名山，有西林、东林、大林三大名寺，海会、秀峰、万杉、栖贤、归宗五大丛林。山川神奇秀丽，名胜古迹众多。东林寺前有东晋高僧慧远亲手种植的松林，归宗寺内有书圣王羲之洗笔的墨池，温泉附近的栗里村有陶渊明住过的茅舍。李白曾在五老峰下读书，白居易曾在大林寺内观花；至于他们的《望庐山瀑布》和《大林寺桃花诗》，更是千古绝唱。

如此美妙的山，如此神奇的水，苏轼焉能不游？

有"大历十才子"之称的唐代诗人钱起在游过庐山后，写了一首欲擒故纵却感情真实的诗："咫尺愁风雨，匡庐不可登。只疑云雾里，犹有六朝僧。"

当年登庐山，并不是一件轻松的事。如今一个小时的汽车路，那时该爬多少山道。但就为着钱起说的"匡庐不可登"，苏轼也得登上一登。

未到庐山，想到庐山，一到庐山，苏轼不禁大吃一惊！人间竟有这般山水，实为平生所未见，远不是几首诗、几篇文可以说尽的。因此，他决定这次在庐山不写诗。不过想归想，到时却身不由己。

先是庐山各寺僧人听说苏轼到了，奔走相告。谁不想看看苏轼苏子瞻！斗转星移，朝代更替，皇帝可以有千百个，但苏子瞻有几个？苏轼被僧人们的热情感动了，同时也不免有几分得意，情不自禁便吟了一首绝句：

> 芒鞋青竹杖，自挂百钱游。
> 可怪深山里，人人识故侯。

苏轼早该知道,莫愁前路无知己,天下谁人不识君。

苏轼其实是明智的。李白和白居易的"咏庐山诗"一出,任何写庐山风景的诗都黯然失色。但苏轼喜动,理智往往管不住感情,说是不写,还是写了。

苏轼先咏漱玉亭,再吟三峡桥,虽然颇费心智,却并无新意。幸而他在西林寺悟出了物我之间的关系,遂开庐山题诗的新径:

> 横看成岭侧成峰,
> 远近高低各不同。
> 不识庐山真面目,
> 只缘身在此山中。

这首《题西林(寺)壁》充分显示了苏诗的特征和个性。它没有着意渲染庐山的具体景物,而是以哲人的眼光对庐山进行全景式俯瞰。诗在庐山中,意在庐山外,遂使古今所有庐山诗成为它的注脚。庐山巍然屹立了三百万年,终于等到了自己的知音。

夜探石钟

下得庐山,苏轼前往筠州,与弟弟苏辙相聚了几天,然后返回九江,与即将就任德兴尉的长子苏迈来到湖口。

湖口为中国第一大淡水湖鄱阳湖和第一大河长江的交汇处。长江浊水东去,鄱湖清水北来,清浊两流,并肩而行。在江湖交汇处,屹立着拔地高耸、陡峭的石钟山。它南锁鄱湖,北扼长江,有

"江湖锁钥"之称,为历代兵家必争之地。三国周瑜守柴桑,便在湖口之内的鄱阳湖里演练水师。南朝宋武帝刘裕也在此处布兵,破卢循水军,开始发迹。

但苏轼这次来湖口,凭吊古迹倒在其次,他为的是解开一直存在心头的疑窦。

以前看《水经》说:"彭蠡之口,有石钟山焉。"郦道元对石钟山的得名作了解释,说是该山下临深潭,风吹浪击,水石相搏,声如洪钟,所以得名。

但人们对这种说法表示怀疑。有人曾做实验,将一口大钟罩在水面,但无论多大的风浪,这钟也没发出轰鸣声,何况是一座石山。

唐代李渤以苦学著称,有一股执着的求实精神。他亲至石钟山考察,终于在临长江的深潭上发现两块石头。一经敲击,北面的石头发出清脆而高亢的声音,南面的石头的发音则厚重而沉闷。李渤明白了,石钟山的得名应由此而起。

但苏轼则表怀疑,能够发出铿锵声响的石头比比皆是,为什么偏偏称这两块石头发出的是钟声?

怀着这个疑团,苏轼请问了当地的僧人。一般来说,僧人在当地是知识的持有者。报慈寺的住持僧是李渤的信徒,也很热心,但过于浅薄。他带着苏轼父子去看据说是当年李渤发现的石头,并让僧童用斧头敲击,发出"空空"之声,说这就是钟声。苏轼摇摇头,不以为然。其实,在苏轼的潜意识中,更相信郦道元的说法。

当天晚上,乘着月明星稀,苏轼带着苏迈,雇了一条小船,直驶长江,来到石钟山的绝壁之下。石壁直刺黑空,如猛兽奇鬼,森森然有搏人之态。山头隐隐传来鹳鹤的嘶喊,令人毛骨悚然。苏轼虽然习惯夜游,却也有些心惊,打算驱舟而还。

突然,水面上发出阵阵响声,如钟鼓齐鸣,久久不绝。舟子害怕了。苏轼却精神一振,让舟子将小舟划近绝壁,趁着月色仔细观察。但见石壁与江水的结合处尽是缝隙和洞穴,看不清深浅,水波冲入,发出"噌吰"之声。原来如此!

苏轼证实了自己的想法,让舟子驾舟回港。将入港口,他又有新的发现。这石钟山分南北两处,南边为上石钟山,深入鄱阳湖;北边为下石钟山,插在鄱阳湖和长江之间。两山之间的谷地为港口。苏轼所探的是下石钟山。当回舟经过上、下石钟山之间的水域时,他发现还有一块巨石正当中流,巨石中空,与风水相吞吐,发出"窾坎镗鞳"之声,与前者所闻噌吰之声相应,犹如乐队演奏一般。

这一发现,使苏轼欣喜若狂,又心有所悟。他笑着对苏迈说:"你现在该知道了吧!下石钟山石壁所发噌吰之声,是周景王所铸的大钟,这大钟取名'无射';两山之间巨石所发窾坎镗鞳之声,是春秋时郑国向晋国进贡的编钟。郦道元的记载是对的。凡事不亲眼所见、亲耳所闻,怎能任意断言它的真伪呢?"事后,苏轼将他夜探石钟山的经过写成《石钟山记》,并深有感慨地说:

> 郦道元之所见闻,殆与余同,而言之不详。士大夫终不肯以小舟夜泊绝壁之下,故莫能知。而渔工水师,虽知而不能言。此世所以不传也。而陋者乃以斧斤考击而求之,自以为得其实。余是以记之,盖叹郦道元之简,而笑李渤之陋也。

士大夫有学问而无实践,渔人舟子有感知而无理念,苏轼身临其境,遂解石钟山千古之谜。读书人不该自省吗?

金陵见王

元丰七年(1084年)十月,苏轼一家路经东南都会金陵。去年四月,曾巩在这里去世。而另一位更响亮的人物王安石则正住在这里,但也老病不堪。

论政见,苏王不同道;论交情,也素有积怨。但此时,二人同为天涯沦落人。王安石罢相已久,备受冷落,苏轼更戴罪在身。也只有在这种情况下,两人才得以捐弃前嫌,走到一起。

其实,他们是应该有共同语言的,虽然政见不同,却都是坦坦荡荡的君子。王安石实行变法,苏轼反对新法,都是以国家利益为出发点,并非谋求私利。分歧在于认识上的差异。而对于文学,对于佛学,对于经史,他们都是同道。

王安石讨厌苏洵论文的咄咄逼人,却赞赏苏轼的才思敏捷。苏轼每有佳作,王安石总先睹为快。故苏轼因乌台诗案下狱,王安石远在金陵,仍驰书营救。后来苏轼谪居黄州,王安石也时时关注。有朋友从黄州来金陵,他必问:"东坡近日有何妙语?"

一次,一位客人带来了苏轼所作的《成都胜相院经藏记》未定手稿,说是苏轼醉宿临皋亭,酒醒后即兴而作的。王安石闻言,喜不自禁,让客人立即从船上取来,就着月光,读于房檐之下,一面读,一面称赞:"子瞻人中龙也。"

全篇一千余字,王安石读罢,觉得只有一字用得不甚稳当。客人请王安石指正,王安石挑出其中一句"如人善博,日胜日负"不如改成"如人善博,日胜日贫"。

后来苏轼知道这件事,抚掌大笑,以为至言,遂改"负"为"贫"。

经过十多年的坎坷蹉跎,苏轼对王安石和新法也有了新的认识。他在给好友滕元发的信中说到了这一点:"吾侪新法之初,辄守偏见,至有异同之论。虽此心耿耿,归于忧国,而所言差谬,少有中理者。"

有了这种认识,才有日后苏轼反对司马光不问青红皂白地尽废新法,也是苏轼到金陵会见王安石的感情基础。

王安石得知苏轼途经金陵,要专程上岸看望自己,很是感慨。不待苏轼的座船靠岸,王安石已骑着毛驴在码头等候。

苏轼远远望见昔日精强过人、如今风烛残年的王安石,几乎不复相识,心中一阵酸楚。不等座船停稳,苏轼便跃上码头,长揖问安:"苏轼今日敢以野服见大丞相!"

王安石看看自己的便服,又看看帽子也没来得及戴的苏轼,笑道:"常礼难道是为你我之辈准备的吗?"

一句话,往日的诸多隔阂尽皆化解,两人之间的距离顿时缩小了。

自熙宁四年(1071年)苏轼通判杭州之后,快十四年了,两人没有见过面,王安石第二次罢相也已八年。当年的苏轼正值盛年,英气勃发,如今也是满脸沧桑,但眉宇之间仍显出往日的傲气。王安石点点头,这苏子瞻尽管吃了不少苦头,禀性却是不改。

在金陵的几天,两人说诗,说字,说佛,甚是投机。

但苏轼这次来看王安石,还有一番苦心。他希望王安石利用自己的政治影响,挽救国家已经出现的危机。

苏轼找到机会,将话题由艺术转到政治。

王安石立时有些紧张了,他以为苏轼要重翻旧账:"子瞻欲说往事?"

"不,我要说的是今事。"

王安石早已谢政,听苏轼要说"今事",他放心了。

苏轼正色说道:"穷兵黩武,大兴冤狱,是汉唐灭亡的起因。我朝开国以来,列祖列宗以仁义宽厚治天下,目的就是避免重蹈覆辙。如今天子用兵西北,兴狱东南,兵疲民恐,怨声载道,您怎么无一言相谏?"

王安石摇摇头,竖起两只指头:"这两件事都是由吕惠卿引起的。我早已告老还乡,成了闲云野鹤,怎敢说三道四。"

苏轼不以为然:"在朝则言,在外则不言,这是臣子事君的常礼。但皇上以非常之礼待您,您怎能仍用常礼事君?"

王安石闻言,不觉动颜作色:"子瞻不必说了,我定向皇上进言! 但此事出自老夫之口,入于子瞻之耳,不可让外人知道。"

苏轼见王安石这般神情,不禁暗自嗟叹。连王安石都不敢对国事畅抒己见,这国家的元气还能持久吗?

其实,吕惠卿也是代人受过。屡兴冤狱固然是吕惠卿等人的主意,但对西夏用兵是神宗自己的主张。

只可惜王安石即使书谏,也已经晚了。就在苏轼与王安石谈论国事的半年之后,神宗皇帝就去世了,当时才三十八岁,王安石再也没有机会向以非常之礼待他的皇帝尽忠了。对苏轼来说,神宗的去世使他有了再一次施展政治抱负的机会,只是福祸难以测定。

第六章　庙堂难度日

太后苦心

辞别王安石,苏轼一家顺江而下,来到当时最富庶的浙西地区。十年前苏轼为杭州通判时,这里的人情风俗、山川田园曾给他留下难以忘怀的印象。如今故地重游,景色如旧,心境全非。当年的苏轼,仕意正锐,而今日,却是戴罪在身。

然而,江南的秀色和好友的热情,激发了他从此定居此地的愿望。经与密友滕元发商定,苏轼选定了太湖之滨的宜兴作为终老之地。

宜兴当时属常州府,隔着太湖与苏州相望。沿太湖南行,便是湖州了。这里是著名的鱼米之乡,当时有"苏湖熟,天下足"之说。既然是选择终老之地,那么这一点是最为主要的。何况这里风景优美、气候宜人,文物古迹也甚多,有闻名天下的宜兴三奇张公洞、灵谷洞、善卷洞,有东晋侠士周处的祭庙,还有传奇人物祝英台的读书处。

虽然有这个心愿，也买下了一处田园，但苏轼一家仍得北上，因为朝廷是让他去汝州的。不过，既然有意留在江南，苏轼就开始和朝廷讨价还价了。

他一方面接二连三地上疏陈述家境的困难：官俸停发，衣食不继；既然无钱雇车陆行，只有顺水路逶迤辗转；因长途跋涉，全家都在病中，最小的儿子在路上病死；即使到了汝州，也无屋可居，无田可耕；而在常州宜兴县则稍有薄田，可维持一家的生计。因此，请求朝廷允许他在常州居住。

另一方面，他带着全家在路上停停走走，拖延时日，以等候朝命。一行人自元丰七年（1084年）四月离开黄州上路，十月间到金陵，在江南盘桓了三四个月，才重新上路，到第二年二月底才到南京应天府（今河南商丘）。到应天后，苏轼干脆住在老友张方平家，等待消息。

消息终于等来了。朝廷允许苏轼一家住在常州。同时，苏轼还等到了一个令人难以置信的消息，三月初五日，正值盛年的神宗皇帝去世了。

自从元丰五年七月宋军在对西夏的战争中惨败以后，神宗便开始觉得精神恍惚，难以集中精力处理国事，灵魂似乎正在悄然离去。到元丰八年三月五日，神宗终于撒下后宫妃嫔及满朝文武，抱憾仙逝。

神宗死时，太子赵煦年方十岁，虽然按祖制继承皇位，执政的却是祖母太皇太后高氏。批准苏轼居住常州的实际上就是这位太皇太后。

　　得到朝廷的恩准,苏轼便携家起程了。这次行程快得惊人,四月初三离开应天,五月二十二日就到了宜兴。

　　但是,到宜兴才半个月,家还没有完全安顿下来,苏轼便接到朝廷让他去登州做太守的委任,又得北上了。

　　苏轼实在不是政治家的材料,仅他匆匆返回宜兴就可说明这一点。中国古代的政治从来就是游戏,政策的转变不是切实根据社会经济的要求,而是凭着最高决策者的直觉。任何秕政苛法,只要当事者不倒不死,就不易更改。因此,皇帝的新旧更替之际,便往往是对前朝政策的清算之时,也是最高权力阶层的大换班时期。

　　经过乌台冤狱的打击和谪居黄州的闲散,苏轼本来就不灵敏的政治嗅觉变得更加迟钝。在古代中国,一个成功的政治家并不在于提出切中时弊的改革方案,也不在于为国为民办多少好事,而在于敏锐地寻找并把握夺取权力、打击政敌的时机。在这一点上,苏轼从来就是失败者。如果换了吕惠卿或章惇,绝不会匆匆忙忙从应天赶回宜兴;即使不便在应天久留,也会在归程踟蹰观望,并派人往京师打探消息,钻营进身之门。

　　但苏轼就是苏轼,他既不是吕惠卿,也不是章惇,如果他一门心思放在搞权术上,又哪能给后世留下如此丰富的精神财富。

　　事实上,不仅仅是苏轼,当时一些著名的正直官员如司马光、范镇、吕公著以及范仲淹的儿子范纯仁等,都没有利用神宗去世、太皇太后执政的机会去钻营门道。这就是"君子"与"小人"的区别。正因为有这个区别,所以君子们玩权术时从来就不是小人的对手。

　　经过千里跋涉,苏轼一家十月到了登州。刚到登州,朝廷又来了公文,让苏轼去京师受职。他又该上路了。

等到了京师,苏轼才发现形势真的变了。司马光已由太皇太后派校尉从西京接到东京汴梁,为门下侍郎。北宋前期,以"同中书门下平章事"为宰相,以"参知政事"为副相。元丰改制,开始实行中书、门下、尚书三省长官并为宰相的体制,以尚书左仆射兼门下侍郎、尚书右仆射兼中书侍郎为正宰相,门下侍郎、中书侍郎、尚书左右丞为副宰相。

司马光此时虽为副相,但得到太皇太后的支持,开始罢黜新法。其他反对派人物吕公著、吕大防、范纯仁、刘挚及苏轼的弟弟苏辙等也陆续被起用,势力甚大。苏轼这次进京,就是由他们推荐的。

苏轼一进京,便被任命为礼部郎中。半个月后,他被擢为起居舍人。这是负责记载皇帝起居言行的官职,属侍从文官。再过三个月,元祐元年(1086年)三月,苏轼升中书舍人。中书舍人为中书省属官,主管中书省吏、户、礼、兵、刑、工六房文书,起草对尚书省六部的指令,并可参与大政方针的讨论及六部官员的选派,地位显赫。

做中书舍人才六个月,苏轼又奉诏任翰林学士知制诰。

翰林学士知制诰从唐中期以来就有"内相"之称,是著名学者的最高职位。唐德宗时陆贽曾长期担任这个职务,为知制诰一职赢得了极高的荣誉。苏轼之前,欧阳修、王安石、司马光都曾任此职,而且,都是以这个职务升副宰相。

对于朝廷一连串的升迁,苏轼有些惶恐,当然,惶恐之中也有几分自得。

他在《辞免中书舍人状》中说到自己的真情实感：

> 伏念臣顷自贬所，起知登州。到州五日，而召以省郎。到省半月，而擢为右史（即起居舍人）。欲自勉强，少酬恩私。而才无他长，职有常守。出入禁闼，三月有余；考论事功，一毫无取。今又冒荣直授，躐众骤迁。非次之升，既难以处；不试而用，尤非所安。愿回异恩，免速官谤。所有告身，臣不敢祗受。

由六品起居舍人，直升四品中书舍人，确实出乎苏轼的意料。司马光虽说起用即为副相，但他于熙宁初告病去西京时已是翰林学士，而且拒绝了枢密副使的任命，入相是理所当然的，何况其道德风范为当世师表。苏轼乌台之狱前为湖州太守，复职后为登州太守。知州在宋朝为差遣官，苏轼以朝奉郎知登州，仅正七品，所以入朝时得礼部郎中，从六品，后为起居舍人，也是从六品。从起居舍人到正四品的中书舍人，跨越四级，他实在没有思想准备。所以苏轼说易招"官谤"，引人议论和攻击。

虽然从中书舍人到翰林学士只是升两级，而且这两个职务之间的关系非常密切，但中书舍人毕竟只是中书省属官，翰林学士知制诰则为皇帝和太皇太后的机要秘书。凡是以皇帝及太皇太后名义发出的口宣、敕文，均由知制诰执笔而成，对大臣表章的批答，也出自知制诰之手，所以人们认为这个职务与中书省长官对柄机要。从品级来说，翰林学士仅在正副宰相及六部尚书、御史大夫之下，而在六部侍郎及御史中丞之上。所以苏轼在辞状中说，这个职务非高才、重德、雅望者不选。

但是,从当时的声望来看,这个职务还非苏轼莫属。比他资历深、名望大的司马光、吕公著、范纯仁已经入相,论资排辈,翰林学士也得数苏轼了。更何况,翰林学士素来由"大手笔"担任,论写文章,举朝上下还有谁比得上苏轼?

太皇太后高氏是位精明的女人,她的恩泽是不能平白无故给人的。为此,她得找机会向苏学士宣讲。

元祐二年,当苏轼因官场矛盾要求辞职的时候,太皇太后向他摊牌了。

按宋朝制度,翰林学士知制诰每逢单日夜晚得在宫中值班,起草诏命,第二天颁布。这天晚上,苏轼照例值班,内侍传令,让他进殿。任务很简单,只是起草任命吕大防为相的诏令。事情办完,苏轼等待太皇太后让他退下的命令。

但太皇太后一开口,使苏轼大出意料。太皇太后问他:"进京之前,你担任的是什么职务?"

苏轼闪过一个念头,赶忙回答:"是黄州团练副使。"

太皇太后对苏轼的这个回答显然很满意,接着又问:"今日为何官?"

苏轼有底了,朗声答道:"臣今待罪翰林学士。"

太皇太后继续问:"你知道为何升迁如此之快?"

苏轼毫不犹豫:"是太皇太后的恩典。"

太皇太后摇摇头:"不是。"

苏轼偷眼看了看坐在祖母身边的小皇帝,心中暗笑:老太后是在为孙子笼络人心。于是张口就说:"那定是皇上的鸿恩。"

太皇太后还是摇摇头"不是!"

苏轼这下有些紧张了。既不是太皇太后，又不是皇帝，眼下朝臣之间明争暗斗、勾朋结党，难道太皇太后怀疑自己也在结党营私？

想到这里，苏轼只得壮着胆子说："那么是因为大臣的推荐？"

他知道自己的进京与司马光的举荐有关。但太皇太后素来敬重司马光，自己也从未走司马光的门道，因而心里转为坦然。

太皇太后仍然否认。

苏轼沉不住气了，他理直气壮地为自己辩解："臣虽无状，不敢自他途以进。"自己虽然毛病很多，但绝不干钻营苟且之事。

太皇太后这时才不紧不慢地告诉苏轼："这是先帝（神宗）的意思。先帝每读到你的文章，总是赞不绝口。将你放到黄州，也是迫不得已，实有保全之意，免你受小人中伤陷害。只是还来不及重用你，他就去世了。"

苏轼素来重感情，当年张方平推荐他，欧阳修识拔他，仁宗皇帝说为子孙找到了宰相，都曾令苏轼感激不已。何况这夜深人静、烛光摇曳的气氛中，由先丧夫、继丧子，守着孙子支撑大宋江山的皇太后说出这番话，苏轼更是感激涕零，既感前路之多艰，又愧报君之力微，伤感之下，泪满衣襟。

其实，太皇太后虽然精明，但是并没有从事政治斗争的经验，她只是凭着自己的直觉来判断臣下的忠奸贤愚。神宗死后，她将拨乱反正、安邦定国的希望寄托在司马光身上，如今又对苏轼进行安抚，用心确实良苦。

但司马光上台之后，只知一味斥退新党，引进旧人，废除新法，恢复旧制，成了拗相公第二。苏轼襟怀坦白，以诚待人，文章暂且不论,见识自然也非凡,但并无主持全局的谋略和气魄,且生性不耐烦周旋于各种政治势力之间。因此,进京以后不久,他就发现自己不适应京中的政治气候,不但没能给太皇太后减忧,反而为自己、为太后惹下不少麻烦。

争论新法

十多年前,苏轼是因为反对王安石的新法而被赶出京师的。他万万没有想到,回京后第一件不顺心的事,也是王安石的新法而引起的。苏轼这一辈子,就倒霉在新法上。

司马光自从熙宁初年因与王安石政见不合离开东京汴梁,十多年来,领着刘攽、刘恕、范祖禹等人在西京潜心修撰《资治通鉴》。他是一位办事认真、一条道走到黑的山西硬汉,既然王安石听不得不同意见,他便发誓绝不对朝政发表看法。他说得到做得到,十五年中,闭口不谈国事,却将对新法的不满,全部倾注到《资治通鉴》中去。在这部《资治通鉴》中,无论是秦汉还是隋唐,凡是主持改革者,都被司马光斥为"小人""奸党"。

他不像苏轼那样说话有口无心,时时反省自己,而是不折不挠,从来不假人颜色,所以无论是新党还是故旧,都对他惧怕三分。

以苏轼言,谁都不放在眼里,对欧阳修也敢开玩笑,唯独在司马光面前不敢放肆。

司马光虽是一丝不苟的学问家,也是铁面无私的执法者和卫道士,却不一定是好的政治家。通过对历史的回顾,他有一个基本观点,那就是"国将亡,必多制"。

从事情的表象看确是如此,这两句话也在一定程度上揭示了国将亡与制度变更的关系。如果不是社会矛盾发展,不是旧的制度维持不下去,是不会有人轻易变法的。

但司马光由此而陷入逻辑上的错误,由国将亡、必多制演绎为变旧制、必亡国。因此,要救国就必须废除新法,恢复旧制;却不知废新复旧本身就是多制,就是变成法。

沿着这种思维逻辑,司马光决心废除一切新法,其实是一切成法。

他于元丰八年(1085 年)五月为门下侍郎,六月就劝太皇太后废除了保甲法、市易法、方田均税法、保马法。但青苗法、免役法和置将法因在位新党蔡确、章惇的坚持而仍在推行。司马光自然不会就此罢休,虽然身体每况愈下,自知不久于人世,但用他自己的话说:"四患未除,吾死不瞑目矣!"

要彻底废除新法,就必须改变最高决策机关的力量对比,苏轼等人也正是在这种情况下被调进京的。

元祐元年闰二月,蔡确、章惇罢相,司马光、吕公著分别进位尚书左仆射兼门下侍郎、尚书右仆射兼中书侍郎,苏轼也由起居舍人进位中书舍人。旧党在权力分配上取得了对新党的全面胜利。

但司马光没有想到,他废除新法不但受到新党的抵制,也遭到自己人的反对,主要集中在免役法上。

先是范镇的从子、中书舍人范百禄对废除免役法提出了看法。他认为,熙宁初推行免役法时,仅开封府就革去夫役数百人,老百姓都奔走相告,欣喜之情溢于言表。只是后来有司不断增加免役钱和助役钱,才招致民怨。只要减少这两项收费,便可宽纾民力,用不着改革制度，废免役法而行差役法。

接着，同知枢密院事范纯仁也提出，废除新法当慎重，充分考虑利弊，广泛听取意见，方才稳当。

在这些自己人中，苏轼的反对最为激烈。

苏轼和司马光都是因反对王安石变法而离开京师的。离开京师之后，司马光潜心做了十多年学问，一直和古人打交道，完成了史学巨著《资治通鉴》。苏轼却一天也没有离开现实，先是通判杭州，接着为密州、徐州、湖州太守，然后是谪居黄州，一直在和新法打交道。应该说，苏轼对新法的认识远较司马光深刻。出任杭州通判之前，苏轼与司马光一样，对新法是持全面批评态度的。但到了地方之后，苏轼的看法有些改变了。

苏轼通过自己的实践认为，新法中的青苗法、市易法等是坑民之法，应即时罢去。但有些法如免役法等则有其合理性，只要执法者存爱民之心，仍可公私两便。

但司马光这次是铁了心要废除一切新法，包括免役法。为此，苏轼与他当面论理。

苏轼将免役法和原来的差役法作了比较，认为二者各有利弊。免役法的利在于民户免除了差役，得专力务农，其弊则在免役钱和助役钱收得过多，而且往往移作他用，并不用在雇役；差役法下的民户固然不需纳钱，但得时常为官府服役，不能全力务农。罢差役行免役已有二十年，吏民已经习惯，如果变易更张，反而容易另生弊端。

司马光知道苏轼的脾气，摆起道理来一套又一套。但他认为现在不是说道理的时候，特别是对王安石的新法，没什么利弊可言,只能尽行废去,因此摆摆手,不让苏轼再说下去。

这时的苏轼也已非当初。即使是初出茅庐,苏轼也不能容忍别人对自己不尊重。为此,他在凤翔曾和陈希亮干过一次仗,后来又因王安石听不进意见而坚决要求外调。没想到司马光掌权后也是这种德性。他敬重司马光的人品和学问,也感激司马光对自己的提携,但他不能容忍司马光无视自己的意见,将处理国家大事当成一种报复行为。

不管司马光高兴不高兴,苏轼继续陈说自己的意见。他认为,只要将免役法的两个弊病革除,这个法仍然远胜于过去的差役法。

说完之后,苏轼觉得还不解气,提醒司马光,为相者当广泛听取不同意见,采其善者而行之。同时他重提旧事:"当年韩琦为相,你为谏官,争事于相府。韩公不乐,你仍是侃侃而谈。难道今日为相,就不能听我把话说完吗?"

但司马光已经有些日暮途穷、倒行逆施了。他变得和当年的王安石一样,听不得不同意见,喜欢别人顺着自己的意思去干。虽然他当即向苏轼道歉,承认自己态度生硬,但主意没有改变。

就在苏轼等人反对司马光废免役法时,也真有人做了司马光喜欢的事情。开封府蔡京不动声色,五天之内就征集了一千多人充役。

司马光对此很是感叹,什么时候能够少发一些议论、多干一些实事呢,如果人人都像蔡京这样奉法无滞,还有什么事情办不成呢。

有了蔡京这个样板,司马光不再理睬苏轼等人的反对,下令在全国废除免役法,恢复差役法。

令下之日，苏轼气得连连跺脚，口里直骂："司马牛！司马牛！"

苏辙这时也被召回京师为谏官，他对司马光的一意孤行、所信非人很是担忧，连续向司马光陈述己见。他指出蔡京在五日之内征役民上千的举措居心险恶，要求将其谪戍充军，为天下挟邪坏法者戒。

当然，司马光对苏辙的说法更难以接受。但苏辙确实有眼光，他比任何人都先看出蔡京为人的险恶。后来，打击"元祐党人"最积极，并捣毁司马光祖坟、禁锢其子，将大宋江山弄得七零八落的，便是这个受到司马光称赞的蔡京。

为了废除新法的事，苏轼得罪了司马光。司马光是君子，虽然意见不合，却并不给他小鞋穿。虽然有记载说司马光曾在太皇太后面前诋毁过苏轼，说苏轼只能做翰林学士，不能做宰相，一旦做宰相，便会像王安石那样给朝廷带来麻烦，但这恰恰说明司马光还是了解苏轼的。用不着做宰相，便是做翰林学士，苏轼也引起不少麻烦。这麻烦就出在他的性格上。

不合时宜

苏轼才学高，且奖掖后进不遗余力，但瞧不起那些自以为是的假学究；苏轼人品高，且敬爱端严贤德之士，但看不惯装腔作势的伪道学；苏轼喜宴乐、好交游，且乐善好施，接济穷困，毫不吝惜，但反对铺张浪费、夸财斗富。

但当时的社会假学究充斥，伪道学盛行，骄奢淫逸更成风气。苏轼不像司马光那样谨严，非关国事不争；也不像欧阳修那样大度,雅能容物。他是看不惯的要说,瞧不起的要说,而且不留情面,甚至言语之间带着戏弄。用他自己的话说,是"性不忍事",出口就得罪人。而苏轼名气又大,早上说一句话,下午就传遍全城,又有好事者的加油添醋,遂使被其嘲弄者无地自容,怨恨日深。

有位名叫王祈的郎中,有些医术,小有名气。但他认为自己的长处还不在行医,而在写诗,逢人便要卖弄。苏轼对此公略有耳闻,也并未介意。没想到他心血来潮,竟找上门来与苏轼谈诗。如果真来求教,苏轼是会以礼相待的。但王祈见面便吹自己得了一首好诗。苏轼愕然。等到一听王祈吟诗,苏轼不禁笑出声来。

王祈这首诗叫"咏竹诗",最得意的两句是"叶垂千口剑,竿耸万条枪",请苏轼评点。

苏轼笑道:"这两句诗对仗倒极工整,只是叶子太少了。"

王祈一听,也笑了起来:"苏学士且慢批评。这叶子并不少,叶垂千口剑,有上千片竹叶呢。"

苏轼这次却不笑了,认为此人不可理喻。他看了看王祈:"但你这竹竿有万条,十竿竹子才有一片竹叶,难道还多吗?"

王祈闻言,脸刷地一下就红了。

如果事情到此为止,苏轼可说是在指点王祈。但他忍不住事后发表评论:"这些年来不顺心的事太多,难得开心。听了王祈念诗,想要不笑却办不到。"

有苏学士的这番评价,王祈哪里还抬得起头来。

得罪王祈这般无权无势的假学究倒且罢了,苏轼把程颐这位伪道学也得罪了。

程颐是著名学者周敦颐的学生,十八岁时游太学,写了一篇

《颜子好学论》。国子监博士胡瑗见到后大吃一惊,当即召见,请他在太学讲学。此后程颐专以讲学授徒为业,弟子众多,名气也越来越大。英宗、神宗时不断有人举荐他,但程颐因对新法持反对态度,拒绝任职。直到元祐元年(1086年)司马光执政,程颐才就职校书郎,接着又出任崇政殿说书,虽然只是从七品,却是皇帝的老师;程颐以布衣的身份出任这个职务,那是非常荣耀的。

做了帝师,程颐仍是和以前授徒一样,每次讲课,总是板着面孔,专讲古代的礼典制度,处处以孔子的言行比照当世。

程颐的这副腔调,不仅苏轼看了觉得别扭,连司马光也觉得有些过分。

一次,小皇帝哲宗在经筵讲学休息的时候折了一根柳枝,学着骑马的样子,自觉很是威风。这本是小孩的天性,但程颐见了,马上站起身来,责备说:“现在正是春天,万物生荣,皇上怎能无缘无故去摧折生命呢?为君者以仁为本,草木和人一样,都是生命,不爱惜草木,又怎能爱惜万民?”

哲宗这时刚十岁,没想到摘一根柳枝竟引出这么多啰唆,一赌气,将柳枝抛掉。

司马光听到这件事,很不高兴,对弟子们说:“人主不愿意接近儒生,就是因为程颐这样的腐儒。”太皇太后也骂道:“怪鬼坏事。”但程颐全不以为然。

元祐元年九月,司马光因操劳过度去世了。太皇太后闻讯,悲伤不已,当天就带着皇帝来吊唁。官员们按礼也应来祭拜。

这天正巧是神宗皇帝灵位入祖庙的日子,苏轼与众人祭祀过神宗之后,来到司马光家凭吊。主持司马光丧事的是程颐,他站在门口,不让众人进去。理由是,祭祀神宗皇帝灵位进祖庙是吉礼,而凭吊司马光是丧礼,参加了吉礼的人在同一天不能参加丧礼。

苏轼见程颐板着脸叨咕,觉得可笑。

他想起半年前,三月五日,那是神宗去世一周年的日子,大祭之后举行宴会。

程颐当时刚刚受命为崇政殿说书,他提出,按照古礼,这种日子只能吃素,不能吃荤。

苏轼最不耐烦这一套,领先反对,并恶作剧地振臂一呼:"为刘氏者左祖!"吃肉者站到我这边来! 使程颐落了个大没趣。

程颐本来就对苏轼大大咧咧、嬉笑怒骂的性格看不惯,这下更是耿耿于怀。

今日冤家路窄,又在司马光家相遇。程颐把着门不让进,苏轼领着人往里闯。

程颐又一次抬出了孔老夫子。他质问苏轼:"子瞻读过《论语》吗?《论语》有言:'子于是日哭则不歌。'"

苏轼见他又是这一套,反唇相讥:"《论语》可曾说'子于是日歌则不哭'?"

论起随机应变、冷嘲热讽,十个程颐也不是苏轼的对手。苏轼一反问,程颐顿时涨得满脸通红,说不出话来。苏轼嘿嘿一乐,领着众人推开程颐,扬长而入。

苏轼等众人来到司马光的灵堂,不由悲从中来。司马光虽然晚年做事有些不近人情,但毕竟出自公心,只是操之过急而已。

人们行事,往往是宽容死者,苛求生者。苏轼此时真有些后悔为免役法的事情和司马光当面顶撞。如果换一种方式,结果或许会好些。想起司马光生前淡泊名利、严于律己的品格，以及对自己的奖掖，苏轼更是深深自责。

但苏轼发现，灵堂中竟然没有司马光的家属。按当时的风尚，父亲死了，儿子应该在灵前接待客人。

一问方知，这又是程颐的主意，说父亲死了，儿子应该悲痛万分，不能出来见客。

苏轼愤怒了，当众骂道："程颐可说是糟糠鄙俚叔孙通！"

这句话是脱口而出，透露出苏轼内心对程颐的鄙视，颇有人身侮辱之意。程颐以讲学出名，没有应科举考试；叔孙通则是汉初儒生，帮助刘邦草定仪礼，被后人指责不识大体。苏轼这句话既挖苦程颐是没有见过世面的乡野教师，又嘲笑他只拘泥小节而不识大体。在场众人都是饱学之士，听了苏轼的话，不觉哄然大笑。

苏轼遇上看不惯的事，总是如鲠在喉，不吐不快，而且往往图一时痛快，不管对方能否接受得了。他三番五次戏弄程颐，是因为看不惯程颐装腔作势的伪道学。

但程颐不比王祈，他不是孤立的个人，而是代表着一种社会观念和一股政治势力。就其本人来说，也是出于信念和责任感，并无故作的成分。但双方都以自己的原则裁量他人。程颐自己对苏轼充满敌意暂且不论，其门人弟子更是愤愤不平。苏轼却不管这些，仍是我行我素，嬉笑怒骂，毫不检点。

司马光去世了，吕公著去世了，吕大防、范纯仁做了宰相。

对范纯仁，苏轼是敬重的，不但因为他是范仲淹的儿子，更因为他为人行事令人钦服，每以责人之心责己，以恕己之心恕人，义之所在，毅然不少屈。苏轼对此，自问不如。

对吕大防，虽然政见和自己相同，苏轼则有些瞧不起。此公立朝多年，无所建树，徒以憨直无党，不得罪人，故受舆论推崇，做了尚书左仆射。他的任职诏书，就是苏轼起草的。

这天苏轼去拜会吕大防。吕大防正在午睡，仆人进卧室通报了老半天，仍不见出来。苏轼有些不耐烦了，在客厅踱来踱去，终于将吕大防等了出来。苏轼见他大腹便便，睡眼蒙眬，坐下议事，也是答非所问，心里很不痛快。突然，他看见客厅的瓦盆中养着一只乌龟，个头很大，龟甲上带着一层青苔，看上去很有些年头了。这乌龟偶尔将头伸出来，四下望望，然后又懒洋洋地缩了进去，一动不动。苏轼觉得很有趣，再看看仍然似醒非醒的吕大防，简直和这乌龟没什么两样。此念一起，苏轼又冒坏水了。

他指了指那只乌龟，问吕大防："微仲（吕大防字微仲）兄，这龟年岁不小了吧？"

吕大防正在假寐，猛听到苏轼问乌龟，精神一振，完全清醒了。他咧着大嘴笑道："是啊，据说有好几百岁了。这么大岁数的龟是很难找到的。"

苏轼摇摇头，不以为然地说："这不稀罕！人说千年王八万年龟。即使是千年的乌龟也算不得稀奇。有一种六眼乌龟，那才真是少见。"

"哦？有六只眼的乌龟？子瞻可曾亲眼得见？"吕大防对乌龟的兴趣甚于国事。

苏轼不紧不慢地说："五代唐庄宗时，有人进了一只六眼龟。庄宗很感新奇，问这龟有何好处。当时有个名优叫敬新磨，专门为这六眼龟编了一支歌。歌词说：'不要闹，不要闹，听取龟儿口号。

六只眼儿睡一觉，抵上别人睡三觉。'"

吕大防这才听明白，苏轼是在拐着弯说自己贪睡。但吕大防又不比程颐，他心宽体胖，雅能容物。尽管苏轼戏耍自己，倒先不好意思起来，怪自己怠慢了朋友，对苏轼的博闻强识更是赞叹不已。

苏轼对同僚是如此，对亲戚也是如此。

蒲宗孟是苏轼的亲戚，但政见不同。熙宁时吕惠卿定"手实法"，征收役钱，蒲宗孟是主要参与者，后来做到了翰林学士、尚书右丞。神宗常常叹息缺乏人才，蒲宗孟则说人才大半为司马光的邪说所坏。

哲宗即位后，苏轼兄弟回京做官，蒲宗孟则贬知亳州，得主动和二兄弟搞好关系。

他认为二苏多年在外，早已是土包子，不懂得京师的舒适生活，便向苏轼介绍自己的保养办法。这种保养办法包括"大洗面""小洗面""大濯足""小濯足""大澡浴""小澡浴"等一套排场。

他自己每天洗两次脸。第一次只洗脸部，但得换一次水，由两位仆人侍候，叫"小洗面"；第二次不但洗脸，还得洗颈部及肩部，由五个仆人侍候，换三次水，叫"大洗面"。每天洗两次脚。第一次由两个仆人侍候，换一次水，洗脚掌、脚背，叫"小濯足"；第二次由四个仆人侍候，换三次水，洗膝盖以下的部位，叫"大濯足"。每两天洗一次澡，"大澡浴""小澡浴"交替进行，小澡浴要用五六个仆人侍浴，大澡浴得用药膏洗，八九个仆人侍浴。每次澡浴，内衣都要用异香薰烤才穿。

蒲宗孟推荐的其实是一种保健疗法，但不免过于讲究排场。

此外,他还种着许多花草,让女佣专门采集花粉,加糖做成甜食,用今天的术语,则属花粉营养品,说是招待客人,更主要还是自己享受。

蒲宗孟和苏轼都在研究养生术,苏轼是练气养生,自行修炼即可,对蒲宗孟的一套既不理解也不赞成。

他回信给蒲宗孟,感谢蒲的好意,却提出两点建议,一是"俭",二是"慈"。

但在苏轼的时代,尤其是到了元丰、元祐时期,王祈之类的假学究、程颐之类的伪道学、吕大防之类的玩物丧志、蒲宗孟之类的享乐奢侈实在是太多了,苏轼处处看不顺眼,处处要发表意见,也便处处得罪人。加上他自己也是结朋交友,喜欢热闹,让别人看不顺眼处也多有之。

一次酒足饭饱,苏轼摸了摸已经发福的肚子,打趣地问家人:"你们说说,我这肚子里装了些什么?"

一个侍女抢着说:"老爷是满腹锦绣文章。"

苏轼摇了摇头:"不是!"

"是满腹学问见识!"另一个侍女接着回答。

苏轼还是摇了摇头:"也不是!"

王朝云很长时间心情都不好。儿子生下十个月就病死了。尽管到京城之后,生活比以前好多了,苏轼兄弟也是官运亨通,一个是翰林学士,一个是尚书右丞,谁不敬重。但她知道苏轼并不开心,麻烦事太多,一半是名高人忌,一半是不合时宜。这时见苏轼既否认是满腹文章,又否认是满腹见识,心中一动,她脱口而出:"是满腹的不合时宜!"

苏轼闻言，不禁大笑："朝云知我，确实是满腹的不合时宜。"

苏门学士

虽说不合时宜，但苏轼在京师这几年也是他一生中最得意的时期。倒不只是在仕途中爬到了最高点，更主要是朋友和学生都聚集在汴京，和他们在一起，是苏轼最高兴的时候。

苏轼虽然官居正三品，为翰林学士知制诰，但他似乎从来没有想过要再进一步，为门下侍郎、中书侍郎，乃至左右仆射。这实在是一件非常奇怪的事情。

以往知密州、知徐州、知湖州，乃至签判凤翔、通判杭州，他都是实干家。他虽然也吟诗作词、舞文弄墨，但总是将生民利病、地方安危放在第一位。因此，他在地方总要做一把手，总要做出轰轰烈烈的业绩。

但在京城不一样，聚集在他身边的尽是文人，不要说司马光、吕公著、范纯仁、吕大防，便是兄弟苏辙，苏轼和他的接触也并不太多。除了替太皇太后起草诏书，便是和朋友们聚会，和家人聊天，似乎也是在玩物丧志。到底是翰林学士的职务限制了他，还是汴京的风气改造了他，抑或自认为这种职务和生活才真正适合于他？

或者他还有另外一种想法，觉得弟弟苏辙比自己更适合搞政治，总不能兄弟二人同为宰辅，得为弟弟让出一条路来。

不管是什么原因，反正没有任何迹象表明他要继续往上走。

在京师的几年，和苏轼接触最多的是黄庭坚、秦观、张耒和晁补之，人称"苏门四学士"。李廌和陈师道也加入这个行列，与前四人合称为"苏门六君子"。

说是苏门学士,黄庭坚等人主要是景仰苏轼的文章人品,将其视为师长,并过往较密,作文唱和,志同道合而已。苏轼向来奖掖后进,得一善赞不绝口,有不满意处也直言相告。他并没有板着面孔以师长自居,而是虚心相接,以朋友相待。所以,苏轼与黄庭坚等人实际上是半师半友。

四学士中,年纪最小的晁补之却最先投在苏轼门下。晁补之出身文翰世家,高祖晁迥、曾祖晁宗悫都做过知制诰,甚至一度父子同掌制诰;父亲晁端友,叔父晁端礼,从伯叔晁端禀、晁端彦均以诗文名世。

晁补之十三岁时曾在常州师从王安石的弟弟王安国。

王安国精研经学,虽然和王安石是兄弟,却政见不同。神宗曾经问王安国:"你兄长在朝执政,你从西京来,外面有何议论?"王安国毫不隐讳:"恨知人不明、聚敛太急耳。"并多次对王安石进行规劝,为吕惠卿所倾,罢官而去。

王安国对弟子要求很严,却称晁补之为奇才,倾心栽培。

苏轼为杭州通判时,晁补之的父亲晁端友正好为杭州新城县令。苏轼的大名早已传遍天下,十七岁的晁补之便拿着自己的文章请苏轼指教。

这些文章都是晁补之到杭州后的游记,一共七篇,备载钱塘山川风物之丽,所记的景点苏轼大致都去过。

一见到晁补之的游记,苏轼大吃一惊。这是出自一位十六七岁的少年之手?"我可以搁笔了!"有晁补之的文章,我就用不着再写了!

苏轼这样的身份说出这番话，晁补之由此出名了。

但是，对晁补之的文章，苏轼也有不满意之处。七篇游记中，晁补之觉得最得意的是《新城游北山记》：

去新城之北三十里，山渐深，草木泉石渐幽。初犹骑行石齿间。旁皆大松，曲者如盖，直者如幢；立者如人，卧者如虬。松下草间有泉，沮洳伏见。坠石井，锵然而鸣。松间藤数十尺，蜿蜒如大螈。其上有鸟，黑如鸲鹆，赤冠长喙，俯而啄，磔然有声。稍西，一峰高绝，有蹊介然，仅可步。系马石觜，相扶携而上，篁篠仰不见日。如四五里，乃闻鸡声。

有僧布袍蹑履来迎。与之语，愕而顾，如麋鹿不可接。顶有屋数十间，曲折依崖壁为栏楯，如蜗鼠缭绕乃得出。门牖相值。既坐，山风飒然而至，堂殿铃铎皆鸣。二三子相顾而惊，不知身之在何境也。且莫（暮），皆宿。于时九月，天高露清，山空月明。仰视星斗皆光大，如适在人上。窗间竹数十竿相摩戛，声切切不已。竹间梅棕，森然如鬼魅离立突鬓之状。二三子又相顾魄动而不得寐。迟明，皆去。

既还家数日，犹恍惚若有遇，因追记之。后不复到，然往往想见其事也。

这篇文字的写情写景，实有独到处，故得到苏轼的嘉许，以为新城记山有此文，则自己可免于动笔。但对文章中对怪对奇的追求和渲染，苏轼则感到有些不妥。他以为，文学首先追求的是平和，在这一前提下，偶尔溢为怪奇，那也是顺乎自然，身不由己；却不应有意识地去追求、去渲染。尤其是晁补之当时才十六七岁,则更应从平和入手。

当然,苏轼是苏轼,晁补之是晁补之,阅历体验不同,对文章的认识和感悟也不同。王安国当年称赞晁补之,正因为他是"奇才"。可以说,没有奇,便没有晁补之的个性。苏轼其实也并不强求晁补之抛弃自己的特点,他认为那样会伤害晁补之的"迈往之气",只能用适当的方式进行诱导。而苏、晁的师生之情、朋友之谊也由这篇文章开始。

比晁补之稍晚,张耒是在密州通过文字得识苏轼的。

张耒是楚州淮阴(今江苏)人。淮阴为韩信的故乡,故此地少年多向慕学文武才、立不世志、建千秋业。张耒亦然,少年读诗书,意与屈(原)贾(谊)争,口谈霸王略,锐气虹霓横,稍长便四处游学,来到陈州,被在这里做教官的苏辙许为"雄才"。这也是英雄识英雄。王安国行文追求奇,便识拔了晁补之这位"奇才",苏辙胸中有雄文,便识拔了张耒这位"雄才",奇、雄二才最后都在苏轼这座熔炉中铸炼。

经苏辙推荐,苏轼开始留意张耒。张耒刚到二十岁便中了进士,为临淮县(今安徽泗县)主簿。苏轼在密州建了超然台,张耒应约写《超然台赋》:

> 或有疑于超然,曰:"古之所谓至乐者,安能自名其所以然耶?今夫鸟之能飞,兽之能驰,与夫人之耳目手足视听动作,自外而观之者,岂不足为大乐乎?然鸟兽与人未尝自以为乐也。古之有道者,其乐亦然,又安能自名其所以然耶?彼方自

以为超然而乐之,则是其心未免夫有累也。"

客应之曰:"吾岂以子之言非耶! 吾方有所较而后知超然者之贤也。予视世之贱丈夫方奔走劳役,守尘壤、握垢秽,嗜之而不知厌。而超然者方远引绝去,芥视万物,视世之所乐不动其心,则可不谓贤耶? 今夫世之富人日玩其金玉而乐之,是未能富也;忘其所有而安之,是真能富矣。夫惟有之,是以贵其能忘之;使其无有,则将何所忘耶? 子以为将忘超然为真超然,则其初必有乐乎超然而后忘可能也。子以为乐夫世之乐者乎,然则子亦安知夫名超然者果非能至乐者也! 赋曰:

登高台之岌峨兮旷四顾而无穷,
环群山于左右兮瞰大海于其东,
弃尘壤之喧卑兮揖天半之清风。
身飘飘而欲举兮招飞鹄与翔鸿,
莽丘原之茫茫兮吊韩侯之武功。
提千乘之富强兮凭百胜而将雄,
忽千年而何有兮哀墟庙之榛蓬。
有物必归于尽兮吾知此台之何恃,
惟废兴之相召兮要以必毁而后止。
彼变化之无穷兮嗟其偶存之几何,
聊微乐于吾世兮又安知夫其他。
或有疑夫超然者兮岂其知道而未纯,
曰彼天下之至乐兮又安能自名其所以然,
惟乐而不知所以乐兮此其所以为乐之全,

彼超然而独得兮是犹存物我于其间。

客有复之者曰：

子知至乐之无名兮是未知世之所可恶，

世方奔走于物外兮盖或至死而不顾。

眇如醯鸡之舞瓮兮又似乎青蝇之集污，

众皆旁观而笑兮彼独守而不能去。

较此乐于超然兮谓孰贤而孰愚，

何善恶之足较兮固天渊之异区。

道不可以直至兮终冥合乎自然，

子又安知夫名超然兮果不能造至乐之渊乎？

　　这超然台是由苏辙命名的，张耒应刘敔之约，慕苏轼之名，将一篇《超然台赋》写得气势磅礴，豪迈超然。苏轼一见，大加赞赏，以为"有一唱三叹之音"，其旷达处，如汪洋冲澹。不过，严格说来，这篇赋在意境上有沾俗之嫌，故立论显得底气不足。但二十多岁的青年有此手笔，也大是不凡。

　　在杭州奖掖了晁补之，在密州接纳了张耒，待苏轼改任徐州时，秦观又慕名而来。

　　秦观字少游，扬州高邮（今属江苏）人。秦观长张耒三岁、长晁补之四岁，年龄相仿，性格也颇为相似。他从小豪迈英发，自视甚高；尤喜兵书战策，希望能有机会在疆场建功立业，特别敬慕唐代中兴名将郭子仪，而且扬言要荡平辽、夏，尽收失地。

　　但秦观的性格还有多愁善感的一面，由于屡困场屋，连试不第，愁而生病，病而伤感。因此，他的词与文既不似晁补之之"奇"，也不似张耒之"雄"，而是另辟蹊径，走清丽婉约的路子，读来令人回肠荡气。

熙宁十年（1077 年），经孙觉和李常的介绍，秦观从高邮赶赴徐州，拜谒苏轼。那年秦观已经二十九岁，仍无科名，但颇通人情。他不但带来了自己所作的佳句，还特别写了一首诗表示自己的心意：

> 我独不愿万户侯，
> 唯愿一识苏徐州。
> 徐州英伟非人力，
> 世有高名擅区域。

秦观这首诗不免有奉承迎合之意，但此后他始终如一地对苏轼持弟子礼，并心甘情愿地和苏轼一道承受贬谪流放之苦，毫无怨言，可见并非心口不一之人。

对这位才高而不得志的门人，苏轼给予了特别的关注和鼓励，称赞他"雄词杂今古，中有屈（原）宋（玉）姿。"说他的词文"超逸绝尘"，新诗"说尽万物情"，并向王安石介绍秦观的人品和作品。王安石见后也称赞秦观的诗词："清新妩丽，与鲍（照）、谢（灵运）似之。"秦观不负苏轼之望，虽然三十七岁才中进士，却早已是名扬天下的填词名家。其《千秋岁》一词，黄庭坚见后竟连称不敢唱和：

> 水边沙外，
> 城郭春寒退。

花影乱，

莺声碎。

飘零疏酒盏，

离别宽衣带。

人不见，

碧云暮合空相对。

忆昔西池会，

鸂鶒同飞盖。

携手处，

今谁在？

日边清梦断，

镜里朱颜改。

春去也！

飞红万点愁如海。

这首词虽然可被视为秦观的绝笔，曾布看了以后曾预言秦观不久于人世："岂有愁如海而可存乎？"但秦观的每一首词都是由衷而发，呕心沥血。所以有人评价说："他人之词，词才也；少游，词心也。得之于内，不可以传。虽子瞻（苏轼）之明隽、耆卿（柳永）之幽秀，犹若有瞠乎后者，况其下耶？"

在诸门人中，苏轼对秦观是最为器重的，关系也最为密切，致使民间流传着苏轼将妹妹苏小妹嫁给秦观的传说。正因为如此，苏轼对秦观作品中流露出来的消极情绪和病态性格也毫不掩饰地加以指责。

秦观中进士后，在定海为主簿，作了三首《满庭芳》，天下传诵。
其一云：

山抹微云，

天连衰草，

画角声断谯门。

暂停征棹，

聊共引离尊。

多少蓬莱旧事，

空回首、烟霭纷纷。

斜阳外，

寒鸦万点，

流水绕孤村。

销魂！

当此际，

香囊暗解，

罗带轻分。

谩赢得青楼，

薄幸名存。

此去何时见也？

襟袖上、空染啼痕。

伤情处，

高城望断，

灯火已黄昏。

《满庭芳》传到苏轼耳中，他既赞秦观的情真意切，文清词丽，又叹秦观过于缠绵，难以自拔。当秦观进京往见苏轼时，苏轼劈头就是一棒："不意别后，公却学柳七（永）作词！"把秦观问得目瞪口呆，老半天才说了一句："某虽无学，亦不如是。"苏轼干脆点明："销魂当此际，这难道不是学柳七吗？"

但苏轼随即觉得，各人经历个性不一样，诗词文章的风格也不一样。苏门四学士中，晁补之有坦荡之怀、磊落之气，张耒仪观魁伟、笔力雄健，他们走的是苏轼豪放逸迈的路子；但秦观以其缠绵清丽，自成一家，成为南唐李后主以来的第一人。

在苏门学士中，年龄最长，成就也最大的，自然是黄庭坚。黄庭坚为洪州分宁（今江西修水）人，字鲁直，自号山谷。论诗，他与苏轼齐名，人称"苏黄"；论词，与秦观比肩，人称"秦七黄九"；论书法，与苏轼、蔡襄、米芾并称"北宋四大家"。特别是在诗歌创作上，黄庭坚有自己的一套理论和方法，影响了一大批诗人，从而开创了江西诗派，这诗派成为十二、三世纪宋代诗坛的主流。

与晁补之、张耒、秦观不同，黄庭坚归于苏轼门垣之前，就已经闯下了很大的名头，并得到王安石、文彦博、李常、孙觉、谢景初等人的识拔。元丰元年（1078 年），黄庭坚任北京大名府（今河北大名）国子监教授，苏轼在徐州太守任上时，黄庭坚给苏轼寄去了自己写的两首小诗《古风二首》，以表敬慕之意。

按理说，黄庭坚的舅父李常、岳父孙觉都是苏轼的故交，政治立场一致，性情脾味相投。熙宁七年，苏轼由杭州通判改任密州太守时，还专程往湖州看望李常，李常又将苏轼送到松江，关系非比一般，黄庭坚早该通过他们和苏轼相交。但黄庭坚极有个性，自幼颖悟过人，读书五行俱下，七岁作诗，八岁能文，十九岁参加乡试即为洪州第一，入世学孔孟，出世说佛老，遇挫不愠，处变不惊，诗学老杜，文承韩愈，讲究无一字无来处。对当代学者，黄庭坚未必肯俯首称臣。

苏轼的诗词文章真正进入超一流行列，应该是从密州开始的；而苏轼充分显示其忧国忧民、脚踏实地的实干作风，也应该是从密州、徐州太守任上开始的。黄庭坚这时才直接致书苏徐州，也可见其拜师之慎。

虽然黄庭坚在诗中自喻幽谷小草，将苏轼比作崖顶傲松，说"小草有远志，相依在平生"，苏轼却从来没有将黄庭坚当学生看，而是将他视作同道和诤友。

黄庭坚在往后的岁月中，一直对苏轼执弟子礼，无论是任职京师，还是流放贬所，居室中总要悬挂苏轼的画像，每天早上得整衣上香。有人觉得不理解，既然苏黄并称，何必如此？黄庭坚却严辞以答："黄庭坚望苏公，门弟子耳，安敢失其序？"

黄庭坚又是苏门学士中对苏轼的缺点看得最清楚的一个，且敢于时加规劝。苏轼在元祐元年（1086年）进京任翰林学士后，黄庭坚特意送上从家乡带来的双井茶，并赋诗相赠，诗名即为《双井茶送子瞻》：

> 人间风日不到处，
> 天上玉堂森宝书。
> 想见东坡旧居士，
> 挥毫百斛泻明珠。
> 我家江南摘云腴，
> 落硙霏霏雪不如。
> 为君唤起黄州梦，
> 独载扁舟向五湖。

苏轼重入京师那段时光，大概只有黄庭坚直截了当地向他提出居安思危、急流勇退的忠告。黄庭坚虽说与苏轼书信往来已有十多年，但这时才刚得见面，便显其坦诚和沉稳。

比起黄、秦、张、晁四学士，陈师道和李鹰的人生道路要更为坎坷些。

陈师道与晁补之同岁，大约在晁补之拜于苏门时，陈师道投奔了曾巩。曾巩一见这位少年的文章，就连连称奇，认为此子必以文显。后来，陈师道又从黄庭坚作诗，深得其心法。江西诗派尊一祖三宗，祖为杜甫，陈师道与黄庭坚、陈与义并为三宗。但他由于个性上的执拗和政见上的偏激，为反对王安石的新法而绝意仕进，一生穷困。在这一点上，他是不如黄庭坚融通的。黄庭坚也不愿做官，但为了家人的生活，他仍然"以官为业"，做官只是解决生计的职业，就如农夫、商贾一般。不过，陈师道在投入苏轼门下后，仍由苏轼推荐，做了徐州教授、太学博士，虽说居官只有八九品，毕竟可以吃一份俸禄。

李廌则是苏轼非常器重的学生。苏轼谪居黄州时，李廌专程前去拜访，并送上自己的文章。苏轼一看，认为条畅曲折、辩而中理，很有几分类己，不禁大为赞赏，称其笔墨澜翻，有飞沙走石之势，并拍拍他的肩膀说："子之才，万人敌也。抗之以高节，莫之能御矣。"后来人们评价李廌的文章，以为确有不羁之才，如大川东注，昼夜不息，不至于海而不止，非豪迈英杰之气过人，文章不可能如此酣畅痛快。

但李廌在仕途上更不走运。他在元丰时屡试不第，到元祐三年，乡试成功，参加礼部考试，正好苏轼知贡举，却又落榜了，从此对科举失望，连苏轼也觉得过意不去，作诗自责："平生漫说古战场，过眼终迷目五色。"人们还杜撰出苏轼作弊，李廌倒霉的故事。

李廌参加礼部考试时，苏轼知贡举，即任主考官，一心要让李廌高中。当时部试的命题权在知贡举，但出题之前，考官和副考官都进试院，试院加锁，与外界隔绝，以免泄题。但题目既然是苏轼出，便在锁院之前命人将一道实封的信件送给待考的李廌。刚巧李廌因事外出，仆人也不知道送来的是何物，便将信件放在几案上。

章惇的儿子章持、章援也在这年应试，知道李廌与苏轼关系密切，便来打探消息。二章不见李廌，却见几案上的信件。苏轼的书法流传天下，又常与章惇书信往来，二章一见信封，便认出是苏轼的笔迹。既然是章惇的儿子，其心计和胆量自然有独到处，趁外人不注意，拆信一看，是一篇"扬雄优于刘向论"。二章大喜，将信揣入怀中,扬长而去。

李廌回来后,听说有苏轼的信件,而放在几案上的信件不翼而飞,二章又恰恰来过,不免暗自叫苦,却不敢声张。等到考期,题目果真就是"扬雄优于刘向论"。二章有苏轼的范文,都仿效而作。李廌心中有事,几乎没有动笔。

考官们经过阅卷,排好了入选名次。待到拆封,苏轼认为第一名肯定是李廌,不料却是章援。第十名的文章与第一名,或者说与苏轼自己的范文相似,拆号一看,却是章持。苏轼又是一惊。再看第二十名文章甚有新意,作者却是葛敏修。黄庭坚此次由苏轼推荐为参详官,见葛敏修为二十名,连忙向苏轼道谢:"可贺内翰得人,这葛敏修是我为泰和知县时的一个学生。"苏轼闻言,哭笑不得,只好点点头,不置可否。

李廌没有被录取,却便宜了章惇的儿子。

不管是入仕者还是下第者,元祐时都来到京师,与苏轼相互唱和,其情也怡怡,其乐也融融。后来苏轼迭遭贬谪,苏门学士及君子们也都受到牵连,夺官流放,秦观因此病死藤州(今属广西),早苏轼而去。他们无一人离师叛道,相互磨砺,共渡难关。如果不是苏轼人格的感召,恐怕难以如此。

蜀党洛党

神宗去世,哲宗继位,太皇太后垂帘听政,国事主要依赖司马光拿主意。其实司马光也并没有多少治国良方,只知去新法复旧制。但司马光有其自身的优势,那就是为人正直坦荡,节俭克己,居处有法,动作有礼。他自己也说:"吾无过人者,但生平所为,未尝有不可对人言者耳。"因而有一股凛然正气,人不敢犯。他又办事执着,意志坚强,有明确的信念和目标,是旧党公认的政治领袖,因而有相当大的凝聚力。如果在太皇太后的支持下,司马光能够较长时间地执政,北宋政局可能会出现一个平稳的过渡时期。但执政一年,为宰相才半年,他就去世了。

司马光去世后,旧党中再也找不出人来接替他的位置,充当他的角色。

当年和司马光一样,不屈不挠地反对新法,并遭到迫害的,只有苏轼。但苏轼不具备司马光的资历和政治凝聚力,在一般朝臣眼中,他的形象更多地是豪迈无羁的文人,而不是能够主持大计的稳健政治家。

苏辙在行政上比苏轼干练,但他的派别活动和果断性格有些令人生畏。元祐六年,苏辙受命为尚书右丞,右司谏杨康国就上书说苏家兄弟的文学固然无可非议,但其"道"则不可取。他认为苏家兄弟,尤其是苏辙所学,是张仪、苏秦的纵横捭阖之术,其以文学自负及刚狠好胜则与王安石相似,如重用苏辙,担心又出一王安石,朝廷不得安宁。其中虽然不无攻击的成分,但说明苏轼兄弟执政是难以被接受的。

当时北宋政府所需要的,是能够镇之以静的人物,以便在折腾了二十年后可以上下相安,挽回人心,而经不起再一次折腾。这种舆论与倾向,是不无道理的。苏轼兄弟确实不能适应这种需要,但又无合适的人选。中国历史每到这种关头,往往会推出庸才,因为只有庸才才能被各方面所接受。这一次被推出来的就是被苏轼嘲笑为"六眼龟"的吕大防。

吕大防能够当宰相,一定意义上是苏轼为他提供了机会。

苏轼崇敬陆贽的为人和眼光,希望能够和陆贽一样,在为"内相"期间有所建树,同时也出于从小养成的忧国忧民之心,屡屡对朝政发表意见,指斥时弊、褒贬人物,无所顾忌,引起不少人的忌恨。

有位名叫华仲游的卫尉丞很是担忧,他寄言苏轼:"君官非谏官,职非御史,而好是非褒贬,危身触讳,犹抱石救溺,不亦危乎?"

苏轼有他的个性和想法,虽然认为华仲游说得不无道理,却无法听从。疏越上越多,人也得罪得越多。

如果只是连续不断、义正辞严地上疏议事,倒还不致招致怨怼,但苏轼那种大大咧咧,当面挖苦人、捉弄人的习惯给自己带来许多麻烦。他因看不惯程颐的古板迂腐、不近人情而时加玩侮,引起程颐及其弟子的强烈不满。

右司谏贾易、左正言朱光庭首先发难,弹劾苏轼在为吕惠卿、吕大防等人制诰词时蓄意谤讪先帝。从此,苏轼在京中不得安宁了。他的辫子实在太多,随随便便就可以被人抓住。

在这种情况下,苏轼只能进行辩解,而不能对贾、朱进行反击,因为弹劾大臣的过失是言官的职责。但苏轼也有追随者。殿中侍御史吕陶指责贾易、朱光庭假借事权,以报私怨。另一位司谏王觌也认为苏轼撰诰词虽然不免失轻失重,却是无法避免的,如果对中书舍人、知制诰所写的命辞逐一考究,那谁还敢代皇帝起草文字?

吕陶的指责可说是切中要害,王觌的辩护也符合实情,但贾易等人非善者,立即反驳,说吕陶和苏轼兄弟都是四川人,故此党同伐异。

贾易的反攻提出了一个极其敏感的问题,即朋党问题。庆历时期曾因此闹得不可收拾,致使范仲淹、欧阳修等人辞官离京。贾易如今又提了出来,吕陶自然不能坐以待毙。你说我依附苏轼兄弟为"蜀党",我便攻你追随程颐为"洛党"。

其实,很多事情是不能公开挑明的,一经挑明,潜意识便成了有意识,壁垒森严时便分明了。于是有了洛党、蜀党、朔党之说。

洛党以程颐为首,朱光庭、贾易为辅;蜀党以苏轼兄弟为首,吕陶等人为辅;朔党以刘挚、梁焘、王岩叟、刘安世为首,追随者甚众。三派势力各不相让,而争执的尽是鸡毛蒜皮的小事,根本无原则可谈。熙宁、元丰时期因事而被贬谪的蔡确、章惇、邓润甫众人则乘机散布谣言。一时间纷纷扰扰,不唯太皇太后和小皇帝觉得心烦意厌,苏轼自己也十分苦恼。既然党争已成,苏轼等人想抽身撤步已经不容易了。

当时没有卷入党争的大臣,只有老迈的吕公著、戆直的吕大防,以及范仲淹的儿子范纯仁、司马光的学生范祖禹等。御史中丞胡宗愈替太皇太后出主意,要想分清洛、蜀、朔诸党的是非曲直是徒劳的,唯一的办法是选择中立之士而用之,党祸也就自然平息了。

这种和稀泥的办法得到太皇太后的赞赏,于是吕大防和范纯仁分别做了尚书左、右仆射,孙固和刘挚各为门下侍郎和中书侍郎,王存和胡宗愈分别做了尚书左右丞,范祖禹则为谏议大夫。但这种安排丝毫解决不了党争。吕大防既以"无党"自诩,便处处防人有党。最后范纯仁也被攻击为蔡确之党而罢相,连蔡确、章惇都感到意外和可笑。

苏辙倒真是有苏秦、张仪的遗风,对这种党争纠纷处之泰然、游刃有余。他紧紧抓住吕大防,元祐五年(1090 年)七月为御史中丞,六年二月为尚书右丞,元祐七年六月又做了中书侍郎。但他在元祐八年向尚书左仆射进军时受挫,太皇太后念念不忘的仍是范纯仁。

苏轼却不然。他虽然处处得罪人,却从来不去算计人;虽然时时戏弄人,却从未打算和谁结怨;虽然有一批崇拜者和追随者,却都是一些和他一样喜欢自由自在舞文弄墨的文士,全无拉帮结派、党同伐异的念头。以这种性格夹在党争之中,别人还不依不饶地将他当蜀党领袖往死里整,这日子如何过得下去。

在这前后,洛党首领程颐及贾易、朱光庭,朔党首领梁焘、刘安世、刘挚、王岩叟等已先后被挤出京师,出补外州。作为一种力量对比的结果,蜀党头面人物也应受到一些挫折。在这种背景之下,加上苏轼对京师的生活也早已厌倦,于是不断上疏要求外补。

太皇太后显然对苏轼仍有好感,而且时时惩治那些吹毛求疵的言官。但苏轼不去,言官的攻击便没完没了,终不能为了一个苏轼而将议事者贬谪殆尽。

元祐四年三月,太皇太后批准了苏轼的请求,让他以龙图阁学士的身份,去杭州做太守。他终于可以离开京师这个是非之地了。

第七章　再请江南行

急民所急

元祐四年(1089年)初夏,苏轼一家上路了。感激太皇太后的恩典,让他再一次去那人间天堂的杭州。

杭州的山、杭州的水,都曾令他流连忘返;而杭州的人,更令他没齿不忘。十五年了,杭州的山可曾更青了?水可曾更绿了?西湖可曾更美了?在徐州时就收到消息,张先老先生已经去世。细说起来,他还是自己写词的启蒙老师呢,回杭州后得去他老人家坟上看看。大和尚佛印许多年都没见到,他还是那样耐得住清静、不近女色吗?这次见面,得再试他一试。还有莫干山的那位势利老僧,不知健在否,得暇去他的禅房坐坐,看他是否又有好茶;上次那副对联太给人过意不去,如果他性情改了,另写一副。

尤其是杭州的百姓,在他因乌台诗案下狱时,自发地做了几个月的斋场,祈祷佛祖保佑苏大人无灾无祸,早日得脱牢狱。他在湖州被捕后,家人又在途中遭官衙搜检,夫人王闰之一怒之下,尽焚文稿,但他的《超然》《黄楼》二集却在杭州得以刻版印行。多好的百姓!其实,何处的百姓又不好呢?在凤翔,在密州,在徐州,在黄州,他都和邻里相处得如亲戚一般。凤翔百姓的朴实,徐、密百姓的豪爽,黄州百姓的热情,都是同样可敬可爱。

当然,杭州为东南大都会,两浙为富庶繁华之地,人文荟萃,贩夫走卒均通文义,自然对他更多一些理解。这次回杭,与前次不同,他身为龙图阁学士充浙西路兵马钤辖使知杭州军州事,这权力可是不小,得多替杭州和浙西百姓办些事情。

等到了杭州,苏轼惊呆了。这哪里是十五年前的杭州。他在途中的时候,就知道杭州百姓正在经受旱灾的煎熬,但没想到灾情如此严重,粮食歉收,物价猛涨。苏轼七月份到杭州时,米价每斗六十钱;到十一月,一斗米已卖到九十五钱。大旱之后必是大涝,这是苏轼在实践中得出的经验。因此,他到杭州的第一件事便是心急火燎地救灾防灾。

熙宁八年,也就是苏轼离开杭州为密州太守的第二年,杭州也闹过一次灾荒。由于地方官救灾不力,居民死了大半。十多年过去了,杭州的元气尚未恢复过来,灾荒便又一次袭来。

杭州百姓在犹豫,在徘徊。他们和河南、安徽的百姓不一样,遇上灾荒,并不大规模逃荒流亡,但眼看就得挨饿了,是坐以待毙,还是死里逃生?就在这时,苏轼来了,这次可不是通判杭州,而是做杭州的太守。百姓们奔走相告,把求生的希望寄托在苏太守身上。

那年头靠天吃饭,遇上大旱大涝,只有坐等政府的救济。中国历代政府均被救灾问题困扰。救灾的办法不外是各方筹粮筹款，或平时注意储备，建立常平仓，一旦有事，开仓放粮，或急时以出卖官爵及僧道度牒来筹集钱粮，吸取社会资金。

当然，用得最多的是等老百姓把草根树皮都吃尽，瘟疫流行、饿殍遍野时，官府支起几只大锅，架起几座大棚，熬一些稀粥来持续尚存者的生命。

即便在这个时候，贪官污吏们也不会放过发财的机会，朝廷拨下十万石救济粮，能有十之二三放给饥民就算不错了，十之七八早被上上下下瓜分完毕。

苏轼向来反对这种消极的赈灾办法，他的指导思想是救灾不如防灾。根据这个指导思想，苏轼不断向朝廷上表，要求将部分即将运往北方的漕粮存留，以防不虞。

他和朝廷算账：熙宁八年的大旱之后，地方官无动于衷，坐等饥荒到来，结果尽管朝廷拨了一百二十五万石粮食，设粥棚救灾，还是死了五十万人。这次的旱灾比熙宁八年还严重，但他只要求留下二十万石漕粮，仅上次的六分之一，还可以省去一来一往的运费。

苏轼在地方处理这类事情比在京师和同僚们打交道要精明得多。他估计，熙宁八年朝廷拨来救灾的一百二十五万石粮食，用于赈灾的充其量不过二十五万石。而他要求得到的二十万石粮食并不用来施粥，而是用来调整粮价。

杭州一带的百姓素来较富，遇上灾荒，缺的只是粮食而不是现金，粮商则屯积牟利。熙宁八年的情况是，粮商的粮价越提越高，百姓手中的现金越来越不值钱。等到粮商的粮库空了，百姓手上的钱也光了,到处饿死人,政府这才运来救济粮,实际上也给官吏们送来了横财。当然,这个细节在表状中不好说,一抖露出来,不仅革除不了积弊,还徒招众怨。

经过反复陈词,朝廷终于答应留下二十万石漕粮,由苏轼支配。苏轼得到这些粮食后,投入市场。不到两个月,杭州的米价就由每斗九十五钱下降到七十五钱,接近苏轼刚到杭州时的水平。百姓用这个不算太高的价格从政府和粮商手中买到了备荒的粮食,政府也回收了十多万贯粮钱,官民两利。当然,苏轼这番举措断了官员们的生财之道,难免又结怨了。但只要能使百姓免受饥荒,其他均在所不计。

元祐四年冬、五年春的灾荒期终于过去了,浙西平原的农民整理好土地,种上了稻谷,春种夏耨,庄稼长势喜人,看来元祐六年有个好收成,但苏轼心中总是忐忑不安。大涝之后大旱,大旱来年大涝,这个规律在他的实践中反复得到证实,今年是否会例外?他希望老天不要和百姓、也不要和他苏轼作对。

但希望归希望,天要下雨娘要嫁人,谁也管不了。元祐五年(1090 年)五、六月,由台风带来的大暴雨袭击了整个浙西路,杭州、湖州、苏州、常州、秀州到处一片汪洋。已在扬花的稻谷先是被暴雨摧残,接着又遭洪水冲刷。农民的心碎了,苏轼的心也碎了。百姓在看太守,太守只得又求助于朝廷。

元祐五年七月十五日,苏轼向朝廷发出了《奏浙西灾伤状第一状》。在这份表状中,苏轼首先比较了熙宁八年和元祐四年的旱情和救灾情况,反复陈述"事预则立,不预则废"的道理。接着详陈今年(元祐五年)浙西的水灾情况。他估计,今年的灾情将重于去年,就像一个人初次得病,尚未痊愈,又旧病复发,病情必定加重。

然而,令人忧虑的不仅仅在天灾,还在人祸。这是苏轼反复体会到的。

宋朝的地方官制是在防范割据的指导思想下设计的。

宋太祖曾向赵普问计:"天下自唐末以来,僭窃相踵,斗战不息。如今天下一统,欲息兵止争,使国家长治久安,该采用什么办法?"

赵普认为唐末天下大乱,主要是因为节镇太重。他提出了限制地方的十二字经:"稍夺其权,制其钱谷,收其精兵。"因而北宋初以文官为知州,以通判制知州,又分全国为十道,后改为十五路、二十三路,每路设转运使以制钱谷,设提点刑狱以制刑名。经过这番设计,所谓知州或太守的权力便非常有限了。

苏轼在《奏浙西灾伤状第一状》中提到了两个顾虑。一、他准备在这个秋冬之间,不惜高价,各方购米,以充实常平仓,备来年压价卖出,既平抑粮价,又解民饥荒。但两浙路转运司每年有一百五十万石的上供定额,百姓的死活他们可以不管,上供定额则一定得完成,那关系到他们的前程。如果转运司和州县衙门都争着买米,浙西因水灾已经减产,那么粮价一定更高,粮荒也更加严重。二、这年春夏之交,确曾风调雨顺,转运司、提刑司都向朝廷报告说秋季丰收在望,全不顾五、六月连下暴雨,致使朝廷认为无需防灾。

出于这种顾虑,苏轼在这份报告之后"贴黄",即向太后密奏,请求将转运司上供的定额减少一半。同时提出,如果哪些官员或哪个衙门认为没有必要准备救灾粮米,那么朝廷应让他具结文书,一旦发生粮荒,造成流亡,他们得承担责任。

这份报告才送出几天,暴雨又开始下了。从七月二十一日一直下到二十四日。苏轼望着黑沉沉的夜空,听着一阵接一阵的雷声,心急如焚。

他怕朝廷对他的表状不予重视,七月二十五日又发出《奏浙西灾伤第二状》,再次强调灾情的严重,重申第一状的要求。

第二状送出之后一个月,朝廷对第一状的批文到了。正如苏轼所担心的那样,掌权者们宁可相信转运司的报喜,而不愿相信苏轼的报忧。

说来也是,日理万机的宰相们,哪天不会见到有关灾伤的报告。如果一有灾伤便发粮,一年该发多少粮?这粮又从何处而来?地方有地方的难处,可中央也有中央的困难。客观地说,浙西灾情的严重,又怎比得上河南、山东。苏轼的呼吁,自然成了典型的地方保护主义和个人风头主义。

苏轼在京时虽然得罪了河南帮、河北帮,但这时主持政府工作的是无朋无党的吕大防和忠贞能干的范纯仁,苏辙也在京师为御史中丞,不能说大家都在为难苏轼。

苏轼显然没有考虑这一层,连月的大雨,使他无暇他顾,一心一意只是想多从朝廷得到一些优惠政策,解决辖区内居民的生活。于是他接二连三地向户部陈述理由,因为户部是具体的经管衙门。《申明户部符节略赈济状》《相度准备赈济》第一状、第二状、第三状、第四状,连续发/送往京师。

从宋朝开国以来,还没有哪位官员像苏轼这样,不折不挠地向朝廷替民请命。但是,尽管杭州百姓感激他这样做,转运司、户部及宰相们则觉得他是在胡搅蛮缠,不顾大局;或者说,是在倚仗太皇太后的垂青和自己的名气与主管部门过不去。尤其是每份报告都要求主管部门立保证书,保证来年杭州不发生粮荒,否则,就得发粮,或对由此产生的后果负责。作为地方官,哪有这样给中央写报告的?也只有苏轼,换了旁人敢这样胡闹吗?

朝廷大概被他搞烦了,加上任期也到了,元祐六年三月,一道诏书下来,将他调回京师为翰林学士。苏轼刚刚开始与杭州百姓共患难,又得离去。虽然这年春夏之交仍有不少人饿死,但杭州百姓仍然感谢苏轼。他尽了自己的努力,做了自己所能做的一切。

治病救人

苏轼任杭州太守的两年,水旱相继,疫病流行,加上杭州又是东南都会、人间天堂,游客汇集、商贾往来,疾病的传播更加厉害。

当年医疗保健等公益事业极其落后,皇家自有太医院,民间却全靠私人行医,规模小,郎中少,一到瘟疫流行,往往是束手待毙。东汉末年,张角靠着行医治病,竟然搞起了一个太平道,信徒上百万,和东汉政权分庭抗礼,可见郎中作用的巨大。故中国向来有"不作宰相,便作郎中"的民谚。宰相治的是天下,郎中治的也是天下,不同的仅是方式。但是,正如宰相多有庸才、多有宰割百姓的屠夫,郎中也多有庸医、多有坑害病人的蠹夫。瘟疫流行,往往是这些庸医、蠹夫发财的机会。

苏轼在黄州时就见过这类庸医、蠹夫。那年黄州疫病流行,有个名叫金择善的判官,自称懂得医术,要治病救人,便开了一个药铺,配了些成药,但价钱高得吓人。有钱人怕病,咬着牙用高价买金择善的药。当然,有人吃过药病好了,但也倾家荡产了;有人吃过药,仍是死了。穷人买不起药,只得挺着。金择善便玩了个花样,买不起药的可以赊药,月息一厘。息率倒是很低,但原价不变。通过这种办法,金择善发了一笔大财。

那时苏轼刚好也得到一个方子,是老友巢谷传给他的,叫"圣散子"。"圣散子"由高良姜、厚朴、半夏、甘草、草豆蔻、猪苓、柴胡、石菖蒲、独活、附子、麻黄、藁本、芍药、枳壳、泽泻、白术、细辛、防风、藿香、茯苓等药按一定比例配制而成,极具功效,既可防病,又可治多种疾病,成本也不高,一两银子的药材可配成药一千服。巢谷将此方视为至宝,连儿子也舍不得传授,但经不起苏轼死缠硬磨,将方子传给了他。但巢谷让苏轼对着江水发誓,绝不传给他人。

当时,苏轼是在黄州"监管",正"痛自节俭",只得将夫人王闰之的首饰变卖,得了九两银子,购进药材,配制了第一批"圣散子",借朋友的"百草堂"药铺铺面免费给药。这"圣散子"确实灵验,病人服下三剂即可痊愈。消息一传开,来"百草堂"求药的病人成百上千,金择善的药铺顿时冷落下去。苏轼的本意并不是要阻止金择善发财,而是出于同情心向病人散药,却因此而得罪了金判官。

在苏轼的一生中,这类事情几乎从未断绝。每当他凭着本意办件好事,总是要得罪一批人,这也是不合时宜。像苏轼给药不收钱,别人的药铺还要不要开?像苏轼接二连三打报告向朝廷要钱要粮,表示爱护百姓,那别人当官就不爱护百姓了?但苏轼对此全不介意。

这次杭州又流行疾病,苏轼开始的时候遵循对巢谷的誓言,只是架起大锅，煎煮"圣散子"，不问男女老少，来者便是一大碗。但杭州人口比黄州多得多，疾病传播的范围也更大、势头更猛，任你架多少口大锅，也满足不了病人的需要。

苏轼看着每天川流不息的病人，将牙一咬："巢谷兄，救病如救火，顾不得什么誓约了。如果你不原谅，那就让我喂鱼去吧！"苏轼命人将"圣散子"的药方写成榜文，四处张贴，让所有见到药方的人自行配药。"圣散子"从此流传开去，成了大众药方。

苏轼虽然违背了誓言，杭州的百姓却由此免于劫难。后来苏轼并未葬身水底，看来巢谷是谅解了他。

一场流行病是过去了，可人有旦夕祸福，得病是极其正常的，治病也该有正常的规则，政府不能把治病救人的责任全推给民间医生，应该既治民也治病。

苏轼的作风是说干就干，他从政府的办公费用中拨出两千缗钱，自己也捐出黄金五十两，办了个"安乐坊"，请懂得医术的道士在安乐坊坐诊，专为一般群众看病。据说，这是中国历史上第一所官办的"人民医院"。后来，安乐坊搬到西湖边，改名"安济坊"。

苏轼离任后，安济坊继续为患者看病。不过，既然是官办，就得看官府的重视程度，经营管理、经费来源也是问题。苏轼在，他可以捐资，他一走，换个官员则想发财，安济坊自然也无法长久。但苏轼的精神长久留给了杭州。

同时留给杭州的，不但有他的精神财富，还有那座迄今仍为游人服务的苏堤及西湖周边诸多景区。

整治西湖

杭州之所以为人间天堂,在于有西湖。十多年前通判杭州,苏轼就被西湖倾倒,致有"欲把西湖比西子,淡妆浓抹总相宜"的绝句。这次再赴杭州,他很大程度就是冲着西湖来的。如果没有西湖,哪里会有杭州?

可到了杭州,看了西湖,苏轼的心沉下来了。

旱灾固然使杭州百姓面临灾荒的威胁,长年的失修也使西湖面临淤塞的危险。上次通判杭州,西湖已淤塞了十分之二三,这次一看,淤塞过半。按照这个速度,再过二三十年,西湖就不复存在了。另外,杭州的河道和饮用水也出现了新问题。上次他只是知州的副手,很多事情不好越俎代庖,这次不仅是一把手,而且深得太皇太后的信任,得利用这个条件,一揽子解决杭州的水资源问题,无论是河水、湖水,还是饮用水。

经过几个月的调查,苏轼开始行动了。

首先是疏浚河道。当时有两条南北运河贯通杭州市区,一条叫茅山河,另一条是盐桥河,是沟通京杭大运河与钱塘江的重要水道。

五代时吴越王钱氏曾组织军民在茅山河口筑龙山、浙江二闸,以容纳钱塘潮水,阻止淤泥进入河道。钱氏又建有清水闸,控制西湖水,对盐桥河进行调节。

五代时杭州是吴越的都城,可以集中大批人力、物力来治理水道。入宋之后,全国的财力都收归中央,用于地方公益事业的微乎其微。

真宗天禧年间(1017—1021年),王钦若知杭州,为了船只往来方便,毁坏河闸,加上西湖久未疏浚,日渐淤塞,茅山河和盐桥河水源不得不取于钱塘江潮,于是河床淤泥越来越多。暴雨一来,水流不畅,居民尽遭水淹。苏轼为杭州通判时曾疏浚过一次,但也只能有三五年的功效。

经与精通水利的杭州税务官苏坚商议,苏轼制定了"先疏河,后浚湖"的方案。他利用"钤辖"浙西路兵马的便利,经朝廷批准,调集了一千多名地方驻军(厢军),于元祐四年(1089年)十月,即上任后的三个月,开始疏河。

这次工程进行得相当顺利,也较为彻底。到第二年四月竣工时,茅山、盐桥二河河床加深了八尺,两河南边的交汇处建了河闸。江潮来时,将河闸关闭,潮水顺着茅山河北出天宗门,等一两个时辰之后,潮平水清,再开闸将水注入盐桥河。采用这种办法,可使茅山河长年得到钱塘江水的补充,不会干涸。

而且,即使有淤泥沉积,也只是在钱塘江入口处开始的十多里。这十几里河道经过的地区,人户稀少,开挖比较方便,进入市区的便是清澈的江水了。至于盐桥河,开挖时有意较茅山河深四尺,且待江水澄清后开闸,故水质既好,河流也不会缺水。困扰了杭州近百年的河道问题算是解决了。

接着便是疏浚六井,解决饮用水。

十多年前,苏轼曾协助知州陈述古整治六井,但那次只是以竹管引水,竹管极易破裂损坏,所以井水价钱达二文钱一斗,一般百姓只得饮用从钱塘江注入运河的咸水。

　　苏轼找到了上次参与治井的子珪和尚。子珪此时已年过古稀,但仍是热心肠。他提出以瓦筒代替竹筒,底部用石槽托住瓦筒,上面再加上石盖,底盖坚固,永不损坏。虽然投资较大,但能一劳永逸,所以苏轼采纳了他的建议,用这种办法将六井沟通,连接西湖,引进湖水。同时,苏轼又开凿了包括四条水道、两座堤堰在内的供水系统,使西湖甘水遍贻全城。

　　疏浚六井的工程还在进行,苏轼便开始整治西湖了。

　　西湖对于杭州,不仅有游观之美,更重要的是有关民生。杭州的运河靠西湖水补充,杭州的民田靠西湖水灌溉,杭州居民的饮用水也取于西湖。

　　要整治西湖,最大的问题有两个,一是经费,这是当务之急;二是杂草,这是长久之计。

　　根据苏轼和助手们的勘查估算,开挖西湖得用工二十万,所需经费为二万贯。这个数目对国家来说很小,对地方财政来说则难以负担。通过向朝廷要求救济钱粮赈济灾民,苏轼结余了大概一万石粮食,约合一万贯,还差一万贯。为了这一万贯,苏轼又上疏朝廷,请求发给他一百道僧道度牒。当时度牒由政府控制发卖,每道一百五十贯,为一大财政来源。杭州去年旱灾,有不少灾民靠政府救济过活,如果以工代赈,可一举两得。经过反复交涉,由于有太皇太后的支持,苏轼终于争取到了经费,工程得以顺利进行。

　　钱塘县尉许敦仁替苏轼出了个极好的主意。他认为,由于西湖水浅,所以水草极易繁殖,开挖除草后不到两年,又长了起来,所以是个难办的事情。他长期生活在江南,见水乡百姓在浅湖种菱,每年春天芟除杂物,寸草不留,然后下种。凡是种菱的地方,杂草便不易生长。何况春种秋收,每年都要清理湖面。如果在西湖开挖之后,将沿湖水浅处租给农民,既可为他们增加一条生路,又可课税,尤其是西湖可无淤塞之忧。

这实在是个好办法,苏轼当即将它写进了西湖的开挖计划。

经过半年的整治,西湖变样了。原来被水草污泥淤塞的一半湖面全部开挖,寸草不留,湖面顿觉开阔得多了。而挖出的杂草污泥,则在湖的西侧筑成一条长约六公里的大堤,将西湖分成外湖和里湖两大部分,堤上有映波、锁澜、望山、压堤、东浦、跨虹六座石拱桥,古朴美观,又使内外湖相通。堤旁遍种花木,堤上另建九座亭阁。

人们为了纪念苏轼,将这道大堤称为"苏堤",与当年白居易在这里修筑的"白堤"一道,将整个西湖分划成外湖、里湖、岳湖、西里湖、小南湖五个部分,西湖更具有游览价值。而一到春季,桃红柳绿,漫步苏堤上,看西湖在晓雾中初醒,春风骀荡,水波微漾,绿柳如烟,粉桃如霞,好鸟和鸣,景致醉人。

这"苏堤春晓"从此成了西湖的第一大去处。如今,仍排名于平湖秋月、花港观鱼、柳浪闻莺、双峰插云、三潭印月、雷峰夕照、南屏晚钟、曲院风荷、断桥残雪之前,为西湖十景之首。

这番整治,不但使西湖变了样,而且为后人留下了疏浚、管理西湖和解决杭州用水问题的经验,苏轼也给自己立下了又一块丰碑。

但苏轼无论如何也没想到他在杭州的这番作为,竟然也为赵家子孙准备好了一个可以避处半壁江山、醉生梦死、苟且偷安的大好去处。很难设想,杭州和西湖如果没有苏轼这两年的彻底改造,二十年后会是什么样子，赵构是否会看中这地方作为他的都城。苏轼在南宋被加上"文忠公"的谥号和"太师"的官衔，获得了文臣的最高头衔，不能说与他在杭州的作为，尤其是整治西湖的功绩无关。

与民同乐

苏轼不是那种只知道埋头苦干的老黄牛，也不是自我约束的苦行僧，他是能够将一切腐朽化作神奇，将一切劳苦化作欢乐，以乐观、潇洒的态度面对人生的超人。尽管为杭州太守的两年是在工程的繁忙、灾荒的忧虑中度过的，但他那豁达、开朗、幽默、随遇而安的性格丝毫没有改变。相反，比起悠闲、清静却充满矛盾的京师生活，苏轼觉得在杭州更自在、更轻松，这里的百姓都是他的朋友。

运河疏通了，饮水解决了，西湖得到了整治，病人得到了医治，饥民得到了赈济，人们都感谢苏太守。苏堤上建起了苏轼的生祠，民户家里开始供着苏轼的画像。春节到了，不少百姓抬着美酒、肥猪犒劳太守。

建生祠他坚决反对，倒不是怕政敌以此为借口进行个人攻击，而是不愿受人拜祭。身为地方官，为地方办事、为百姓解忧本是分内之事，他唯恐做得不够，哪能让百姓将自己当作神灵供奉起来呢。

苏轼在杭州时可让人制止百姓拜祭，但他一离开，生祠香火便盛了起来。这种方式，一方面是杭州百姓寄托对离任太守的感谢之情，另一方面也是对继任太守施加精神影响。

哲宗亲政后，新党得势，打击元祐众臣，苏堤上的苏公祠也被强行拆除，但苏堤无法捣毁。当然，即使毁了苏堤，也毁不了苏轼在杭州人民心中的丰碑。

对于画像，苏轼倒觉得很有意思。虽然王安石变法时加强了思想控制，但人物画像仍如今日的明星彩照一般，深入家庭。杭州百姓悬挂自己的画像，那是件值得高兴的事，是将自己当作朋友乃至家人。

使苏轼感到为难的是春节时百姓送的年货。对朋友之间的馈赠，苏轼是来者不拒，且礼尚往来。但百姓辛苦一年，好不容易酿了坛酒，宰了头猪，也给自己送来，受之有愧，却之不恭，那该怎么办？苏轼灵机一动，也搞个礼尚往来，受之于民，施之于民。

他将家人动员起来，将官府人员组织起来，亲自传授方法，把猪杀了，把肉切成大方块，架起大锅，将洗净的肉块用文火煮成八分熟，捞起来晾干，然后在油锅中炸黄，加上葱、姜、盐、糖，再用文火炖半个时辰。还未揭盖，浓浓的香味就散发开来。

苏轼命人将这些红酥酥、香喷喷、油淋淋的肉块按浚湖民工的名册分发，每人一块，作为太守给民工们的过年礼物。

这一下整个杭州城沸腾起来了。从古到今，只有做官的盘剥朘削百姓，哪有父母官慰劳百姓的。杭州百姓欣喜多出一道年菜，称道苏太守送的肉味道好，感激苏太守既急民所急，又与民同乐。

这种肉本是苏轼在黄州时根据当地的风俗别具匠心做出来接待客人的，这次在杭州用来慰劳民工，从此在杭州落了户。人们把这种肉叫"东坡肉"，家家户户过年都要做。杭州的菜馆也搞"名人效应",按照苏轼的做法加以改进,配以更多更精的佐料,推出新菜"东坡肉"。来往的客商、游子到杭州,向往苏轼的名气,漫步苏堤、荡漾西湖,然后找家好菜馆,一边欣赏西湖的夜色,一边喝着"东坡酒",吃着"东坡肉",吟着东坡词。这种消遣,别处是享受不到的。

苏轼留给杭州的,又岂止是一个更加美貌迷人的西湖?几条清澈见底的河道?

化朽为奇

宋朝知州任期只有两年,地方官对于像治水浚湖这种大规模建设工程完全可以睁只眼闭只眼,朝廷也不希望地方官都去搞地方工程,否则,京师汴梁的工程向何处摊钱?地方官的责任只是让老百姓遵守国家法度,按时纳粮服役,不闹事、不迁徙、不给中央添麻烦,如此而已。因此,地方官的主要事务在于征税判案。而在这方面,苏轼也有自己的理解和做法——按国家的要求来说往往是不合时宜,对于百姓来说,却又是排忧解难,化腐朽为神奇。

就在苏轼到杭州就任的那年秋天,税务官抓来了一个犯人,说此人欺诈偷税,人赃俱在,请苏轼发落。

苏轼身为知州,理刑断狱乃是常职。

待人犯和赃物送至公堂,苏轼有些纳闷。但见此人五十多岁年纪,穿着打扮极其朴素,抬头举目全无商人习气,倒像个乡村学究。再看赃物,是两大包行李,据说都是麻纱。行李包上写着收件人及发件人的官衔姓名:"京师竹竿巷苏侍郎收""翰林学士知制诰苏轼寄"。这确实是一桩欺诈偷税案,而且是假冒苏轼兄弟的名义进行偷税。

苏轼见状，心中甚是不快。他沉下脸问那人犯："你是何人？因何用本官的名义干这不法勾当？"

那人跪在堂下，听苏轼发问，再一看那部人人传闻的大胡子，才知道这位堂上官竟是大名鼎鼎的东坡学士，连连磕头称罪。然后他抬起头来，一五一十地说明原委。

原来此人名叫吴味道，是南剑州（今福建南平）人，这年秋天中了福建乡荐进士，得进京参加明年的省试。因家中贫困，没有川资路费，乡邻们东拼西凑，购买了两百匹当地土产建阳纱，让吴味道带着一路变卖作盘缠。

吴味道私下盘算，这两百匹纱从福建带往汴京，沿途抽税，到京后一半也剩不了。他素闻苏轼兄弟的大名，又知官场风气，于是盗用他们的名衔，以便逃税。万一被查获，苏轼兄弟恐怕也不会见怪。

这个办法还真见效，吴味道出闽入浙，经过江南东路的信州，两浙路的衢州、睦州，二苏的名头谁不景仰，果然一路放行，无人收税。但没想到苏轼已经出知杭州，杭州的税务官办事又特别认真，吴味道一头撞到刀口上。

听完吴味道的叙述，苏轼不禁哈哈大笑。他既赞赏吴味道的这番谋划，也同情他的困难，更为乡邻们的解囊相助所感动，于是便决定帮他一帮。苏轼命人揭去纱卷的旧封，亲笔写上苏辙的地址、官衔，又写上自己的新官衔，并附上一则短笺，嘱吴味道到京后交给苏辙，让苏辙予以关照。

吴味道做梦也没想到有这样好的结局，竟然激动得说不出话来。

苏轼拍拍吴味道的肩膀,笑着说:"你这次就是带上天去也没关系。只是有好消息可别忘了告诉我。"

吴味道千恩万谢辞别苏轼,赴京应试。第二年他果然考中进士,专程到杭州来感谢苏轼。

苏轼对读书人是这样,对商人也同样。

有位专卖绢扇的小商人因欠钱不还,被告到官府。苏轼看原告是个绸缎商,虽说穿得花团锦绣,却面目良善,不像是欺行霸市之辈。原告说被告一年前从他那里赊去一批绫绢,值二万钱,说好三个月后还清,可过了一年,仍是分文不还。他表示,一年来水旱相继,生意很不好做,他也不指望被告还利息,只需偿还本金就行了。

苏轼见原告说得在理,便让被告说明原委。被告是个年轻人,满脸愁容。他承认原告所说均为事实,赊来的绫绢全做了团扇,但遇上水灾,天气凉快,扇子卖不出去,加上父亲病故,积蓄全花光了,连吃饭也是有一顿无一顿,实在凑不出钱还债。

欠债还钱,本是天经地义之事,但苏轼同情扇商的遭遇,不愿定他的罪;而绢商也事出无奈,如果欠钱都不还,生意还怎么个做法。

苏轼有些为难了。他猛一抬头,看见公堂上挂着一幅自己的手迹"廉明方正",不觉眼前一亮。

他问被告:"你靠卖团扇谋生?扇子做得可好?"

年轻人见太守没头没脑问起他的扇子,有些迷惑不解,吞吞吐吐回答说,他家做团扇是祖传工艺,在杭州颇有名气,只因夏季遇雨,父亲又去世,错过了季节,扇子才卖不出去。

苏轼闻言,点了点头,对年轻人说:"你去取二十把最好的团扇,我替你还债。"

年轻人一听,更是惊讶莫名。他赶忙回家,抱来了一大堆扇子。

苏轼随手拿了一把,反复观看,不由得暗自赞叹。这团扇竹细绢薄,选料讲究,做工精细,造型典雅,无半分匠气,竟是上等佳品。

观摩多时,苏轼提起案上判官笔,在团扇上涂涂抹抹,或描数株枯树修竹,或画几堆怪山奇石,或题几句诗文联对,每柄扇都题上自己的字号。恰恰二十把,苏轼将判官笔一架,对年轻人说:"此扇一千钱一柄,你拿去还债吧!"

堂下的原告、被告都吃了一惊,继而恍然大悟。苏大人诗文书画名扬天下,扇子固然值不了多少钱,但有他的真迹在上面,便成传世之宝了,一千钱一柄,上哪里去买!

扇商领过扇子出了知州衙门,片刻工夫就浑身是汗地跑了进来,跪倒在地,不住磕头,连话也说不出来。

苏轼见他这般神情,甚是好笑,问道:"扇子可曾卖出?"

年轻的扇商喘了半天气,才一边擦汗一边说:"可了不得!小人刚到街市,扇子就被一抢而空。"

苏轼颇感意外:"哦!那一文钱也没有收到吗?"

"不是!人们一听这扇上有大人题诗作画,便抢着要买,一千钱一把,分文不少。"

"哦!是这样。"苏轼总算听懂了。

一场借贷纠纷经苏轼的涂涂抹抹,以喜剧方式结束了。绢商得到了欠款,扇商不仅还了债,还有不少剩余的扇子可用来解决日后的生活。

有人说,在中国历史上,有多少诗人,就有多少歌妓,诗人的灵感是由歌妓们促发的,诗人的新作是由歌妓传播的。这种说法并不尽然。李白的诗是从美酒中来的,君不闻,李白斗酒诗百篇。杜甫的诗是从忧虑中来的,君不闻,杜甫不眠忧战伐,长恨无力正乾坤。但悠闲自在的宋代士大夫真是离不开歌妓,无论是来自烟花巷中的柳永,还是被公认为文坛泰斗的欧阳修,以及大江东去、气吞长虹的苏轼,无论他们足迹到何处,总是有歌妓相陪。如果说有例外,恐怕只有两个,一是司马光,一是王安石。

歌妓成全了诗人,诗人名留千古,歌妓自身却沦为尘土。苏轼与众不同处,是将歌妓视为知己,尊重她们的人格和才华。当时的歌妓也确有不少受过良好教育和训练的。对于歌妓们的困难,苏轼往往也和帮助挚友一样鼎力相助。在黄州,苏轼即席题诗,使歌妓李琪名扬一时,流芳后世。在杭州,也有不少歌妓得到苏轼的关照。

那年头官府均备有歌妓,属官户,专供官员寻欢取乐,没有人身自由,直至年老色衰,才得脱籍。因此,歌妓的命运一般是非常悲惨的。她们或者出身于乐户世家,世世代代靠卖艺为生;或者出身官宦世家,因家人犯罪而没官为奴,后因长得漂亮,被送入教坊学艺;或者出身书香世家,因遭变故,沦为歌妓。不少人年轻时因才貌双绝,周旋于王公贵族、仕宦富商之间,虽说受人玩弄,看上去仍甚是风光,一旦人老珠黄,便无人理睬,即使脱籍还家,因世俗偏见,也受人冷眼。因此,一般有主见的歌妓都趁着年轻时选一本分郎君,脱籍从良。冯梦龙《三言》中的著名人物杜十娘、莘瑶琴便有相似的遭遇。

苏轼到杭州后,有两位歌妓,一位叫郑容,一位叫高莹,希望能够得到太守的帮助,脱籍从良。

这种事情看似很简单,批准就是,但往往容易引起连锁反应。批准了一两个,大家都提出要求那该怎么批?当然,杭州是大去处,青楼歌女多得很,用脱籍歌妓所交的赎身钱买一些便是。

苏轼并没有想那么多,他看了看两位歌妓,虽说早已不是二八芳龄,却仍是楚楚动人、风韵天成,不由一阵感慨。此时不网开一面,年华一过,从良也困难了。他提起案头判官笔,一挥而就,作了一首《减字木兰花》:

> 郑庄好客,
> 容我尊前先堕帻。
> 脱笔生风,
> 籍籍声名不负公。
>
> 高山白早,
> 莹骨冰肌那解老?
> 从此南徐,
> 良夜清风月满湖。

写完之后,交给郑容、高莹,却不提脱籍从良之事。

郑、高二妓拿着判词,见是一篇《减字木兰花》词,不禁纳闷:我们求太守开恩脱籍,他送首词给我们,这是何故? 这词颇多嘉许之意,并无责怪之语,是否不愿让我们离开官府? 正自忐忑,二人却听得苏轼笑了起来:"郑容、高莹,你二人素称通晓文字,怎么连判词都看不懂?"二人本来就聪颖过人,只是身在局中未曾感悟,苏轼一句话提醒梦中人。郑容、高莹再一细看,判词就在每句之首:"郑容脱籍,高莹从良。"不由得喜出望外,连忙敛衽,盈盈拜倒,感谢苏太守的盛情。

还有一位名叫秀兰的歌妓,因拒绝过书吏的无理要求而被忌恨。

一天下午,苏轼在杭州万顷寺设宴款待属下官吏。有宴便得有歌,轮值歌妓正是秀兰。

这天秀兰身体不好,吃罢午饭就上床休息,以便积蓄一点精力。没想到头一着枕,便昏昏入睡。一觉醒来,已到未时。她匆匆梳洗,赶到万顷寺,参加宴会的官员早已等候多时。

秀兰才艺双绝,红极一时,虽然来晚了,大家见她云鬓松挽、笑靥微露,满脸惭愧之色,均化怒为喜。

苏轼问道:"秀兰,今日本官设宴,你怎么此刻才到?"

秀兰连忙回答:"奴婢贱体有些不适,一觉睡过头了,故此晚到,令各位大人久候,罪该万死!"

苏轼听罢,点了点头,尚未开口,几个书吏便七嘴八舌地指责起来。

苏轼到杭州不久,不知其中就里,只觉这歌妓似有几分委屈,便让她先唱几支新曲,给在座客人赔罪。

秀兰谢过苏轼,举目望见寺内几株石榴,满树红花,便以石榴为歌,即席唱了一曲《咏榴花》。众官刚要喝彩,那几名书吏却率先起哄,说这歌词全无新意,也亏她唱得出来。秀兰一急,手足无措,两行泪水顿时便流了下来。

苏轼一生见过多少不平之事,这时心中一亮,知道其中必有隐情。他不想当时就拉下脸来,但决意替秀兰解围。苏轼站了起来,来回踱着步子。书吏们见太守这番情状,都停止了起哄。秀兰也擦干眼泪,望着这位名声远播的苏学士。

苏轼设宴,这纸墨笔砚都是现成的。他踱到案边,抬头看看秀兰,颔首道:"秀兰姑娘,研墨。"

秀兰赶忙挽袖研墨,早有人铺开宣纸。人们都站起身来。苏轼以诗文书画领袖海内,谁人不知,但对许多人来说,目睹苏学士挥毫还是第一次。苏轼提笔濡墨,笔走金蛇,墨现狂龙。有人朗声吟诵:

> 乳燕飞华屋,
> 悄无人、桐阴转午,
> 晚凉新浴。
> 手弄生绡白团扇,
> 扇手一时似玉。
> 渐困倚、孤眠清熟。
> 帘外谁来推绣户?
> 枉教人梦断瑶台曲。
> 又却是,
> 风敲竹。

222

石榴半吐红巾蹙，

待浮花浪蕊都尽，

伴君幽独。

秾艳一枝细看取，

芳心千重似束。

又恐被、秋风惊绿。

若待得君来向此，

花前对酒不忍触。

共粉泪，

两簌簌。

一首《贺新郎》新词写就，秀兰依曲而唱，歌喉婉转，曲美词新，满座皆叹。

秀兰唱罢，在众人的喝彩声中，向苏轼飘飘万福。苏轼转身向众吏："此曲可有些新意?" 书吏们见秀兰有太守作主，哪里还敢放肆。

扬州诗祸

元祐六年(1091年)三月，苏轼在杭州即将任满两年，朝廷的旨意来了，让他回京，仍任翰林学士承旨知制诰兼侍读。但朝廷的形势仍无大的变化。执政大臣还是吕大防、范纯仁，台谏仍由洛党、朔党把持。既然是这样，苏轼觉得实在没有回京任职的必要。从接到回京的诏书开始，他便接二连三地上疏，要求免去翰林学士承旨的职务，扬、越、陈、蔡四州，去任何一州都行。但朝廷将他的请求一一驳回，催促疾速还朝。

五月份，苏轼到了京师，继续上疏要求出京，并详细回顾了自己仕途的坎坷经历：治平时从凤翔入朝，受知于英宗，即欲大用，但宰相韩琦认为年少资浅，故被置于史馆，因父丧去职；守制期满还朝，已是神宗朝，先以谏上元节买灯，得到神宗赞许，面加奖激，后以言新法不便，得罪王安石，被诬陷贩卖私盐，事情虽经澄清，京师却待不下去，出为杭州通判，转知密、徐、湖三州；在外任时，每次的贺表谢章，神宗都要称赞一番，王安石党人怕他得到重用，由李定、何正臣、舒亶扬造飞语，于是发生乌台冤狱，幸亏神宗眷顾，才免除一死，窜责黄州。及至今上（哲宗）即位，不及一年，自己便被超擢翰林，自思只有知无不言、独立不倚，才可报答，由此而争新法，得罪了司马光的追随者；又看不惯程颐的奸欺，未尝假以色词，故得罪程颐的门人；又因在经筵时与执政就黄河改道问题发生争执，大失其意；还因阻止王安石配享太庙，挫败了新党的阴谋。由此种种，自己得罪人太多，故此要求外任，到杭州两年，才粗免人言。今一旦回京任职，自己脾性不改，弟弟苏辙又位列副相，必然引起党人的嫌忌。

苏轼的辞职，本是诚心诚意，但其中的牢骚和怨气也显而易见，即自己并非不愿在京城伴君，只是因为直言招怨、树敌太多，难以立足。另外，兄弟二人，一在内翰，称内相，一在政府，为外相，极易引起嫌疑。

对于苏轼的怨气，他的政敌自然也很清楚，他们还敏感地认为,苏轼发泄怨气式的辞呈,其实是在向皇上和太皇太后施加压力,以巩固自己的地位。客观地说,这种认识是有一定道理的,或许苏轼自己并没有这样的目的,但潜意识中不能排除这种因素。

一位学富五车、才高八斗、四海扬名;一位工于心计、办事执着、老成历练。兄弟二人内外用事,也确实令人不放心。而二苏作为政界领袖,也真不是最佳搭档,问题仍然出在苏轼身上。作为一股政治势力,苏辙的算计和执着是不可缺少的,但还得有一位极具威望,能够斡旋于各派政治力量之间,调和各种矛盾的人物。苏轼本来具有这个条件,但他不胜任这个角色。他豪爽而又颇带尖刻,开朗而又有失检点的个性,不但无法为苏辙争取支持力量,还不断惹出一些麻烦,是个不设防的堡垒。因此,政敌首先打击的目标自然是苏轼。

这次向苏轼发起攻击的,一是老对手贾易,一是御史中丞赵君锡。

贾易因攻击苏辙泄漏密令被贬知广德军后,不久被召还为台官。刚回京,就开始抓苏轼的小辫子。苏轼回京时,贾易当了侍御史,虽然品级只是从六品,地位比苏轼低得多,却是御史台的副长官,专门领导御史们上疏弹劾看不顺眼的官员,可以说是苏轼的克星。

苏轼回京后,连续呈进对章、札子,要求外补,而且在札子中特别说到外补是为了回避贾易。上札子是宋朝大臣的一种特权,可以要求皇帝看过后保密,留中不发。

事情到了这一步,苏轼也可以说是不得已而行之。意思非常明显:或者保留我苏轼,将贾易赶出京师;或者保留贾易,将我苏轼外补。

太皇太后好言劝慰苏轼之外,并不采取任何行动。原因很简单,御史是皇帝的耳目,不能因为大臣的要求而剜目废耳,况且贾易除了因攻击苏轼兄弟而被人视为偏激,并无其他恶迹。凡是对苏轼兄弟有所顾忌的官员,无论是新党还是旧党,倒希望有位贾易在这里反复发难,以看苏轼的笑话。

贾易在连续对苏轼发起攻击之后,摸清了路数:苏轼仍像几年前一样,只知左右遮拦,全无还手之力;执政大臣吕大防、范纯仁,给事中范祖禹等虽与苏氏兄弟交好,都不敢引火烧身;太皇太后虽然眷顾苏轼,但妇道人家不敢违背祖制,治罪御史。八月七日,即苏轼回京后的三个月,贾易使出了杀手锏,和赵君锡一道,效法当年李定等人的故伎,攻击苏轼写诗庆幸神宗的去世。

事情发生在几年前,元丰八年(1085 年)三月,苏轼在南京应天府得知神宗皇帝去世的消息的同时,朝廷批准了他在常州居住的要求,举家南下,四月底到扬州。

五月一日,苏轼游扬州竹西寺,一时兴起,题了三首诗,取名为《归宜兴留题竹林寺三首》。其中第三首说:

> 此生已觉都无事,
> 今岁仍逢大有年。
> 山寺归来闻好语,
> 野花啼鸟亦欣然。

这是一首极其平常的即兴诗。但如果要搞文字狱,那么随便什么文字都可以挑出栽赃诬蔑所需要的东西。

赵君锡和贾易认为，先帝神宗在日，苏轼屡遭贬谪，怀恨在心；先帝元祐八年三月五日驾崩，苏轼五月一日便写了这首诗。所谓"山寺归来闻好语"，显然是说听到了先帝去世的消息，对他来说，这竟是"好语"，在他看来，竟然野花、啼鸟都高兴；所谓"此生已觉都无事"，显然是对先帝的怨恨，先帝在，他惶惶不可终日，先帝去世，他觉得不用担惊受怕了，再也无人向他寻晦气，自然悠闲自在。

这个罪名一旦成立，后果是不堪设想的。

太皇太后对此事非常重视，立即召见三省长官，问明情由。

苏辙当时是尚书右丞，也参加了这次御前会议，知道哥哥又出事了，不能坐视不管。他当即解释说，苏轼题这首诗他是知道的。那天苏轼去扬州竹西寺，在路上看到百姓父老十多人相聚道旁，谈兴正浓。其中一人双手加额说："好一个少年官家！"苏轼听到百姓称赞新君，很是高兴，入诗为"山寺归来闻好语"句。

这种解释很是得体，也颇得"以其人之道还施其身"的真意，却并非真情。苏轼这首诗本来全无政治意义。他只是因为蒙恩在常州居住，又听说大江南北今年收成很好而高兴，既无窃喜故君上仙之意，也无庆幸新君登极之情。但贾易、赵君锡既然上升到政治高度，苏辙便也从政治角度进行辩护。

苏辙辩护之后便退出了会议，以示回避，让太皇太后和宰相们商议处置办法。但他不能不向哥哥通气，既使兄长有思想准备，又能统一一下口径。

或许又是苏轼沉不住气，或许是苏辙忘记了叮咛，苏轼第二天，即八月八日一早就上了一个《辨题诗札子》。他在政治斗争中一直是老实人,所以也就说了老实话,说是昨日见到弟弟苏辙,苏辙告诉他,赵君锡、贾易说他的扬州题诗"有欣幸先帝上仙之意",故而上疏辩解。苏轼特别对"山寺归来闻好语"一句进行了解释,既采用了苏辙的说法,也陈述了自己的真实想法。同时指出,写这首诗时距神宗去世将近两个月,因此,"山寺归来闻好语"绝非指得到神宗去世的消息,这事"事理明白,无人不知"。

这个辩解应该说是很有分量的,却匆忙了一些。这份札子刚送出,三省同奉圣旨,让苏轼作出解释的公文便到了。如果苏轼在接到公文后再上疏,情况就不同了;他等不及,结果将苏辙的通风报信告诉了别人,又是授人以柄。

扬州题诗幸未酿成又一次冤狱,但苏轼更加认为自己不能待在京师了。太皇太后及执政大臣们大概也觉得这兄弟二人同时身居要职确实不妥当,当月便让苏轼以龙图阁学士的身份出知颍州。

颍州岁月

颍州(今安徽阜阳)在淮河重要支流颍水之滨,以水得名,在北宋是一个风景秀丽、交通便利、物产丰富的地方。尤其是城西的颍州西湖,长十里,宽三里,菱荷出水,杨柳盈岸,为憩游胜地,自唐以来,就和杭州西湖、扬州瘦西湖并称。仁宗皇祐元年(1049 年),欧阳修由扬州移知颍州,一见西湖,便大觉惊喜,赋诗赞曰:

菡萏香清画舸浮,
使君不复忆扬州。

都将二十四桥月，

换得西湖十顷秋。

欧阳修虽然后来入京为翰林学士、参知政事，又出知青州，仍然忘不了颍州。熙宁四年（1071 年）以太子少师致仕后，他便定居颍州，终养天年。

对于颍州，苏轼也很有好感。除了此地的风景物产，更主要是欧阳修的感召。熙宁四年因为反对新法而被驱出东京，通判杭州，苏轼便与弟弟苏辙一道，来颍州看望欧阳修。师生一道泛舟西湖，其乐融融。

这次来颍州是为了避祸，并不求有何作为，所以有人戏言："内翰只消游湖中，便可以了断此郡公事。"还有人赠了一首诗给苏轼，说是"我公所至有西湖，欲将公事湖中了"。苏公是大手笔，这小小颍州的公务，还不在漫游闲谈中就处理完了！

苏轼刚到颍州，也确实有意悠游于颍水西湖，故有《泛颍》诗说：

我性喜临水，得颍意甚奇。

到官十日来，九日河之湄。

吏民笑相语，使君老而痴。

使君实不痴，流水有令姿。

到任十天，竟然有九天泛舟颍水。陪着他游颍水的，是颍州签判赵令畤、颍州教授陈师道，以及欧阳修的两个儿子欧阳棐、欧阳辩。

但是,苏轼从来就不是那种闲得下来的人,为一方官,就得为一方民。他到颍州不久,就发现有两件事在困扰颍州百姓。

第一件事是关于开八丈沟。这是一个争论已久的问题。汴京多水患,所以有人出主意,将汴京陂泽的积水引入惠民河。结果一遇水灾,惠民河水满溢,造成了陈州的水灾。于是又有人出主意,再挖一条八丈沟,将陈州的水引入颍水,由颍水进入淮河。这个设想看起来很合理,所以朝廷决定动用民工十八万,拨出钱米三十七万贯石,开挖八丈沟,并让陈州知州李承之、开封府县提刑罗适,以及都水监和颍州所在的京西北路转运司、提刑司官员赶至颍州,与苏轼商议开沟事宜。

罗适等人骑着高头大马巡视了一圈,便回京复命了。苏轼却放心不下。尽管他在密州、在徐州、在杭州都搞过较大规模的水利工程,但都是经过仔细勘察、反复斟酌,并征询专家的意见之后作出决定的。像这样骑马兜一圈,就动用十多万民工,开挖三百五十多里深沟的事却从来没干过。

苏轼仍然采用了老办法,实地勘察。他命人从蔡口到淮上,每二十五步立一竹竿,共立了五千八百一十一竿,经用水平器测量,淮河涨水时水位比八丈沟还高。如果开挖八丈沟,不但陈州水患解决不了,还会使淮水倒灌颍州,有害而无利。至于开八丈沟时所耗费的人力物力,以及所侵占的良田和引起的社会骚动,更是有目共睹。

为此,苏轼在到任后的第三个月上了一份表状:《奏论八丈沟不可开状》,反复陈述开沟的弊病。这份表状有理有据,而且都是经过实地勘察得出的数据,令人不能不信服。

　　根据苏轼的意见，朝廷取消了这项工程。但有关官员对苏轼多了一层忌恨，你苏轼尽管说自己的理，干吗和别人过不去，连骑马兜圈的事也捅到太皇太后那里去。

　　但苏轼为了说明自己数据的准确，阻止朝廷已经决定了的工程，又怎能不将两种意见的根据作比较。也真难为他了，在当时，替老百姓做一件好事、免一次灾难，得冒犯多少有头有脸、有权有势的官员！什么时候他不是把个人的得失置于百姓的利益之下呢？

　　第二件事仍是灾荒，这是苏轼到任何一个地方都会遇上的事情。在凤翔、密州是旱灾、蝗灾，在徐州、杭州是水旱相继。其实，这种事情连老百姓都觉得十分平常，所谓十年九荒，风调雨顺的年成十年中能遇上一次就不错了。官员们对此自然也是麻木不仁，老天的事情管得了吗。但苏轼有一种天性，见不得别人受苦，尤其是见不得他管辖下的老百姓受苦，他觉得地方官的职责就是为属民排忧解难。他的权力却太有限了。

　　他和签判赵令畤一起商量，将义仓的几千石米、几千捆柴按市价卖给灾民，帮助他们过冬，又从经费中拨出几百石粮食，做成蒸饼，发放给灾民。他接着向朝廷打报告，要求发给度牒一百道，用以救灾。

　　他能够做的事情也只有这些了，虽然不能从根本上解决灾民的困难，但毕竟做了他能做的一切。也只有这样，他的心情才稍好了一些，才能回到家人和朋友之中，共享天伦之乐。

　　转眼又是元祐七年（1092 年）的上元节了，久雪初晴，明月东升，知州衙门内的梅花在这洁白的夜色中显得格外俊俏。苏轼与夫人王闰之相偕来到庭院，赏月观花。他们已经很长时间没有这份闲暇了。王闰之追随丈夫二十多年,世道风雨,宦海沉浮,使她早已适应了各种政治风浪。她经历过丈夫下狱、贬谪的耻辱,也享受过贵夫人的荣耀,多少还受到丈夫的熏陶,变得更加旷达文雅。

这天,苏轼还没有来得及评点清月淡梅,王闰之先来了灵感:"春月色胜如秋月色。秋月色令人凄惨,春月色令人和悦。如此良辰美景,何不召赵德麟(赵令畤字德麟)等人一道观花赏月呢?"

苏轼闻听此言,不觉又惊又喜:"夫人作的好诗!"

王闰之刚才是有感而发,听苏轼喝彩,反倒不知所云:"我几曾作过诗?"

苏轼笑道:"你刚才所说的话便是一首好诗。"说着,命人请赵令畤和欧阳修的两位儿子过府观花。

赵令畤等人一到,苏轼便喜不自禁地告诉他们,夫人吟了一首好诗,他根据诗意,已填一词,请客人评赏。说罢,他们且歌且舞:

春庭月午,
影落春醪光欲舞。
步转回廊,
半落梅花婉婉香。

轻风薄雾,
都是少年行乐处。
不似秋光,
只共离人照断肠。

这阕《减字木兰花》在苏词中并没有什么特别的地位,却是和夫人王闰之感情交融的即兴之作,这在苏词中则是极少见到的。

或许是太皇太后要让苏轼游遍天下著名的西湖,元祐七年二月,苏轼到颍州才半年,便又奉调南下扬州。

扬州花会

自隋大业年间(605—618年)开邗沟通江淮,扬州成了中国南北交通枢纽,商业兴盛,冠盖萃集;至唐后期,更为天下第一繁华富庶之地;一直到清朝,扬州盐商的资本仍超过中央政府的库藏银两。有钱的人一多,名姬美妓自然也多,园亭楼阁建起来了,与杭州西湖齐名的扬州瘦西湖也开凿了。人说金陵为六朝金粉之地,其实六朝金粉到隋唐时已搬到了扬州。李白一曲"烟花三月下扬州",杜牧一曲"十年一觉扬州梦",激起了多少人对扬州的向往。苏轼真是好造化,辞别颍州,又来到了扬州。

七年前,苏轼也是从水路到扬州,游竹西寺,留下了差点让他再次蒙受冤屈的《归宜兴留题竹林寺诗》,也算和扬州有生死之交了。

扬州不仅风景秀丽,繁华富庶名闻天下,还以芍药享誉域内。牡丹、梅花、海棠、山茶、杜鹃、芍药、兰花、菊花、荷花、水仙为中国传统十大名花。十大名花中,又以牡丹、芍药独擅胜场,被称为"名花双绝",一为花王,一为花相。到北宋,洛阳牡丹为天下第一,一朵花瓣最多者可达七百瓣,花径达一尺。苏轼去洛阳时曾见过那里的极品牡丹,说是:"此花见重于世三百余年,穷妖极丽,以擅天下之观美。"扬州芍药也当仁不让，争艳斗胜。苏轼有《咏芍药诗》说："千叶团团一尺余，扬州绝品旧应无。"洛阳牡丹、扬州芍药，本是自然赐给人类的异物，但好端端的事情往往被人为地推向反面。

岭南荔枝本是果中极品，经唐玄宗和杨贵妃插手，便成了"一骑红尘妃子笑，无人知是荔枝来"。太湖石本是石中极品，经宋徽宗和朱勔一弄，便成了花石纲，硬生生逼反方腊。

牡丹、芍药也一样。

宋仁宗时，原吴越王钱俶的次子钱惟演为西京留守。钱惟演博学能文，尤喜游乐，倒和苏轼有几分相似。但他生于帝王之家，享尽人间富贵，不知民间疾苦，养成了图气势、讲排场的习惯。既然洛阳牡丹甲天下，他就想弄出一些名堂来，于是办起了万花会。每年春末牡丹盛开时，便在洛阳城内热闹繁华之处，以花为屏障，沿街梁柱也都绑上盛着水的竹筒，竹筒里插着各种颜色的牡丹花。举目望去，遍地是花，遍街是花，遍城是花。整座洛阳城，全在黄、白、红、黑、蓝、紫之中，家家上锁，人人观花，如痴如狂。

这种万花会如果偶尔为之，倒真能促进洛阳牡丹业的繁盛，但年年为之，处处攀比，成了一大祸害。钱惟演在洛阳风光了还不够，又不惜重金，寻购名品，用快马送往东京汴梁，供后宫妃嫔观赏。于是上行下效，官吏强取豪夺，中饱私囊，商贾层层加价，一株上等姚黄、魏紫，价钱高达二三十万钱，负担全着落在老百姓身上。

苏轼对洛阳万花会早有反感，一到扬州，才知扬州也有万花会。不同的是，洛阳是牡丹万花会，扬州则是芍药万花会。在扬州搞万花会的始作俑者便是被苏辙斥为奸邪的蔡京。

牡丹花会在春末，芍药花会在夏初。苏轼二月奉调，三月莅扬,正赶上扬州官员准备万花会,向百姓摊派的事项已经拟出。有些商人为牟暴利,正在邻县组织花源,会期一到便可高价出售。

虽然知道洛阳百姓对万花会十分不满,但扬州百姓对万花会有何感受,苏轼心中无底。为此,苏轼走访了一些花农和市民,发现扬州百姓的怨气丝毫不减洛阳。

按理说,一年一度的花会何等热闹、何等气派,也是扬州的光荣,市民应该高兴;政府收购芍药,良种芍药如冠群芳、宝汝成、御衣黄更是身价百倍,花农也应该高兴。但实际上,芍药市场全被大商人垄断,他们低价从花农手中购花,高价卖给官府;官府按高价向市民征收花会费用,向商人购进芍药。其巨额差价则由商人和官吏瓜分。每年一度的万花会,成了官吏和商人合伙宰割百姓的良机。苏轼不再犹豫了,虽然一生喜好游幸,却容不得扬州官商在他的眼皮底下坑害百姓。一道命令下去,扬州停办万花会。

这道命令使眼看又要发财的州县官员及商人目瞪口呆,苏大胡子怎么破了别人的财气呢!此人名声遍天下,在京中干过翰林学士,后台又硬,是太皇太后眼里的红人,兄弟苏辙还是副宰相,这帮人虽然忌恨,却无可奈何。老百姓则是拍手称快,都说苏学士是"苏贤良",知道百姓的疾苦,果然名不虚传。

不过,对于那些准备慕名而来观赏万花会的朋友,苏轼还得作一番解释。好在朋友们都知道他的为人,体谅他宁可煞风景也不让百姓承受重负的苦心。苏轼所关注的又岂止是辖内百姓,他念念不忘的是整个国家的农民在新法推行过程中欠下的债务。从知杭州开始,他就一直向太皇太后和执政大臣们陈述积欠所造成的社会危害。到扬州后,他又接二连三地要求豁免这些债务。元祐

七年五月十六日的《论积欠六事并乞检会应诏所论四事一处行下状》,长达七千言,陈词恳切。其中一段说到自己的经历,催人泪下:

> 臣顷知杭州,又知颍州,今知扬州,亲见两浙、京西、淮南三路之民,皆为积欠所压,日就穷蹙,死亡过半。而欠籍不除,以至亏欠两税,走陷课利,农末皆病,公私并困。以此推之,天下大率皆然矣。
>
> 臣自颍(州)移扬(州),舟过濠、寿、楚、泗等州,所至麻麦如云。臣每屏去吏卒,亲入村落,访问父老,皆有忧色。云:"丰年不如凶年。天灾流行,民虽乏食,缩衣节口,犹可以生。若丰年举催积欠,胥徒在门,枷棒在身,则人户求死不得。"言讫,泪下。臣亦不觉流涕。
>
> 又所至城邑,多有流民。官吏皆云:"以夏麦既熟,举催积欠,故流民不敢归乡。"臣闻之孔子曰:"苛政猛于虎。"昔常不信其言,以今观之,殆有甚者。水旱杀人,百倍于虎;而人畏催欠,乃甚于水旱。
>
> 臣窃度之,每州催欠吏卒不下五百人,以天下言之,是常有二十余万虎狼,散在民间,百姓何由安生,朝廷仁政何由得成乎?

或许是太皇太后及三省、户都官员被苏轼的陈词感动,或许是朝廷害怕江淮流民有增无减,或许是苏辙的极力支持,元祐七年六月,朝廷终于批准了苏轼关于暂停催还淮南、京西、两浙诸路积欠的要求。

苏轼觉得实在太累了,但这毕竟是许多年来朝廷对他的报告批复最快的一次,而且也是牵涉面最广的一次,因而仍然充满喜悦。虽然官场不尽如人意,但不进官场,又怎能替老百姓出力。可进入官场之后,愿意而又能够替老百姓办事的人实在太少了。

第八章　归期何迟迟

出知定州

　　苏轼在扬州不到半年，就被召回汴京，先以龙图阁学士、左朝奉郎守兵部尚书兼侍读，继为端明殿学士兼翰林侍读学士、左朝奉郎、礼部尚书。这是苏轼仕途中所达到的最高地位。但由于苏辙一直为副相，先是尚书右丞，后是门下侍郎，因此苏轼总是进不了最高决策圈。

　　太皇太后这次调苏轼进京是有深意的。自己年事已高，精力大不如前，皇帝则逐渐长大成人，日渐显示出往日神宗皇帝身上那种桀骜不驯的个性，祖孙二人在许多重大问题上存在分歧。由于仍是祖母执政，小皇帝只好违心顺从，但隔阂已经形成。元祐大臣们都是太皇太后提拔的旧党，由于太后执政，他们凡有奏请，都是直接请太后定夺，只是顺带提及皇帝以示礼节。皇帝年龄虽小，但从小受到的教育就是唯我独尊，可实际情况和君主至高无上的理论相差甚远,何况他的血脉中流动的是刚愎自用的神宗皇帝的高傲血液。他在等着祖母去世,以夺回该属于自己的一切权力。

在权力和金钱面前,亲情和血缘是无能为力的。太皇太后像了解已经去世七年的儿子一样了解眼前这个已当了七年皇帝却没有享受过皇帝威严的孙子。她将苏轼调回京师,虽然给他兵部尚书、礼部尚书的头衔,却并没有让他去管礼部、兵部的事情,他的主要责任是"侍读",即为皇帝讲课。

世界上的许多事情是只可神会而不可言传的。以苏轼再次被选为帝师来说,太皇太后的本意倒并不是让他向皇帝传授多少修身齐家治国平天下的道理。孙子爱文学、爱艺术,苏轼又是当代最负盛名的文学家、艺术家,因而太后希望苏轼因势利导,从皇帝的兴趣入手,引他走上正道,改去性情怪僻、好色懒惰的恶习,进而调停皇帝与太皇太后、元祐众臣的关系。

但是,此中隐情又无法向苏轼说明道白。其实,即使苏轼心领神会,太后也只能是对牛弹琴。苏轼怀着赤诚之心,却懵懵懂懂,无的放矢,结果,没有达到太后期望的目的,却引起皇帝的厌恶和敌意。

读书人的最大毛病是喜欢以己之心度人,自己喜欢读书,就以为天下人都喜欢读书,自己服膺孔孟的道理,便以为治天下就必须学孔孟。苏轼也是这样。既然太皇太后将教导皇帝的责任交给自己,他就必欲致君为尧舜。他想起父亲对自己兄弟的严格要求,便也想将这一套施加于皇帝:

　　　　臣等幼时,父兄驱率读书,初甚苦之;渐知好学,则自知趣

向；既久，则中心乐之；既有乐好之意，则自进不已。古人所谓
知之者不如好之者，好之者不如乐之者。陛下上圣，固与中人
不同，然必欲进学，亦须自好乐中有所悟入。

殊不知读书犹如向佛，既有人好书，便有人厌书，既有人乐道，
就有人苦道，志趣性情不一样，感受也不一样。你苏轼读书由苦至
好，由好至乐，他人可能由小苦至大苦，由大苦至苦不堪言。中国
历代皇帝不愿看书的情况倒并不太多，但看什么书因人而异。如
果苏轼与皇帝论诗说文，或许关系会融洽得多，却为祖制所不允
许。他只能向皇帝进讲大道理，讲为君之道、治国之道、爱民之道。
皇帝自有一套看法，于是越讲便越是格格不入。

苏轼在受命为端明殿学士兼翰林侍读学士守礼部尚书之后上
了一份谢表，公开声明自己讲学的原则是"谈王而不谈霸，言义而
不言利"。

其实，这正是元祐党人和元丰党人的分歧所在。皇帝根据自
己的感觉，对元祐党人的一套已经厌烦，国贫兵弱，外有契丹、西
夏，内有流民、盗贼，不谈霸何由而王，不言利何以致义？真是迂腐
之极！苏轼枉负虚名，和程颐有何两样！

苏轼对皇帝的反感并非没有察觉，但他要尽自己的责任，因而
锲而不舍地继续陈述自己的主张。他向皇帝提出六点要求：

一曰慈，二曰俭，三曰勤，四曰慎，五曰诚，六曰明。慈者，
谓好生恶杀，不喜兵刑。俭者，谓约己省费，不伤民财。勤者，
谓躬亲庶政，不迩声色。慎者，谓畏天法祖，不轻人言。诚者，

谓推心待下,不用智术。明者,谓专信君子,不杂小人。

这可以说集中了历代圣主明君的一切优点,也是中国知识分子为历代皇帝设计的一个笼子。可惜,钻进这个笼子的君主少之又少。

中国正派知识分子的最大悲剧就在于善于设计笼子。他们既为君主设计笼子,也为自己设计笼子。但他们的笼子从来就笼不住君主,也笼不住小人,只能笼住君子自己,其后果则往往是小人得志,君子受压。

对于冷眼旁观的皇帝来说,苏轼的这一套纯粹是老生常谈,全无新意。他心中暗自好笑,都什么时候了,你们还将我当小孩子耍!而元祐八年五月七日苏轼的一封题为《乞校正陆贽奏议上进》的札子,更在无意中刺伤了小皇帝的自尊心,招致了此后长达七年的灾难。

在这个札子中,苏轼对中唐名相陆贽推崇备至,说他"才本王佐,学为帝师。论深切于事情,言不离于道德。智如子房,而文则过;辩如贾谊,而术不疏。上以格君心之非,下以通天下之志。三代以还,一人而已"。

称赞陆贽,那也无错,但接下来两句犯了小皇帝的忌讳:"但其不幸,仕不遇时。"这不明明是在自况陆贽吗?你苏轼是陆贽,那我赵煦岂不成了唐德宗?可惜苏轼只顾一时痛快,竟然还在这份给皇帝看的札子中将德宗、陆贽君臣进行反复比较:

德宗以苛刻为能,而(陆)贽谏之以忠厚;德宗以猜疑为术,而(陆)贽劝之以推诚;德宗好用兵,而(陆)贽以消兵为先;德宗好聚财,而(陆)贽以散财为急。

言者无心,听者有意,对号入座是有权者的传统,小皇帝哲宗赵煦也不例外。如今还是太皇太后当家,且放他苏轼一马,但这一箭之仇是非报不可的。

就在上了这个札子以后不久,八月一日,苏轼的夫人王闰之去世了,享年才四十六岁。作为苏轼一生中相依为命的第二位妻子,她和苏轼共同度过了二十五年的风风雨雨。前一年的上元节,她和苏轼在颍州赏月观花,就有"秋月令人惨凄,春月令人和悦"的感叹,不知是否早有预感,她的生命果然在秋季走完。只是这一天的秋月,仅在西边群山之上抹过一丝惨白的线条,就隐而不见了。

苏轼还没有从丧妻的悲痛中缓过气来,另一个打击又降临了,主持朝政八年多的太皇太后高氏因病去世。高太后去世和哲宗皇帝亲政,意味着一场大规模的政治风暴即将来临。高太后在时,哲宗的不满情绪已有所显露,太后病重时,他便公开挑战了。

太皇太后曾将吕大防、范纯仁、苏辙等大臣召至病榻前,让他们尽力侍候皇帝。她看看垂首侍立、面无表情的孙子,又看看一班忠心耿耿却乱了方寸的旧臣,不禁有些感慨:"老身时日已是不多了,我死之后,国家可怎么办?"

到底是自言自语,还是有所嘱托,谁也说不清楚,因此大臣们谁也没有吭声。不料皇帝却冷不丁放了一枪:"自有故事!"有什么大不了的事,不就死个把人吗!至于国家安危,祖宗自有惯例,用不着垂死之人操心。

话说到这种程度,宰相们还有何指望。太皇太后是他们的后台和主心骨,但眼看就要死去;皇帝对他们翻白眼已非一日,他正虎生生地活着。太皇太后自己行将西归,无法继续保护她的大臣。她当着皇帝的面,让宰相吕大防和范纯仁辞官归隐,想用这种办法使皇帝回心转意。但孙子把头扭向窗外,毫无表示。

太皇太后在病中时,御史董敦逸、黄庆基就曾上疏,指责苏轼元祐元年为中书舍人时,借草吕惠卿制词之机,指斥先帝,并与其弟苏辙相为表里,紊乱朝政。这是七年前的事情,重又抖出,实际上是在窥测方向。由于吕大防、苏辙的坚持,董、黄二人被赶出京城,分别为湖北、福建路转运判官。但御史既然弹劾,苏轼便得上疏解释,并请出补外郡。

太皇太后一死,皇帝赵煦便批准了苏轼的报告,让他挂着端明殿学士、侍读学士等旧衔去定州做知州,兼河北西路安抚使。在皇帝看来,没有苏大胡子唠叨,耳根会清净许多。

每一次外任,苏轼总是如释重负。他照例上了谢表,并等着和皇帝告别。但他万万没想到,皇帝以"本任阙官,迎接人众"为借口,拒绝和他见面。苏轼愤怒了,他永远修炼不到弟弟苏辙的涵养,也总是对事情的后果缺乏认识。皇帝既然不见他,他便和皇帝理论:

> 陛下为政九年,除执政、台谏外,未尝与群臣接。然天下不以为非者,以为垂帘之际不得不尔也。今者祥除之后,听政之初,当以通下情、除壅蔽为急务。臣虽不肖,蒙陛下擢为河北西路安抚使,沿边重地,此为首冠,臣当悉心论奏,陛下亦当

垂意听纳。祖宗之法,边帅当上殿面辞,而陛下独以本任阙官、迎接人众为词,降旨拒不令臣上殿,此何义也?臣若伺候上殿,不过更留十日,本任阙官,自有转运使权摄,无所阙事。迎接人众,不过更支十日粮,有何不可。而使听政之初,将帅不得一面天颜而去,有识之士皆谓陛下厌闻人言,意轻边事,其兆见于此矣!臣备位讲读,日侍帷幄,前后五年,可谓亲近,方当戍边,不得一见而行,况疏远小臣,欲求自通,亦难矣。

都什么时候了,苏轼还在和皇帝论理,而且措辞激烈,直斥皇帝"厌听人言,意轻边事"。皇帝虽然比苏轼小整整四十岁,却比苏轼更沉得住气,他暂且不和苏轼计较,这笔账日后再清算。

连遭贬谪

定州(今河北保定)是北宋的北方重镇,距宋、辽边界白沟河仅二百多里。九十年前,真宗景德元年(1004年),辽兵就由定州直趋澶州(今河南濮阳),逼迫宋朝签订城下之盟。钦宗靖康元年(1126年),女真人也是经此地长驱而入,直逼汴梁的。

苏轼到定州时,这个军事重镇却是市井萧条,军营破旧。虽然驻扎着两万多禁军,却因兵饷过低、衣食不给、军纪废弛而全无战斗力。苏轼既为知州,又是安抚使,则上马管军、下马管民。而边境和内地不同,首要之事是整饬兵备。他一面上疏朝廷,请求拨给经费,修缮军营,增加兵饷,一面严肃军纪,惩治违纪军官。

宋朝从太祖开始,就推行崇文抑武的政策,诸路安抚使、经略使均由文官担任,将领受其领导。苏轼以端明殿学士、翰林侍读学士的身份任河北西路安抚使,又名声素著,短短几个月,便将两万禁军训练得军纪严明。

与此同时,苏轼将民间原有的"弓箭社"加以推广,以加强边民的自保能力。弓箭社出现在景德元年。澶渊之盟之后,虽然大规模的战争结束,但契丹人南下掳掠仍时有发生。当地居民以村、族为单位,不论家资厚薄,每户出一丁,"带弓而锄,佩剑而樵",一旦有"虏情",击鼓相召,顷刻之间可集合上千人,以武艺高强者为首领,既可集团作战,也可人自为战。这种民间自卫组织对付零散小股的契丹人非常有效。

虽然哲宗已经亲政,但在朝中执政的仍是吕大防、范纯仁及苏辙等人,所以很快批准了苏轼关于加强和推广弓箭社的报告。也就在几个月内,苏轼在辖区的五百八十多个村子里组织了六百五十多个弓箭社,被动员接受训练的丁壮有三万一千多人。

但是,当苏轼整饬军备刚有成效时,朝廷于元祐九年(即绍圣元年,1094 年)四月来了诏旨,革去他端明殿学士、翰林侍读学士守礼部尚书的官衔。接着,又免去定州太守之职,以左朝奉郎知英州(今广东英德)。一场新的政治运动和政治迫害开始了。

去年九月太皇太后去世,皇帝亲政,曾经一度流传的先太后和司马光等人密谋改立皇帝的谣传重又散布开了。

这是一个十分敏感的政治问题。据记载,当初散布这种谣言的是元祐初被罢官的宰相蔡确及其追随者,蔡确因此被流放而死。至于是蔡确等人利用太皇太后和小皇帝之间的矛盾无中生有,制造谣言,还是太皇太后认为孺子不可教而流露过另立新君的念头,则无从考证。但在中国,所谓政治谣言往往有一二分根据,抑或本有端倪,一经散布,因影响面太大而中止,原先的消息便被指责为谣言了。所以遇到这种事情,当事人和老百姓总是宁信其有,不信其无。皇帝赵煦本来就对祖母及元祐大臣对他轻慢无礼及尽革其父神宗皇帝的新政感到愤慨,这谣言自然也就极易使他相信。

以前有太皇太后撑腰,如今是充满敌意的皇帝亲政,元祐旧臣自然惶恐不安,不知皇帝将有何动作。虽然失势但仍散布朝野的元丰党人则积极活动,窥伺机会。

翰林学士范祖禹是范镇的从孙,又是司马光的学生及合作者,对局势的变化非常担心,首先上疏,提醒皇帝对"小人"的离间活动予以注意,希望他"剖析是非,深拒邪说"。这份被苏轼称赞为"经世之文"的奏疏,却被皇帝留中不答,等到的是恢复刘瑗等十名内侍官职的诏旨。

刘瑗等人是元丰时期神宗宠信的宦官,与吕惠卿、章惇等人关系密切。哲宗赵煦恢复他们的官职,等于给元丰党人发布信号。

元祐八年(1093年)十二月,一直在窥测方向的礼部侍郎杨畏首先发难,称"神宗皇帝更立法制,以垂万世,乞赐讲求以成继述之道"。杨畏先得王安石之学,继赞司马光当政,司马光死后,则攻其无治世之才;吕大防执政后,杨畏又投其门下,帮助吕大防攻击朔党首领刘贽;苏辙为门下侍郎,杨畏因同乡关系,帮苏辙攻击宰相苏颂;但接替苏颂位置的不是苏辙而是范纯仁,杨畏眼见苏辙拜相无期,便诋毁其不可大用。所以人称"杨三度",又称"杨三面"。如今杨畏又揣摩哲宗的意向,要求尽复神宗之政。

哲宗没有理睬范祖禹,却立即召见杨畏,问先朝故臣,谁堪召用。杨畏列上章惇、安焘、吕惠卿、邓润甫、李清臣等人，对其"行义"政绩逐一进行品题，大力陈说神宗建立法度的目的及王安石学说的实效。

杨畏的一番陈词，深合哲宗之意。哲宗立即下诏，以章惇为尚书左仆射、李清臣为中书侍郎、邓润甫为尚书左丞，又以曾布为翰林学士承旨、张商英为右正言，元丰党人逐步占据了政府、内翰及言路等要害部门。吕大防、范祖禹、苏辙、范纯仁先后被驱出京师。

接着，邓润甫首陈"武王能语文王之声，成王能嗣武王之道"，提出了"绍述"的口号；曾布则提出改换年号，以顺天意。

哲宗一一采纳，就在贬苏轼为英州知州的元祐九年四月，改元"绍圣"，元祐九年成了绍圣元年（1094 年）。于是哲宗尽革元祐之制，尽召元丰之臣，尽复元丰之制。

司马光在五年前曾被翻过一次"烧饼"，哲宗在章惇、曾布等人的帮助下，又一次翻烧饼。整个国家及老百姓得又一次经受政治运动的折腾。

苏轼的罪名仍是在撰吕惠卿诰词时"讪谤先帝"。那是八年前的事了，苏轼为中书舍人，官员诰文多出其手，其中有一则《吕惠卿责授建宁军节度副使本州安置不得签书公事》的制敕。王安石当政时，凡有举措，均与吕惠卿商议，新法多出吕惠卿之手。及至柄政，吕惠卿打击异己不择手段，最后连王安石也不放过，必欲置之死地而后快，故被朝野视为第一小人。连后来章惇、曾布、蔡京当道，也不敢引荐吕惠卿，苏轼写他的诰文自是毫不留情。诰词一下，天下传诵，吕惠卿永世不得翻身：

> 具官吕惠卿，以斗筲之才，挟穿窬之智，谄事宰辅，同升庙堂。乐祸而贪功，好兵而喜杀，以聚敛为仁义，以法律为诗书。首建青苗，次行助役。均输之政，自同商贾；手实之祸，下及鸡豚。苟可蠹国以害民，率皆攘臂而称首。

说到吕惠卿的罪恶，不能不涉及信之用之的神宗。苏轼在处理这一问题时，用词倒是费了周思的：

> 先皇帝求贤若不及，从善如转圜。始以帝尧之心，姑试伯鲧；终然孔子之圣，不信宰予。发其宿奸，调之辅郡；尚疑改过，稍畀重权。复陈罔上之言，继有砀山之贬。反复教戒，恶心不悛；躁轻矫诬，德音犹在。

这段文字应该说没有任何漏洞，神宗的责任全推给了吕惠卿。但攻击者恰恰在这上面找毛病。吕惠卿既是伯鲧、又是宰予，皇帝显然无知人之明。

范纯仁不愧为范仲淹之子，尽管苏辙曾经联合吕大防、杨畏等人攻击过自己，如今又是元丰党人得势，他仍极力为苏轼辩护，并指出，如今上疏攻击苏轼者如赵挺之等人，当年均为御史，既然苏轼讪谤先帝，为何那时畏避不言，过了八年才说？但哲宗不管这一套，他早就准备和苏轼算账，这个想法在给苏轼的指令中表露出来了：

> 若讥朕过失，何所不容。乃代予言诋诬圣考，乖父子之

亲,害君臣之义。在于行路,犹不戴天;顾视士民,复何面
目……汝轼辩足以饰非,文足以惑众。然而自绝于君亲,又将
谁怼!

一切都是你自己找的,怨不得旁人。"讪谤先帝"不过是幌子,
最要紧的是曾经"讥朕过失"。

见到这份诏书,苏轼彻底失望了! 他没有想到为人君者竟如
此气量狭小,听不得批评意见。这时,弟弟苏辙已被贬知汝州,挚
友范祖禹出知陕州,范纯仁也随即被罢相,大势已去,苏轼只得凄
凉就道。

但苏轼对形势的严重性仍然认识不足,南下至滑州(今河南滑
县)时,因路资不继,身体老病,英州接官差人未到,定州送官差人
又不愿继续南行,故而上疏,请求改陆行为水行。接着,他又再一
次提出改派越州。

苏轼即便不上疏,哲宗也不会轻易放过他。这一上疏,不啻提
醒哲宗自己的存在。既然英州不去,想去越州,那就干脆送佛到西
天,一道诏旨下来,苏轼再次被贬官为左承议郎建昌军司马,惠州
安置。不仅降了数级,贬所也更远了。

苏轼不能让全家跟着自己受罪,让长子苏迈带着全家老小往
常州宜兴居住。苏轼元丰八年曾在那里买下了住宅田地,没想到
这次派上了用场。他自己带着最小的儿子苏过和侍妾王朝云继续
南下。但刚到当涂(今安徽怀远县),夺官文书又到了,改贬宁远军
节度副使,仍惠州安置。当然,朝廷也批准了他改走水路的要求。
既然还没有尝够贬所的滋味,就不能让他死在道上。

惠州行程

绍圣元年(1094年)十月,经过半年时间的长途跋涉,苏轼终于
到了惠州。

一路上,苏轼有过极度的悲伤和失望,他在寄给定州同僚的诗
中表示了这种感慨:

> 人事千头及万头,
>
> 得时何喜失时忧。
>
> 只知紫绶三公贵,
>
> 不觉黄粱一梦游。
>
> 适见恩纶临定武,
>
> 忽遭分职赴英州。
>
> 南行若到江干侧,
>
> 休宿浔阳旧酒楼。

但对生活的乐观态度,使他很快从伤感中振作起来。况且,这
一次贬谪虽然比二十年前去黄州更加险恶,精神上却觉得更有寄
托。弟弟苏辙先知汝州,改调筠州;吕大防、范祖禹、刘安世……三
十多位元祐大臣都和苏轼向同一个方向流放。他们所承受的不仅
仅是个人和家族的耻辱,还是国家的耻辱。

在所有人当中,范纯仁本来可以是唯一的幸存者,父亲的名声
和他自己的为人,使哲宗乃至元丰党人也对他刮目相看。但他不

愿独自推脱责任,既然元祐大臣都要遭受劫难,那就有难同当吧!

　　苏轼幼年时,对范滂的人格非常敬仰,如今,能够和范滂的后人范纯仁一道为国家的灾难承受责任,这苦涩之中竟生出几分豪气。心境既好,这乘舟流放,直下岭南就成另一番滋味了。一路之上,到处有动人的景色,有值得纪念的事情。

　　船到当涂,阻风而不前,苏轼便干脆靠岸小憩:

> 此生归路愈茫然,
> 无数青山水拍天。
> 犹有小船来卖饼,
> 喜闻墟落在山前。

到湖口又是一番情致:

> 我梦扁舟浮震泽,
> 雪浪摇空千顷白。
> 觉来满眼是庐山,
> 倚天无数开青壁。

进了鄱阳湖,驶入赣江,苏轼觉得如归故土:

> 江西山水真吾邦,
> 白沙翠竹石底江。

到吉州了,这是先师欧阳修的故里。过虔州了,先父苏洵曾在这里凭吊白居易。翻过大庾岭,穿过梅关,便到广东地界了。

岭南在当时人们眼中还是烟瘴之地,在苏轼眼中,却充满生机和诱惑。

到广东的第一站是南雄,顺浈水南行便是韶州了。曹溪南华寺就在韶州城南四十里处。

这是佛教名寺,当年禅宗六祖慧能在此开坛讲道,创立了南派禅宗。

待到惠州地界,苏轼不禁欣喜若狂。有道教"第七洞天"之称的罗浮山竟然就在惠州城北,这是东晋道士葛洪修炼之地。苏轼自黄州开始练气养生,如今到了祖师爷的修炼处,真是上苍的安排:

> 东坡之师抱朴老,
> 真契早已交前生。
> 玉堂金马久流落,
> 寸田尺宅今谁耕。

世事已不可挽回,仕途如龙潭虎穴,何必再去管那凡世间的庶事,这罗浮山不正是修身养性、练气运功的绝好所在吗?苏轼更加明白了,为什么李白才高八斗、白居易文播四海,竟然都皈依佛道。看来,人生诸多烦恼,都是由看不破功名利禄而起,一旦将功名利禄视作粪土,何处不是世外桃源。

自绍圣元年十月抵惠州,到绍圣四年四月再贬儋州,苏轼在惠州度过了将近三年的时光。

谁说岭南是烟瘴之地，苏轼觉得，惠州的风物之美不让江南：

> 春风岭上淮南村，
> 昔年梅花曾断魂。
> 岂知流落复相见，
> 蛮风蜑雨愁黄昏。
> 长条半落荔枝浦，
> 卧树独秀桄榔园。
> 岂惟幽光留夜色，
> 直恐冷艳排冬温。
> 松风亭下荆棘里，
> 两株玉蕊明朝暾。
> 海南仙云娇堕砌，
> 月下缟衣来扣门。
> 酒醒梦觉起绕树，
> 妙意有在终无言。
> 先生独饮勿叹息，
> 幸有落月窥清尊。

朝廷中的奸诈小人，你们不是想让我苏轼在岭南受苦吗？我却照样过得快活：

> 罗浮山下四时春，

卢橘杨梅次第新。

日啖荔枝三百颗，

不辞长作岭南人。

其实，以苏轼的人品，以苏轼的文采，罢不罢官又有何要紧，他到哪里，哪里就要卷起一股苏旋风。

南雄、广州、循州、梅州太守听说苏轼到了惠州，都是喜出望外，或派人送酒赠物，或径往惠州看望。至于有地主之责的惠州太守詹范和博罗知县林抃，更视苏轼为上宾。如昔日苏轼在黄州一样，如果不是连遭贬谪，苏轼岂能到岭南。广东道士吴复古、苏州僧人卓契顺竟然自告奋勇，当起了信使，替苏轼向弟弟苏辙、儿子苏迈传递信息。常州钱世雄、杭州僧人参寥、黄州老友陈慥、金山诗僧佛印，以及因受苏轼牵连而被流放却毫无怨言的"苏门学士"黄庭坚、秦观、张耒、晁补之等，也时时致书问候。历来冷清的惠州城，因为住了个苏轼而变得热闹起来了。

苏轼谪居黄州时，四川道士杨世昌专程从川中赶来看他，二人泛舟赤壁，在清风月夜探讨人生哲理，竟然促成了苏轼的千古绝唱《赤壁赋》。转眼就是十多年了，杨道士如今仙游何方，苏轼没有询问。但另一位四川道士陆惟忠不远千里来到惠州，没有其他事情，只是陪苏轼喝酒。

苏轼一生性喜喝酒，仅在惠州，他就至少发现了两种好酒。他告诉陆道士，一种酒是用蜜柑酿成，喝了之后使人飘飘欲仙，有飞天涉水之感，常喝更可强身健体、却病延年。另一种用桂花酿成，酒色盎然，酒香醉人，简直怀疑非人间之物。陆惟忠就是在苏轼的这番鼓舞下跋山涉水来到惠州的。

其实,苏轼喜酒却不善喝酒,自称喝一整天酒也不过四五合(两),一喝便醉,一醉便飘飘欲仙,便精神振奋,诗情画意也就涌上心头。

好友王定国来到惠州,让自己带来的歌妓劝苏轼喝酒。歌妓是京城人,复姓宇文,艺名柔奴,长得眉目清丽,天生一副好嗓子。

苏轼本来已有八分醉意,见柔奴说是京城人氏,不由勾起一阵凄楚。他举着酒杯问柔奴:"世居京师,来这岭南,可曾思归?"

柔奴盈盈一笑:"此心安处,便是吾乡。"

苏轼闻言,如遇知音,大醉而归。

他向客人吹嘘的蜜柑酒、桂花酒,也并不是什么上好佳酿,纯粹是心境所致。就像他一生四处飘游,总说所到之处尽是佳境,而且入诗入文,令人神往。等到人们身临其境,觉得不过如此。没有苏轼的意境,便感受不到苏轼的笔下山水。苏轼用来招待客人的蜜柑酒、桂花酒,自我感觉良好,客人则未必中意,只是能和东坡居士一道喝酒,哪会计较酒的优劣。据记载,不少人因为喝了苏轼自己酿的酒而闹肚子,寻坑找厕,出尽洋相。却没有谁去抱怨他,反倒觉得为人生一大乐事。

苏轼在惠州,大抵是做三件事:喝酒、悟道、爬山。这是他在黄州时开始养成的习惯,一日不饮酒则病,一日不悟道则病,一日不爬山则病。但是,一旦能为百姓办事,三者皆置于脑后,百病不入。

有人对苏轼在惠州时策划的公益事业作了统计,大者不下十次。博罗县大火,苏轼一面积极组织救灾,一面说服广东提点刑狱程正辅上书朝廷,为正在休假的县令林抃解脱干系。惠州驻军缺乏营房，散居市井，骚扰百姓，苏轼帮助知州詹范筹措资金，盖起营房三百间，使军民相安。广州居民饮水困难，苏轼致书广州太守王古，建议以竹竿引蒲涧水入城，解决了广州饮水的问题。惠州北临东江，西有丰湖，本有长桥，因年久失修而毁坏，苏轼建议集资重修，并捐出了自己的犀带。两桥修复后，万民庆贺，三日不散。惠州南濒大海，北扼东江，商贾往来，多有客死此地者，苏轼说服太守詹范建一大墓地，将无主孤坟及暴露的遗骸合葬，既告慰了死者，又使生者得以乐业。

一个具有伟大人格的人，不管处于何种地位，总是要为社会做出贡献的。

朝云之死

陪苏轼来到惠州的，除了儿子苏过，还有侍妾王朝云，这是他的生命中第三个相依为命的女人。

王朝云是苏轼通判杭州时来到这个家庭的，那时她才十二三岁。二十年来，作为苏家的成员，她随着苏轼到密州、到徐州、到湖州、到黄州、回京师、归杭州，既分享苏家的欢乐和荣誉，也分担苏家的痛楚和耻辱。在黄州时，她为苏轼生下了第四个儿子，但儿子在长途跋涉中夭折了。

王朝云在名分上不比王弗和王闰之。后两人是苏轼明媒正娶的夫人，所以王弗死后被朝廷追封为"通义郡君"，归葬故乡；王闰之死后同是被封为"同安郡君"，后来与苏轼合葬。王朝云初入苏家为丫鬟，后为侍妾，在名分上不能享受王弗和王闰之的待遇。虽然王闰之信赖她,苏迈兄弟也敬重她,但毕竟有些隔阂。与天下所有女人一样,王朝云希望有自己亲生的儿子,儿子却夭折了。苏轼既伤子亡,又疼朝云:

> 吾老常鲜欢,赖此一笑喜。
> 忽然遭夺去,恶业我累尔。
> 衣薪那免俗,变灭须臾耳。
> 归来怀抱空,老泪如泻水。
> 我泪犹可拭,日远当日忘。
> 母哭不可闻,欲与汝俱亡。
> 故衣尚悬架,涨乳已流床。
> 感此欲亡生,一卧终日僵。

　　但王朝云是非常通情理的,她没有将过多的悲伤带给这个家庭,强忍失子的悲痛,继续帮助王闰之处理家务,照顾苏轼的饮食起居。元祐八年(1093 年)九月苏轼永远离开京师时,王闰之已经去世,王朝云挑起她留下的全部家务,使得苏轼在妻亡之后,不至感到生活上的不便。

　　苏轼谪居岭南时已年届花甲,王朝云才三十二岁。苏轼决心独自承受政敌的打击,故将家人安顿在宜兴,但对王朝云有些犯难。以朝云的身份,只能跟着自己,而不便让她和苏迈、苏迨及其家小去宜兴。此去岭南,路途险远,前景叵测,虽然舍不得朝云离去,却不忍让她随自己吃苦。按当时的习惯,侍妾也确实可以不尽这份责任。但王朝云已将自己和苏轼融为一体,虽然是灾祸临头,她也绝不离苏轼而去。

王朝云成了苏轼第二次流放中的生活伴侣和精神寄托。他们一起游览惠州的山川，一起炼丹养气。讲究修炼仙术的道家丹鼎学派不仅有单修性命的口诀，还有性命双修乃至男女夫妇合籍双修的法门。但苏轼和朝云恐怕尚未通晓这种法门，或者未能取得成效，在他们来到惠州的第三年七月，朝云就因感染流行病而去世了。

朝云的去世，距王闰之去世虽然只有三年，这三年间却从无宁日，苏轼从仕途的巅峰直落谷底，其间的凄苦悲凉都是由朝云和他一起分担的。到惠州后，生活刚刚安定，苏轼原打算在此和朝云厮伴到老，但朝云走得如此匆忙，享年才三十四岁。上天为何总是与好人过不去？就在不久前，苏轼还专为朝云写了一首诗，说要和朝云一起修炼，共求长生：

> 经卷药炉新活计，
> 舞衫歌扇旧因缘。
> 丹成逐我三山去，
> 不作巫阳云雨仙。

朝云不等丹成而去。苏轼根据朝云的意愿，将她安葬在城西丰湖边山脚下，让她枕山伴湖而眠。墓碑上是苏轼自己写的墓志铭，这是王闰之没有享受到的待遇。墓顶建有一亭，名"六如亭"。从此以后，直到离开惠州，这六如亭便成了苏轼常来之地。六如亭下，有他终身思念的红颜知己。

秋去冬来,苏轼经过一段时间的筹划,动工盖建居室。他打算定居惠州,永久陪伴朝云。为了他,朝云献出了自己的全部精神和整个躯体,该轮着他回报朝云了。眼看新居就要落成了,他和朝云借住的松风亭外梅花开得正盛。去年冬天,他们还一起观赏梅花。他怎么也不相信朝云已离他而去。那傲霜顶雪的梅花,不就是伴随自己二十多年的朝云吗?一篇说是咏梅实是寄情的《西江月》在苏轼的脑际涌出:

> 玉骨那愁瘴雾,
> 冰肌自有仙风。
> 海仙时遣探芳丛,
> 倒挂绿毛幺凤。
> 素面常嫌粉涴,
> 洗妆不褪唇红。
> 高情已逐晓云空,
> 不与梨花同梦。

但朝云毕竟是永远地去了。她下葬后的第三天晚上,惠州下了一场大雨。大雨过后,早上出耕的农民从墓前经过,见墓边有一双巨大的脚印。

这消息很快就传开了,大家都认为,这是佛祖派来的接迎使者的脚印,使者是专程来接朝云去西方极乐世界的。

消息自然也传到了苏轼那里,他带着苏过来看足迹。他相信,朝云去了极乐世界,但他还得孤零零地受这尘世间的苦难。却没想到,更大的苦难还在等着他。

远涉海南

按理说,在元祐诸臣中,最能受磨难的还属苏轼兄弟。

章惇、蔡卞、蔡京等人当权后,元祐大臣无论蜀党、洛党,或中立无党者,几乎被一网打尽:死去的被追贬官职,尚在的流放岭南。吕大防、梁焘、刘挚、范祖禹、秦观等人或死于贬所,或死于道路,苏轼兄弟则硬是挺了过来。

苏辙深知祸从口出,故出京之后谢绝一切应酬,杜门不见宾客,每日只是读书作文、练气养生。后遇赦定居许昌,他也是行此韬晦之计。

有亲戚从四川来看他,等了十多天,也没见到苏辙,于是买通门子。门子告诉他,遇上好天气,苏辙常常会去宅旁竹林散步。有了内线,这位亲戚便在竹林等候,终于等到了苏辙。苏辙一见,不禁大吃一惊,继而悦色相见。寒暄了一阵,苏辙让亲戚在竹林内等他,说是片刻即回,但一去再也不见人影。

苏轼听说这件事,觉得不可理解:"子由难道打算与世隔绝吗?"通过这种办法,苏辙确实使对手抓不住把柄。

苏轼却不同,他是天生的不耐寂寞,走到哪里都是新闻人物,都要交朋结友,都要题诗留文,都要引起朝中政敌的关注。他因写诗而下狱,出狱的当天晚上又忍不住写了两首诗,明知"平生文字为我累",还要说"城东不斗少年鸡"。元祐四年(1089年)出知杭州,元老文彦博以八十三岁高龄前来送行,为的是一语相赠:"愿君至杭少作诗,恐为不喜者诬谤。"苏轼感谢老人的好意,也知道不少人在等着为他的诗作注解,却仍是我行我素。这次被贬惠州,苏辙等人告诫他再不可随意作诗,他自己也一再表示要"蔬饭藜床破衲衣,扫除习气不吟诗"。但写诗和喝酒一样,早已是他生命的一部分,一天不吃饭或许挨得过去,但诗兴一来,无论如何抑制不住。

别人都将流放视为苦难,苏轼却随时可以在苦难中寻找到欢乐。这其中既有天性,也有自我的心理调整。在苏轼眼里,惠州的一山一水、一草一木几乎都可以入诗,他也时时陶醉在天造地设的自然与人文之中。

绍圣四年(1097 年)四月,苏轼在惠州的新居落成不久,朝云去世还不及一年,朝旨又下来了,再贬他为琼州(今海南海口市)别驾,昌化军安置。这昌化军旧称儋州(今海南儋州市),熙宁六年(1073 年)改州为军,实为"化外"之地,居民主要是黎族。在元祐大臣中,苏轼是唯一一个被贬到海南的。

很多人相信这样的说法:章惇是在看到苏轼的一首诗以后决定整治这位多年好友的。苏轼在搬入惠州新居之后,以《纵笔》为题,写了一首小诗:

　　白发萧散满霜风,

　　小阁藤床寄病容。

　　报道先生春睡美,

　　道人轻打五更钟。

虽然远在惠州,但只要苏轼一有新诗佳词,很快就会传遍全国。京师为人文荟萃之地,更有大批苏轼的崇拜者。

这首诗也被送到了章惇处。尽管他和苏轼曾是至交好友,他的两个儿子也在苏轼知贡举时金榜高中,但打击政敌,章惇从来不念私情。他将苏轼的诗念了两遍,心中升起一股莫名的嫉妒。无论在朝在野,自己总是如箭在弦,没有一天悠闲自在;苏轼则无论在朝在野,总是有那样多的朋友,那样多的欢乐。按理说,苏轼颠沛流离,发放海滨,妻死妾亡,举目无亲,应该凄楚悲凉才是,怎么还是那样有兴致、有闲情?

章惇也是饱学机敏之士,却勘不破"君子坦荡荡、小人长戚戚"的道理。他总是算计别人,希望别人痛苦,否则他就不自在、不痛快。如今见到苏轼的诗,似乎已将惠州视杭州,比自己在京城还快活,还逍遥自在,他不由得咬牙切齿:"苏子尚尔快活耶?"不能让苏轼再快活。他说服哲宗,还是以"讪谤先帝"为名,一道旨意,苏轼便得飘洋过海,去那言语不通、生民不化的古儋州。

章惇是福建人,移居苏州,入仕后也并没有到过岭南,更不知海南状况。但他相信,离中原越远,生活条件、文化氛围就越差,所以把元祐大臣统统赶到岭南。而苏轼兄弟、范祖禹、刘安世与章惇是平辈,本来素有交情,一经反目为仇,报复也就更加厉害。范祖禹被流放到化州(今广东化州市)、刘安世被流放到梅州(今广东梅县区),均为穷山僻壤。范祖禹经不住长途跋涉之苦,死于贬所。刘安世差点死于刺客之手。至于苏轼兄弟,章惇则根据他们的字号,苏轼字子瞻,被贬到儋州,苏辙字子由,被贬到雷州(今广东雷州市)。在中国的政治迫害中,章惇此着也算是创举。

章惇机关算尽,却没有算到他的安排为苏轼兄弟的最后一次聚会提供了机会。苏轼绍圣四年(1097年)四月十九日离开惠州,顺东江而下,然后溯西江而上,经梧州、藤州,再南下雷州渡海。与此同时,苏辙也正在前往雷州的路上。苏轼到梧州时,苏辙刚刚离去,于是苏轼赶往藤州,终于在五月十一日追上了苏辙。

这一年,苏轼六十一岁,苏辙五十九岁。自从嘉祐元年(1056年),兄弟二人随父出川,奔竞科场,风风雨雨四十年,没想到垂老之时竟然相逢于流放路上。虽说是宦海沉浮,但结局毕竟难以接受。所幸苍天有眼,让兄弟二人有见面的机会。他们由藤州到雷州,前后一个多月,个人的生死倒可置之度外,国家的前途却令人忧郁,但谁也无力回天,不知这场戏还得演多久。

儋州晚秋

辞别苏辙,苏轼带着儿子苏过,渡过茫茫大海,穿过重重莽林,于当年七月到达昌化军贬所。以前苏轼下狱、贬谪,都是由长子苏迈陪同。这一次流放惠州、儋州,照料任务则由苏过来承担。一来苏过年轻,二来也可由父亲亲自指点文章。

章惇是够狠毒的,他为苏轼选择了一个自认为足以摧折信念、毁灭躯体的地方,食无肉、病无医、居无室、出无友、冬无炭、夏无泉,穷山恶水、人蛇杂居,让苏轼在此与蛮夷为伍、悠闲自在吧!

苏轼刚到儋州,由章惇授意派出的监察官也跟踪而来。章惇虽然将苏轼打发到万里之外,但总是担心,以苏轼的名气,尽管是贬谪,只怕地方官仍将其视为上宾,朝中的争权夺利、党派纠纷,大多数地方官是弄不清楚、也懒得过问的。况且,三十年河东,三十年河西,谁知道过了几年又会有何变化。

章惇的担心不是多余的,监察官发现,苏轼到儋州后仍是开心愉快的。昌化军使张中虽是军人,却颇喜诗文,对苏轼这样的大文学家早就崇拜不已。如今苏轼到他的辖区内谪居,他自然尽一切地主之谊。苏轼一到,张中便将其安排在自己的衙门暂住,同时派军士修缮伦江驿馆舍,作为苏轼的居室。他又拨出一块熟地,让苏轼父子耕种。张中和苏过年龄相当,谈论投机,又是棋友,闲暇之时,二人捉对厮杀;苏轼则一旁观战,日子倒也容易打发。

张中对苏轼的礼遇给自己带来了麻烦,监察官将苏轼驱出馆舍,张中则被罢黜,安置到雷州。监察官同时还调查到,雷州太守张逢美食好酒招待了苏轼兄弟半个月,此后又不断关照在雷州的苏辙。一个报告上去,朝旨便下来了,张逢停职、苏辙移循州(今广东龙川县)安置。

但苏轼不管在哪里,总能得到当地士民的帮助。虽然被驱出馆舍,当地百姓却帮他盖了三间新房,其中黎子云兄弟出力最多。他们是汉化较深的黎民,对中原文坛的著名人物素来敬仰,何况他们帮助的还是这些著名人物中的顶尖角色。还有一位家居儋州的汉人王介石,里里外外,一手操持,旁人竟以为他是苏轼父子带来的仆人。

经历过乌台诗案的打击后,无论在何处,苏轼都学会了以乐观通达的态度面对人生。由于新居是建在桃榔林中,因此,落成之后,苏轼将新居命名为"桃榔庵",并作了一篇《桃榔庵铭(并序)》:

东坡居士谪于儋耳,无地可居,偃息于桃榔林中,摘叶书铭，以记其处。

　　九山一区，帝为方舆。神尻以游，孰非吾居。百柱赑屃，万瓦披敷。上栋下宇，不烦斤铁。日月旋绕，风雨扫除。海氛瘴雾，吞吐吸呼。蝮蛇魑魅，出怒入娱。习若堂奥，杂处童奴。东坡居士，强安四隅。以动寓止，以实托虚。放此四大，还于一如。东坡非名，岷峨非庐。须发不改，示现毗卢。无作无止，无欠无余。生谓之宅，死谓之墟。三十六年，吾其舍此，跨汗漫而游鸿濛之都乎？

　　海氛瘴雾、蝮蛇魑魅，常人难以忍受，在苏轼笔下都是如邻似友；千山万水、古树青藤，常人视为畏区，在苏轼笔下都是天然居所。但苏轼毕竟没有超尘脱俗，以他的个性，以他的抱负，以他的才学，又岂肯久困于山间林下，只是时势所迫，不得不强安四隅。他在来儋州之前就抱了必死海外的念头，所以在给广州太守王古的信上说：垂暮投荒，无复生还之望；已与长子苏迈诀别，对后事作了安排。他到海南后，先作棺，后作墓，尸体就地安葬。但生存乃是人的本能，尤其是苏轼，他必须坚持活下去，活着就是对政敌的反击。有了"放此四大，还于一如"的打算，那么儋州的山水便是故乡，儋州的百姓便是故旧。

　　苏轼是个拿得起放得下的超人，除了程颐那样的伪道学，他可以和任何人交朋友，包括敢于杀人的章惇、执拗不群的王安石、险恶刻薄的李定。苏辙多次劝他择友宜慎，他却对苏辙说，上至玉皇大帝，下至田院乞儿，都可以交朋友。在他的眼里，天底下几乎没有坏人。即使是程颐，也不过是性情不合，不愿交往而已。

如今在海南，苏轼接触的尽是山野村夫，即便有些文化人，也是默默无闻的穷秀才，功名最高的也不过是乡荐进士。但苏轼和他们也有说不尽的话题，而且无拘无束，不用担心他们去告密。其实，苏轼从来就不是怕人告密的人，他和乡村黎民固然无话不说，和王安石、章惇、李定也是无所顾忌。猜忌、怨恨、愤慨，都随它去吧！如果不是这样，就不是苏轼了。

海南一住就是三年，苏轼的身体明显不如从前了，但他仍然兴致盎然，做着自己愿意做的事情，练气、念佛、采药、写诗、作文、绘画、与远方朋友通信、指导苏过读书、帮助黎民革除恶习，生活还真丰富多彩，充满乐趣，不知老之将至。对于这些趣事，苏轼往往随时笔录，于他自己当是习惯，却给后人留下一个活生生的东坡居士。

在黄州时，酒贵且劣，苏轼便自行酿造，自我感觉良好，逢人便吹，结果将客人灌得上吐下泻。到海南，写字作画却无好墨，苏轼便又自行制作，不料松香着火，差点将房子也烧了，但仍得了不少佳墨，喜得他手舞足蹈。他将这种墨命名为"海南松煤东坡法墨"，自认为不比当年李廷珪、张遇制作的名墨差。又撰文《记海南作墨》，记此奇遇：

> 己卯（元符二年，1099年）腊月二十三日，墨灶火大发，几焚屋。救灭，遂罢作墨。得佳墨大小五百丸，入漆者几百丸，足以了一世著书用。仍以遗人，所不知者何人也。余松明一车，仍以照夜。

制墨是乐趣,起火也是乐趣,赠人仍是乐趣,这种乐趣是章惇、蔡京辈永远体验不到的。

浩气长存

苏轼到海南时已经六十一岁,原以为会客死儋州。但在中国,此身一卖给帝王家,便不属己有。苏轼由谪居黄州而为登州太守,继而入京为中书舍人、翰林学士,是因神宗去世,太皇太后执政;后由定州谪惠州,又谪儋州,则是因为太皇太后去世,哲宗亲政。要改变命运,除非哲宗来个驾崩。但哲宗亲政时才十八岁,怎能指望他走得那样快。更何况,当时的正人君子即便是这种念头在脑中一闪而过,也是罪过。小人当然例外,章惇他们想来不知诅咒过太皇太后多少遍。但想不到,不敢想的事偏偏又发生了。

元符三年(1100年)正月,二十七岁的哲宗竟然说死就死。当时苏轼还在津津乐道制墨失火的趣事。不知是否这把火将远在京师紫禁城内哲宗皇帝的灵魂带走,反正他得去阴曹地府向父亲神宗皇帝陈“绍圣”的业绩。

哲宗死了,他没有儿子,就由他的弟弟端王赵佶继位,太后向氏听政。向氏是神宗的皇后,她和神宗的母亲太皇太后高氏一样,虽然不懂多少政治,却本能地将司马光、范纯仁、苏轼兄弟等元祐大臣视为正人君子,而不满意章惇等人的作为。故此,向太后一旦听政,便大赦元祐党人,苏轼也接到朝旨,以琼州别驾,廉州安置,后又复朝奉郎的官衔,提举成都玉局观,得随处居住。

这年六月,苏轼告别了相处了三年的儋州父老,和苏过一起踏上了北归之路。苏轼重返中原的消息似乎在一夜之间就传遍了三川五岳,在雷州,在廉州,在梧州,在广州,在英州,在韶州,在虔州,在洪州,在金陵,处处有欢迎他的人众;有相识的,有不相识的,人人都怀着崇敬的心情,瞻仰东坡居士的风采。人们不仅仅是为了他的千古文章,更是为了他的万载正气,其中也包含着对正人君子的同情和对奸邪小人的鞭挞。与此相对照,同一时期,章惇被流放到苏辙住过的雷州,连住房也借不到。

苏轼这次打算回到常州定居,但长途跋涉的劳累和江南夏日的酷暑,竟使他一病不起。从建中靖国元年(1101 年)六月初染病,到七月中旬病势加重。他病中做了一梦,梦见自己写了一首诗赠给好友朱服。醒来之后,他挣扎着将梦中诗写了下来:

> 舜不作六器,谁知贵珉璠。
> 哀哉楚狂士,抱璞号空山。
> 相如起睨柱,头璧相与还。
> 何如郑子产,有礼国自闲。
> 虽微韩宣子,鄙夫亦辞环。
> 至今不贪宝,凛然照尘寰。

这首五言短诗一共才十二句,用了五个典故,既嘲笑楚人和氏及赵人蔺相如的轻人重玉,又颂扬郑相子产和贱民韩起的轻宝重义,用典并不十分贴切,文辞也未见特色,但苏轼一生的人格和追求都在这首算不上名作的绝笔诗中显示出来。

写了这首诗后的第三天,即宋徽宗建中靖国元年七月二十八日,苏轼走完了六十五年的人生道路,在他希望的终老之地常州去世了。

苏轼死得太早了,人们还等着讽诵他的新作,希望他再度进京,重整朝纲,但他永远地去了。苏轼死得其实正是时候。临死前,他回到了自己希望回到的地方,了却了他生前想做的事情,他安详地死在亲人和朋友之中,免受了即将到来的更大的个人耻辱和民族灾难。神宗皇后听政不过半年就去世了。她似乎是受上天的安排来偿还丈夫和儿子(虽然并非她所生)对苏轼及正直人士欠下的宿债的;一见还清宿债,她便随丈夫和儿子而去。

功名利禄是短暂的,它随着政治风云的变幻和时代的推移而烟消云灭。几百年过去了,除了专家们还记得苏轼曾经做过翰林学士、端明殿学士,追赠过太师、文忠公,大众百姓早已不去过问苏轼做过多大的官,享受过多么优厚的待遇。

苏轼留给后人的,是他那雄视千古的诗文,以及在诗文中所表现出来的百摧不折的浩然之气。说来也甚是可笑,苏轼死去七十年之后,专门从事平反昭雪的南宋孝宗赵昚竟也发现了他们赵家政权竟然有如此优秀的臣子。虽然说这是中国历史上反复发生的悲剧,但赵昚为苏轼文集作的一篇序文,不失为苏轼的知音:

> 成一代之文章,必能立天下之大节。立天下之大节,非其气足以高天下者,未之能焉。孔子曰:"临大节而不可夺,君子人欤?"孟子曰:"我善养吾浩然之气,以直养而无害,则塞乎天地之间。"盖存之于身,谓之气,见之于事,谓之节,合而言之,道也。以是成文,刚而无馁,故能参天地之化、关盛衰之运。

不然,则雕虫篆刻、童子之事耳,乌足与致一代之文章哉!

其实对苏轼来说,有没有孝宗的平反、加封、作序都无关紧要,他早已将自己的肉体和精神融于大众之中。统治者只是将褒扬之辞刻在石碑上,而大众却在心中为苏轼矗起了永存的丰碑!

附 录

苏轼年谱简编

眉山出神童

宋仁宗景祐三年丙子（1037）一岁　公历1037年1月8日生于四川眉山县。摩羯座。

庆历二年壬午（1042）七岁　始读书,初闻新政,知欧阳修、范仲淹等名。

庆历五年乙酉（1045）十岁 听母程氏讲授《汉书·范滂传》,景仰范滂。

庆历八年戊子(1048)十三岁 寿昌书院读书。

文名动京师

至和二年乙未（1055）二十岁　到成都谒张方平。

嘉祐元年丙申（1056）二十一岁　与弟辙随父赴汴京(今河南开封)应试。

嘉祐二年丁酉（1057）二十二岁　与弟辙同中进士。深受欧阳修赏识,苏氏父子三人名动京师。四月,母程氏卒,奔丧故里。

嘉祐四年己亥（1059）二十四岁　守制期满。与弟辙及父洵再赴汴京。

嘉祐五年庚子（1060）二十五岁　授河南福昌县主簿,弟辙领渑池县主簿,俱未赴任。

仕途初跋涉

嘉祐六年辛丑（1061）二十六岁　参加制科考试,中第三,列三等。除大理评事,凤翔府签判。

嘉祐七年壬寅（1062）二十七岁　在凤翔祈雨治旱。

嘉祐八年癸卯（1063）二十八岁　识得陈希亮、陈慥父子。

英宗治平二年乙巳（1065）三十岁　还朝。判登闻鼓院,直史馆。五月,妻王弗卒于京师。

治平三年丙午（1066）三十一岁　父苏洵卒。

治平四年丁未（1067）三十二岁　与弟辙护父丧返川。

神宗熙宁元年戊申（1068）三十三岁　续娶王闰之为妻。冬,与弟辙第三次出川赴汴京,在长安度岁。

熙宁二年己酉（1069）三十四岁　二月还朝,在京任殿中丞直史馆判官告院。王安石始行新法。

苏公天下知

熙宁四年辛亥（1071）三十六岁　自判官告院改权开封府推官。上书神宗,论朝政得失。四月奉命通判杭州。七月出京,陈州见苏辙。九月与弟辙赴颍州谒欧阳修。十一月到任杭州。

熙宁五年壬子（1072）三十七岁　在杭州兴修水利。

熙宁六年癸丑（1073）三十八岁　协助陈襄修复钱塘六井。在常州、润州赈饥。

熙宁七年甲寅（1074）三十九岁　纳妾王朝云。十一月改知密州,为旱灾、蝗灾事操劳。王安石罢相。

熙宁八年乙卯（1075）四十岁　十年生死,悼念亡妻王弗。二月王安石复相。

熙宁九年丙辰（1076）四十一岁　外郎直史馆移知河中府,离密州。王安石再罢相,不复出。

熙宁十年丁巳（1077）四十二岁　改知徐州。徐州抗洪。

元丰二年己未（1079）四十四岁　三月奉调湖州。七月,因御史中丞李定等交章弹劾其诗文涉讪谤,被逮,八月下御史台狱,史称"乌台诗案"。十二月出狱,责授黄州团练副使,黄州安置。

江湖好自在

元丰三年庚申（1080）四十五岁　二月到达黄州贬所,初居定惠院,后迁城南临皋亭,筑南堂。

元丰四年辛酉（1081）四十六岁　躬耕东坡。

元丰五年壬戌（1082）四十七岁　筑"东坡雪堂"，自号"东坡居士"。两游赤壁。

元丰七年甲子（1084）四十九岁　迁汝州团练副使。游庐山、石钟山。过金陵访王安石。

庙堂难度日

元丰八年乙丑（1085）五十岁　得神宗诏旨，允许常州居住。六月自常州起知登州。十月到任才五日，被召还朝任礼部郎中，迁起居舍人。

哲宗元祐元年丙寅（1086）五十一岁　升翰林学士，知制诰。对尽废新法有所保留。是年王安石、司马光相继离世。

元祐二年丁卯（1087）五十二岁　四上札乞外任，不许。

再请江南行

元祐四年己巳（1089）五十四岁　三月，以龙图阁学士充两浙西路兵马钤辖知杭州军事。五月谒张方平。七月到达杭州任所。

元祐五年庚午（1090）五十五岁　疏浚西湖，建苏堤。治理太湖。赈灾、防灾，接连上表《奏浙西灾伤》《相度准备赈济》等奏状。

元祐六年辛未（1091）五十六岁　三月，被召入京，任翰林学士，知制诰，兼侍读。爆发扬州诗祸。八月出知颍州军州事。

元祐七年壬申（1092）五十七岁　疏浚颍州西湖。移知扬州军州事。八月以兵部尚书召还。十一月迁端明殿学士兼翰林侍读学士守礼部尚书。

元祐八年癸酉（1093）五十八岁　在京任端明殿学士，左朝奉郎、礼部尚书。八月，妻王闰之卒于京师。九月出知定州军州事。

归期何迟迟

绍圣元年甲戌（1094）五十九岁　四月，贬知英州。未至贬所，八月再贬宁远军节度副使惠州安置，不得签署公事。十月二日到达贬所。

绍圣三年丙子（1096）六十一岁　朝云病故。

绍圣四年丁丑（1097）六十二岁　四月责授琼州别驾昌化军（属今海南岛）安置。五月遇弟辙于藤州。七月抵贬所。

元符元年戊寅（1098）六十三岁　在儋州。被逐出官屋，在城南桄榔林下买地筑屋，名曰"桄榔庵"。

元符三年庚辰（1100）六十五岁　五月，改廉州安置。后得旨奉朝奉郎提举成都玉局观。年底踏上北归之路。

徽宗建中靖国元年辛巳（1101）六十六岁　五月至真州，作《自题金山画像》诗。六月初暴病，止于常州。上表请老，以本官致仕。七月二十八日卒。

崇宁元年壬午（1102）六月，葬于汝州郏城钧台乡上瑞里。

再版后记

　　这本小书是应张秋林兄之约写的,是我写的第一个人物传记(也可以说是第二个,第一个是《(明)成化皇帝大传》,但更多地是写"成化时代"),写作时间是 1994 年,书名定为《千古一人苏东坡》,因为在我的眼里,苏东坡是前无古人、后无来者的。

　　那个时候没有电脑,写作都是"爬格子"。十分感谢当年江西师大历史系的领导,每年都给每个老师发 10 本 300 字一页的方格稿纸。我对这种稿纸特别喜欢,上下左右有很大的空档,方便修改。当时的一些论文,如《明代的巡抚制度》《明代的御马监》《青苗法的推行及效果》等,以及《明清江右商帮》,都是在这些方格稿纸上"爬"出来的。印象最深的是我曾经用一周的时间(材料前期已经准备好了),直接在上面"爬"出 18000 字的《明代的镇守中官制度》,这篇文章后来发表在《文史》第 33 辑,并且获得江西省社科联二等奖,为我"破格"评教授出了不少力。同时,也是在这种稿纸上,我为《南昌晚报》副刊开辟了一个"闲话古今"的专栏,在专栏上发表了五六十篇"豆腐块";又在这种稿纸上,用了三个月的时间给江西人民出版社爬出过一本《弹指惊雷侠客行:港派新武侠小说面面观》,再用了一年的时间给辽宁教育出版社爬出过一本《(明)成化皇帝大传》。

可以说,300字一页的方格稿纸,就是我当年的"责任田",这本《千古一人苏东坡》当然也就在这块"责任田"上做,办法和"弹指惊雷"一样,书桌的左边放着预算好的10本方格稿纸,书桌前排列主要的参考书,白天读书或上课,晚上写作,平均每天"爬"六到七页稿纸,大概一星期一本,两个多月过去,10本稿纸(每本50页)写完了,"苏东坡"也去世了。然后我花了大约一周时间在稿纸上面修改,比约定的半年时间提前了三个月交稿。

1995年,台北地球村文库书店出版了这本书的繁体本,虽然它让我第一次挣了一小点美金,但出版商将书名改为《苏东坡外传》令我不快。明明是"正传",为了吸引读者眼球换成了"外传"。为了弥补我的遗憾,秋林兄让他主持的21世纪出版社在1997年出版了这本书的简体本,又让我挣了点人民币,书名则恢复为《千古一人苏东坡》。版权到期后,经过我的同意,中国社会出版社2009年再版了简体本,但封面设计让人无语。果然,有朋友在"豆瓣读书"中发表评论,说"此书应该可以列入'封面误我'系列图书"。同样在"豆瓣读书"中也发现,有个名为"新潮社文化事业有限公司"的出版机构,2007年以《苏东坡外传》(ISBN:9789861672656)为名,出版了这本书(但没有附图),不知道怎么回事。

感谢广西师范大学出版社,感谢社科分社刘隆进社长和张洁小友,他们以宏大的气魄,同时签下了我的五本书:《明代国家权力结构及运行机制》《明代城市与市民文学》《明清江右商帮与地域社会》《王学体悟录》（以上为"方志远明史研究"系列），以及这本《千古一人苏东坡》）。

在收到张洁发来的《苏东坡》校样之后，我花了几天时间通读了一遍，修正了里面的一些错字及用得不太妥当的标点，纠正了个别史实上的错误，应该比原来的几个版本更为顺畅。读罢对自己有点小小的佩服了，30年前的水平也还可以啊！而且我还胡诌了一首小诗，既概括苏东坡的一生，也作为本书各章的标题："眉山出神童，文名动京师。仕途初跋涉，苏公天下知。江湖好自在，庙堂难度日。再请江南行，归期何迟迟？"但是，我对这本书的其中某些段落，还是有些不满意。突然想起若干年前的一句广告语："年轻没有什么不可以。"现在回想起来，那些时间也真算是"年富力壮"，胆子也大，这本书就这么在两个多月的时间里一口气写下来了。但又想，幸亏那个时候胆子大、没顾虑，否则的话，又怎么可能一口气写完？作者不一口气写完，读者又怎么可能一口气读完？

当然，那些年能够这样持续地爬格子，能够这样"一口气"地干活，得感谢许多人。首先是感谢太太，她在上班之余，默默地承担了几乎所有的家务，我只是作为采购，每两三天去逛逛菜场，和商贩们讨价还价；其次是感谢儿子，从小学到初中、高中，学习上大抵不用我劳神，现在都觉得有些亏欠于他。同时要感谢江西师大和有关部门的领导，在1998年任省政协委员、学校图书馆馆长之前，没有给我安排任何职务或其他事务。后来即使我做了图书馆长、学院院长，当时的党委书记熊大成仍向我交底："你现在怎么讲课、怎么科研，仍然怎么讲课、怎么科研，不用坐班，学校对你不作行政干部的要求。"李贤瑜校长在重申不作行政干部要求的同时,说了一句令我至今忘不了的话:"如果因为做了馆长、院长,学术落下了,不但是你个人的损失,更是江西师大的损失。"

我在做江西师大图书馆馆长期间,分管校领导傅修延兄先后去过五次图书馆,一次也没见到我,我不是在书库就是在家里,他没有批评而是表扬:"可以在书库或家里把图书馆管理好,那就是水平,谁说学者不能做行政?"于是又想起了苏东坡,想起了白居易,想起了陆九渊、王阳明,以及其他许多的著名学者和文化人,他们不都是每到一处就施惠一方吗?同时又有些黯淡,历史上的那些坑害百姓、祸国殃民的文官,以及风流天子、亡国之君,不也个个都是学富五车吗?

方志远

2023 年 05 月 26 日

南昌艾溪湖畔

苏东坡行迹图

眉山—凤翔—开封(进京赶考)

开封—眉山(母丧回蜀))

眉山—开封(守制期满回京)

开封—凤翔(初次为官)

开封—眉山(父丧回蜀)

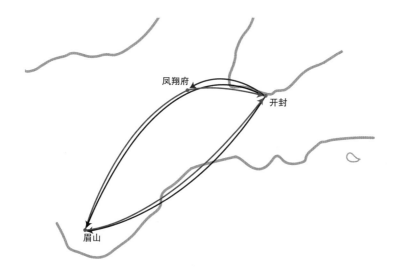

图1　小荷才露尖尖角

开封—颍州—扬州—杭州

杭州—密州—徐州—湖州

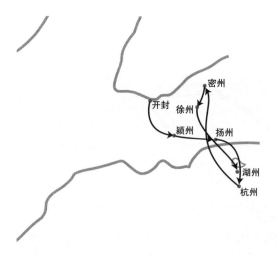

图 2　仕途跋涉

湖州—开封（押解入京）

开封—黄州—常州—登州

登州—开封（召回）

开封—杭州（再调杭州）

杭州—开封（召回）

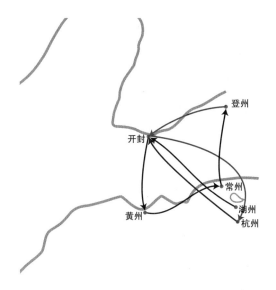

图 3　庙堂与江湖

开封—颖州—扬州—开封

开封—定州

定州—惠州—儋州

儋州—常州（北归）

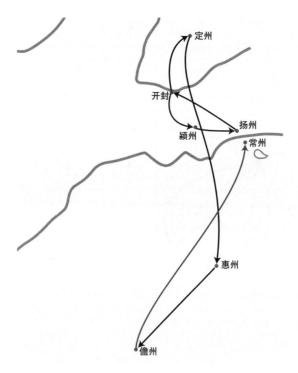

图 4　鸿飞往复

苏轼宦海浮沉表

仁宗朝　英宗朝　　神宗朝　　　　高太后临朝听政　　哲宗亲政

时间	1057	1061	1064	1069	1071	1074	1077	1079	1080	1084	1085	1086	1088	1089	1092	1093	1094	1097	1100
官品	待任命	从八品	从五品	从六品	从八品	从五品	从五品	从五品	贬黄州	从八品	从六品	正三品	正三品	正三品	从二品	从二品	贬惠州	贬儋州	回归